智元微库
OPEN MIND

成长也是一种美好

组织制胜

AI+时代的利润增长引擎

BUILDING BETTER ORGANIZATIONS

HOW TO FUEL GROWTH AND LEAD IN A DIGITAL ERA

[美] 克劳迪·朱尔斯（Claudy Jules） 著

褚荣伟　闵彦冰　译

人民邮电出版社

北京

图书在版编目（CIP）数据

组织制胜：AI时代的利润增长引擎／（美）克劳迪·朱尔斯（Claudy Jules）著；褚荣伟，闵彦冰译. -- 北京：人民邮电出版社，2024.1（2024.5重印）
ISBN 978-7-115-63060-5

Ⅰ．①组… Ⅱ．①克… ②褚… ③闵… Ⅲ．①数字技术－应用－企业管理－研究 Ⅳ．①F272.7

中国国家版本馆CIP数据核字（2023）第225114号

版权声明

◆　著　　[美] 克劳迪·朱尔斯（Claudy Jules）
　　　译　　褚荣伟　闵彦冰
　　责任编辑　黄琳佳
　　责任印制　周昇亮

◆　人民邮电出版社出版发行　　北京市丰台区成寿寺路 11 号
　　邮编　100164　电子邮件　315@ptpress.com.cn
　　网址　https://www.ptpress.com.cn
　　三河市中晟雅豪印务有限公司印刷

◆　开本：720×960　1/16
　　印张：24.25　　　　　　　　　　　　2024 年 1 月第 1 版
　　字数：260 千字　　　　　　　　　　2024 年 5 月河北第 2 次印刷

著作权合同登记号　图字：01-2023-1956 号

定价：79.80 元
读者服务热线：（010）67630125　印装质量热线：（010）81055316
反盗版热线：（010）81055315
广告经营许可证：京东市监广登字 20170147 号

谨以本书致意塞希尔（Cecile）、玛丽（Marie）和阿德里安（Adrienne）

以及她们对学习的热爱。

推荐序

数智时代是什么？人工智能（AI）对组织的影响是什么？很多领导者和管理者都想要知道标准答案，但他们可能问错了问题，或者这本身不是一个好问题。据德勤 2023 年全球人力资本趋势调研显示，有 93% 的被访企业认同 AI 的重要性，却只有 22% 的被访企业认为自身组织做好了迎接 AI 的准备。因此，组织在这个时代面临的挑战可能不只是 AI 技术，甚至在某种程度上并不是技术。

组织话题很重要——不仅关系到组织的财务结果，而且关系到如何为组织、员工以及整个社会创造价值。提到"组织"，我们不得不追溯到詹姆斯·马奇和赫伯特·西蒙在 1958 年出版的著作《组织》（*Organizations*），这本著作的出版标志着组织作为一个独立研究领域的诞生。自此，组织不再仅仅是一种组织架构图、一种人力活动的理性安排过程或者是工作部门的划分和协调，还是一种决策和执行过程的集合体。纵观过去 60 多年关于组织的学术研究，组织领域共形成了三个核心主题：（1）群体、系统和生产；（2）行动、选择和个体；（3）变革、活动和计划。尽管技术在半个多世纪内发生了剧烈变化，但组织的基础问题并没有发生本质变化。

随着全球化发展，以服务为导向、互联网和社交媒体驱动的商业活动越来越普遍，更松散的组织形式和更个体化的劳动结构让组织的边界与管理变得更加复杂。新技术改变了个人与组织之间的互动和契约方式，并催生了更多由私募股权（PE）和风险投资（VC）支持的创业型企业。对于单个组织，不管是因为疫情为员工带来工作方式和观念的改变，还是因为 AI 的爆发式发展带给劳动力市场与工作技能的转变，各类组织从上到下都感觉到了不安。企业提升韧性和敏捷性刻不容缓，数字化转型迫在眉睫，但我们的组织似乎并没有做好准备。其实，归根结底是组织的领导者和高层管理者并没有准备好，不知道如何解决问题。全面的组织设计看似势在必行，但又令人生畏。组织文化亟需重塑和转型，但又令人无所适从。《组织制胜：AI 时代的利润增长引擎》帮助组织思考如何构建健康的组织，实现可持续发展。本书提出，越是在不确定的时代中发展，越需要学会去面对和拥抱不确定，最终的方向都是提升组织效能。

作者将应对挑战的"北极星"定义为"组织健康"，本书第一部分提供了组织健康的七个条件：（1）一个将使命置于利润之上的战略方向，（2）专注于创造一个共享的身份认同且适应性强的文化，（3）在智能计算机时代以人为本的敏捷领导力，（4）潜力被充分释放的人才，（5）围绕敏捷性和可持续性的组织设计，（6）建立于透明组织和归属感之上的公平性、包容性和多元化（equity, inclusion, and diversity, EID），以及（7）把员工福祉作为组织的优先事项。任何类型和规模的企业，都可以通过满足这些条件来提升价值和实现增长。第二部分提出 AI 是让我们实现以上目标的关键。利用机器学习和量子计算等技术，公司可以监测和衡量改进措施，推断下一步行动，让 AI 协助领导者建立制胜未来的组织。在第三部分中，作者指出了投资者的心智模式（investor mindset）的重要性，它可以帮助领导者明智地投资并应用科技手段，确保组织脱颖而出。通过投资于组织健康、数字化战略和商业模式，企业就能在 AI 时代赢得竞争。这里运用于组织管理的"投资者的心智模式"原本来自风险投资和私募股权领域，它一方面有助于组织做好投后管理，另一方面能反过来帮助投资机构发现具有巨大潜在价值的企业。作者提出，在未来，首席绩效官（Chief Performance Officer，CPO）将扮演非常重要的角色，负责确保组织以最佳的状态运行。CPO 还可以作为值得信赖的顾问，为被投企业的 CEO 提供服务。总体而言，组织领导者应将价值创造作为决策的核心，通过深度的市场分析和财务评估，识别和追求最有潜力的增长机会，将资源集中于核心竞争力和最有可能带来回报的领域。

当然，我认为，面对当今的挑战，CEO 责无旁贷，他们必须站在一线。CEO 必须把适应性战略、数据分析和产品设计等思维与直觉和逻辑判断相结合，"做正确的事情"。如书中所述，未来的 CEO 必须训练和提升自己的"变革流利度"，从"单环学习"转换到"双环学习"。今天的组织所面临的问题不再是如何打造"移动优先"（mobile-first）或"数字优先"（digital-first）。"AI 优先"（AI-first）是组织唯一的选择。很快，成为一个由 AI 驱动的组织将成为组织生存和发展的关键，这不仅关乎科技公司，更关乎其他所有的公司。

本书的作者朱尔斯博士在组织发展领域有超过 20 年的研究和实践经验。在这个以数字化和 AI 为主导的世界中，本书可以助力公司领导者、人力资源负责人和投资机构释放组织的全部潜力。尤其难得的是，因为朱尔斯博士拥有多年投后管理的经验，无论你是一位天使投资人，希望投资自己的资金；还是中后期投资者，需要考虑被投企业的组织健康潜力，这本书都适合你。

我要感谢为此次翻译工作提供帮助的小伙伴们，包括段青青、林骏和徐泓杰，因为有了他们的帮助，本书的中译本才得以更快地与大家见面。

褚荣伟博士

复旦大学管理学院市场营销学系 副教授 副系主任

复旦大学中国市场营销研究中心 秘书长

前言

任何组织的首席执行官（CEO）都希望自己的组织更加有效地运转，每个投资者也都希望自己投资的企业能扩张规模并实现盈利性增长。本书提供了一本操作手册，旨在帮助您在数字时代事半功倍，建立更好的组织，实现目标。

毫无疑问，全球的数字化进程加速了。然而，令人惊讶的是，AI 等技术的进步不仅没有削弱，反而增强了我们所熟知的组织议题（如人才、领导力和文化）的重要性。土地、厂房、设备不再是一家企业最宝贵的资产，而人才才是。

这一点在科技公司中尤其突出。在标准普尔 500 指数（S&P500 Index）的公司中，人力资本和文化等无形资产的价值在总资产中的占比已从 1975 年的17% 跃升至 2020 年的 90%。[1] 创始人、投资者和董事会成员在过去几年度过了艰难时刻，他们会更加严格地审视那些可能不再适合他们组织的做法，并进行必要的调整。

首先，领导者必须重新思考自己的价值创造战略，以应对组织规模化带来的挑战。成功之道要求他们必须磨砺数字化刀锋，增强组织优势，要做到这点就要采纳组织健康原则，并通过本书关注的组织健康的七个要素来实现：战略方向、文化、领导力、人才、组织设计、EID 及员工福祉。任何类型和规模的企业，都可以利用这些基本要素来提升价值和实现增长。

其次，本书第二部分提出，AI 是让我们实现以上目标的关键。利用机器学习和量子计算等技术，公司可以监测和评判改进措施，推断下一步行动，协助领导者建立能在未来制胜的组织。

最后，投资者的心智模式可以帮助领导者明智投资并应用科技手段，确保组织在竞争中脱颖而出。通过投资组织健康、数字化战略和商业模式，企业就能在 AI 时代赢得竞争。在本书第三部分，我从私募股权和风险投资公司的投资组合中选取案例。这是因为尽管私募股权和风险投资公司在历史上并不以关注文化、组织设计或员工福祉等"令人温暖舒适"的方面著称，但近年来，这些公司已经深刻理解当今商业面临的挑战：一个公司要想扩大规模并实现增长，必须具备正确的组织要素。首先需要有正确的战略，并由合适的 CEO 来推动它，同时还需要拥有合适的顶级人才、文化和组织设计来释放公司的潜力。近年来，这些公司也越来越意识到其他组织议题的重要性，比如 EID 及员工福祉。

我作为顾问、咨询师、践行者和研究者，在组织发展领域有超过 20 年的经验，通过应用各种组织方法论，逐步形成、测试和发展对组织效力的理解。初入职场时，我尝试应用了各种方法论，从实践中逐渐认识到领导力评估对组织变革的重要作用。在完成了行为科学（涉及人际关系、团队和组织动力学）的研究生培训后，我进入了战略咨询领域。这一领域专注于管理科学，包括竞争和行业分析、预测和商业案例开发。

在作为咨询顾问的漫长岁月中，我逐渐将内容咨询和过程咨询（content and process consulting）结合起来，形成了兼顾二者价值的信念。我为什么这样做？这是因为我一再观察到，一个企业的商业战略和财务规划只有在相应的组织战略支持下才能发挥效用。如今，我认为我的工作主要是将技术和组织元素有机地结合起来。我通过观察和积累专业经验，并通过为快速增长的初创企业、政府机构、非营利组织和营利性企业提供咨询的经历获得洞察，专注于为那些在 AI 时代寻求快速扩张和转型的公司厘清组织要素。

尽管公司之间存在差异，但我观察到这些公司有一个共同之处：当努力构建组织健康的基本要素时，它们成功实现业绩跃升的可能性会大大增加。随着这些基本要素得到调整、功能得到改善，组织就能克服惯性，这会更有利于实现组织规模扩张和业绩增长。

这些新发现促使我写了这本书，我相信它填补了行业中的一个空白，即如何综合运用组织健康要素、数字化和投资者的心智模式建立更好的组织。另外，我希望通过探索组织健康的话题，引起大家对提高公司业绩的不同方法的探讨，甚至或许可以在研究生和 MBA 教学中深化组织发展的课题讨论。

相关知识领域和灵感来源

在本书的写作过程中，我学习并借鉴了管理学家和组织理论家的工作理念，如沃伦·本尼斯（Warren Bennis）、埃德加·沙因（Ed Schein）、约翰·科特（John Kotter）、珍妮弗·查塔姆（Jennifer Chatham）、大卫·纳德尔（David Nadler）、卡罗尔·德韦克（Carol Dweck）、克里斯托弗·沃利（Christopher Worley）、罗伯·托马斯（Rob Thomas）、罗伯·克劳斯（Rob Cross）和艾米·埃德蒙森（Amy Edmondson）。我还发现，那些不认为自己是组织理论家而认为自己是组织战略家的作者对我的工作也很有帮助。这些作者包括乔恩·卡岑巴赫（Jon Katzenbach）、科林·普赖斯（Colin Price）、斯科特·凯勒（Scott Keller）、比尔·施宁格（Bill Schaninger）和帕特里克·兰西奥尼（Patrick Lencioni）。

此外，我又参考了组织理论家近年来的文章和书籍，他们专注于组织问题对科技和非科技公司、不同资本结构的公司（包括私募股权投资机构和风险投资）的增长和扩张的影响，以及上市公司可以从私募股权投资机构中学习的经验教训。其中就包括了桑迪·奥格（Sandy Ogg）、戴维·尤里奇（David Ulrich）、杰弗里·摩尔

（Geoffrey Moore）、哈吉·拉奥（Huggy Rao）、罗伯特·萨顿（Robert Sutton）、罗杰·马丁（Roger Martin），以及贝努瓦·列勒瑟斯（Benoit Leleux）、汉斯·范·塞维（Hans van Swaay）和埃斯梅拉达·梅加里（Esmeralda Megally）的作品。

同时，我也借鉴了近年其他人的相关著作，这些著作探讨了如何在 AI 时代建立一个更好、更健康的组织。其中包括马尔科·扬西蒂（Marco Iansiti）和卡里姆·拉哈尼（Karim Lakhani）、肖莎娜·祖波夫（Shoshana Zuboff）、李开复（Kai-Fu Lee）、苏·坎特雷尔（Sue Cantrell）、凯文·凯利（Kevin Kelly）、托马斯·马隆（Thomas Malone）、约瑟夫·艾伦（Joseph Allen）和约翰·麦康伯（John Macomber）的作品。

我收集各个渠道的信息以便佐证、推动我的思考，并且借鉴了大量《哈佛商业评论》（*Harvard Business Review*）、《麻省理工学院斯隆管理评论》（*MIT Sloan Management Review*）、《国际私募股权》（*Private Equity International*）、《财富》（*Fortune*）和其他一些重要杂志上的公开案例；我采访了商业、科技和投资领域的领袖人物以及通过直接为领导者和组织提供咨询和建议来加深我对相关领域的理解。此外，我还参加了就本书主题举办的各种讲座和研讨会，并在与参会者的互动中更新认知。在整个过程中，我都试图挖掘出领导者和投资者如何在数字时代促进公司增长、带领团队、构建更好组织的案例。

最后，我想强调的是，本书内容仅代表我的个人观点，与麦肯锡合伙人或该公司组织管理和私募股权业务团队的立场无关。我在书中使用的"组织健康"（organizational health）一词源于我在研究生时期接触到的文献，以及我自己在谷歌开发组织健康框架时的工作。近年来，我专注于利用数字技术来实现组织扩张，借助不断发展的人员和组织分析（people and organizational analytics）学科来衡量与实践组织健康科学，并为私募股权和风险投资领域的投资者提供有关解决组织问题的服务。

目录

---

① 见智元微库公司网站：www.zhiyuanbooks.com，文中引用序号与参考文献序号相互对应，如有需要，请前往网站下载参考文献内容电子版。——编者注

A

START

启航
组织制胜

WITH A BETTER FOUNDATION

种瓜得瓜，种豆得豆。这是个简单的道理，但它掩盖了"从一开始就做好组织设计是相当困难的"这一事实，而且大多数组织也做不好组织设计。

在大部分情况下，公司运营的核心问题并不在于产品或服务的设计。一项针对近300家失败的初创企业的研究表明，"人的问题"反而是导致创业失败的关键，创业成败与组织本身的文化或如何对待客户等问题有关。在导致创业失败的前20个原因中，只有2个是资金配置或资金不足问题。[1] 每一个失败案例，不管是试图通过商业模式创新来化腐朽为神奇，还是试图通过兼并收购（M&A）获利，抑或令人充满期待的创业公司尝试扩大规模，都无一例外地指向了在处理人员、文化和组织设计方面上的根本失误。例如，血液检测公司希拉洛斯（Theranos）在经营期间实施了长达数年的错误计划最终导致其解体；百视达（Blockbuster）因债务及领导层的问题导致公司千疮百孔，迟迟无法向流媒体赛道转型。

组织表现不佳是因为公司的领导者从一开始就忽视了组织问题，特别是组织健康的问题。这里的"组织健康"指的是由组织的战略方向、文化、领导力、组织设计、人才、员工福祉以及员工队伍的 EID 所决定的组织效力（effectiveness）。

有些人将这七个要素称为商业"软要素"。但是，投资者指出，这恰恰是导致他们投资组合亏损的关键原因，它们显然不"软"。事实上，把团队和文化建设好是基础，这是商业成功的基石。因此，决定"组织效力"（有时被称为"组织健康"）的要素，才是组织能立刻获得改观且取得长期胜利的关键。这些要素决定了组织是否有能力实现其战略目标、面对市场变化能否快速迭代、能否完成内部成长并不断进化。

那些拥有良好组织设计的公司是最好的证明，因为它们通常表现出更高的成功率。我最先想到的当然是职业球队。谈及球队的架构和管理时，尽管人们在休赛期的辩论中可能会使用不同的术语，但美国娱乐与体育电视网（ESPN）上没人不认可组织健康的价值。他们会说，"应该解雇教练"或"没人在意教练的话，球员不尊重他"。他们也会谈论某些教练有多讨厌办公室管理，因为办公室管理只会一味地分析后台数据，而决定田径场、足球场和棒球场上胜负的往往是那些不一定能量化的小事。行家能透过数据看本质。例如，数据分析师无法告诉你一个球员是不是因为昨晚和伴侣吵了一架而导致今天比赛状态不佳，但一个好教练可以。

换句话说，人们通常会审视教练、总经理，甚至是老板，并从他们如何投资、发挥和管理人的潜力的角度来讨论他们的能力和成功。确切地说，一切都取决于团队设计，取决于人自身及其独特的才能。

如今随着企业价值越来越多地来自知识和知识产权的创造及货币化，人们对人的因素的关注也越来越强烈，而人自身的福祉是任何组织健康的基础。因此，就像在体育比赛中一样，那些能够搭建和构造一个更好团队的管理者和组织将因此受益。在环境所带来的变化和各种不确定性中，这一点从未像今天这样真实。在这样的时代背景下，组织健康更为关键，因为"是否拥有快速调整、执行和迭代的能力决定了企业会陷入困境还是蓬勃发展"。[2]事实上，商业史上到处都是成功过但又陷入困境的组织，比如美国数字设备公司（Digital Equipment Corporation，DEC）、百视达和西尔斯（Sears），不胜枚举。这些公司之所以囿于现状，错失转型机遇，正是因为它们围绕战略和技术进步所做的选择没能与其组织健康有机结合。

所有这一切又让我们回到了开篇提到的难题。显然，领导者需要学会如何构建更好的组织，设计具有坚实基础的产品或服务，使员工能够充分发挥潜力。但如何做到这些呢？这就是本书试图回答的问题。

基于我有幸与一些领导者和组织合作或为之提供建议的亲身经历，并根据我对商业和技术领域的高层管理者、创新者和投资者进行的数百次采访，我确定了对建立更好的组织至关重要且不可分割的三个要素。具体而言，能在当下动荡的环境中生存并能在未来蓬勃发展的组织需要奠定以下三个基石：（1）坚实健康的组织基础；（2）对数字技术和 AI 符合道德准则的战略性应用；（3）与投资者合作，包括但不限于风险投资基金、成长型股权基金、杠杆收购基金和特殊目的收购公司（有时被称为 SPACs 或"空白支票公司"）等实体。

本书将详细探讨为什么这三个基石对构建更好的组织如此关键，以及它们如何共同发挥作用。这里做一个简短的解释：若构建一个组织的基本条件都达到了，企业就可以更有效地应对数字技术、AI 应用、快速的市场变化和敏捷性等带来的挑战。由于当今商业环境的特质——从经济萎靡到不断收紧的监管和日益激烈的全球竞争，组织中的"参与者"（投资者、创始人、CEO、董事会成员等）了解如何在数字背景下处理组织健康以快速实现业务增长，比以往任何时候都重要。

虽然本书中的部分想法已经在一些组织中或多或少地得到了实践，但没有一家公司综合运用过这三个基石，即没有综合运用组织健康、AI 等数字技术，同时以我提议的方式汲取投资者的经验教训。因此，本书并不是一个"最佳实践"的汇总，而是围绕当今较有前景的应用和指导性的战略所制定的议程指南。我的目标是推动企业和投资机构的领导者深入思考自己的公司、自己所收购或投资的公司的组织问题，特别是在颠覆期、超规模化发展（组织随着增长而适当扩张的能力）期或增长期。因此，在这本书中，我试图捕捉领导者的直觉，并将其与关于社会、行为和决策科学的研究（即用于在个人和组织层面为决策提供信息的定量技术）以及关于组织行为的研究结合起来，并提供一系列课程，用来为投资领域的领导者在数字时代打造更好的组织创造条件。

我从组织健康和组织效力的开创性文章和图书中学到了很多（请参阅后面的专栏"'组织健康'概念的由来"），但没人尝试将这些概念嵌入数字化和 AI 优先（AI-first）的时代背景中。本书专注于数字时代的组织角色，站在价值创造（投资者 / 所有者）的角度进行探讨。在管理复杂性方面，本书对各位领导者而言不可或缺，无论你是初创公司创始人、投资者、CEO、高层管理者、董事会成员，还是专家顾问。归根结底，本书意在揭示构建健康组织的方法和原因，这些组织将在一个 AI 优先的世界中茁壮成长。在许多方面，我们已经处于这样的世界之中。

在这篇绪论的剩余部分，我会谈及三个基石所包含的内容：组织健康、数字技术 /AI 和投资者的心智模式。它们共同发挥着作用，对建立更好的组织至关重要。我还将描述各类读者（在不同的角色和一系列的组织层面）如何使用本书所提供的观点，最后说明这本书将如何展开。

首先，让我们看看一家公司为构建更好的组织在三个基石方面所做的努力。

英国国家电网的案例

21 世纪初期，总部设在英国的公用事业公司英国国家电网，是全球最大的外部投资者控股的能源公司之一，公司对此感到自豪。而且，当时它也将成为美国第二大公用事业公司，为美国东北部 330 万电力客户和 340 万天然气客户提供服务。

2007 年，约翰·佩蒂格鲁（John Pettigrew）成为该公司配电（EDO）业务的高管，上任不久的他面临着严峻的挑战。

多年来，由于经常断电，英国国家电网一直在向监管机构支付罚款，糟糕的电力维修记录也损害了其在客户中的声誉。EDO 业务在一系列不同的运营模式、系统、业绩指标、组织文化和大量的劳资纠纷中挣扎。在一个被文化冲突、运营模式陈旧、组织结构孤立、领导者不思进取和人才管理体系不成型等问题笼罩的组织中，要实现利润增长是不可能的。

佩蒂格鲁明白，要重振英国国家电网的 EDO 业务就需要进行彻底的转型。他将不得不在安全性、可靠性和客户满意度方面进行大规模的变革，而这意味着他要克服长期以来阻挠 EDO 业务发展的组织障碍。事实上，在分析完问题后，佩蒂格鲁相信，企业的财务健康几乎完全取决于他能在多大程度上改善组织本身的健康状况，其中包括组织文化、运营模式、领导力和人才实践。对佩蒂格鲁和他的高级副手来说，领导团队实现转型的艰巨任务若能完成，将建立一个更好的 EDO 业务，而这最终会给整个英国国家电网公司带来更广泛的有利影响。

在佩蒂格鲁看来，当时最迫切的事是在整个业务部门内迅速培养新的领导者，使他们能够应对 EDO 业务所面临的前所未有的竞争压力。简言之，他想通过塑造领导行为，构建一个健康的组织，而不仅仅是为大家输送新的知识。因此，他首先创建了一个被称为"行动实验室"（action labs）的沉浸式计划。这个计划以反思和行动为抓手，且立足于实际的竞争环境和 EDO 业务转型的需求，它将帮助高管和经理们从经验中学习，而不仅是从正式的、基于课堂的课程中学习，并最终让这些领导者感受到未来的需求。

在进入行动实验室之前，领导者的个性和领导风格会受到严格评估，每位领导者都将接受深度反馈和个人辅导。在行动实验室中，领导者通过一系列的论坛和研讨会，在类似实验室的环境中开展行动、进行学习；然后通过实践（在实验室课程之间进行），他们有机会将所学与本职工作结合起来。[3]

最后，行动实验室会成为 EDO 业务领导力发展工作中一个持续存在的组成部分。通过围绕 EDO 业务的战略意图和运营模式来调整 EDO 业务的领导团队，实践独特的领导行为来驾驭艰难的变革之旅，该组织能够更有效地培养下一代领导者。

作为这项转型工作的成果，佩蒂格鲁取得了一系列实实在在的商业回报。英国国家电网曾因未能实现基本的电力供应而支付了超过 4000 万美元的罚款，而佩蒂格鲁的转型举措扭转了这一局面。例如，近年来，失时工伤数量减少了一半，公司可靠性指标的达成率也明显提高。一整年的资产战略执行和资本投入（较同期增长 40%）为业绩的改善做出了贡献。到 2010 年，该公司完全达成了其可靠性目标，不再需要支付罚款，这使得 EDO 业务能够提升并达成更高的可靠性目标。[4]

如果没有一个健康的组织，公司就几乎没有机会达成和保持财务目标。佩蒂格鲁是近几十年来少数几个凭直觉就意识到这一点的领导者之一。组织健康是当今企业非常重要的基石之一，让我们了解一下组织健康的主要特征。

第一个基石：关注组织的健康

由于进行组织变革很难，特别是在当今这个易变、不确定、复杂和模糊的世界中，许多公司，尤其是初创公司，从来没有尝试过变革。相反，它们找到了变通的解决方案，就如同在裂缝上涂抹水泥，试图避免组织出现基础问题。

问题是，随着公司的发展，它们试图跨越从初创公司，到上市前期（pre-IPO），再到成熟在位者的一个个门槛，如果它们能一步步跨越的话，水泥会脱落，裂缝会变得越来越明显。因此，即使这些公司可能有扩大规模和促进增长的资金支持，它们仍旧缺乏必要的组织健康，无法真正抓住数字时代的商机。简单来说，如果一个领导者想让业绩在上个季度或去年的基础上有所突破，那么他就需要一个与以往不同的组织设计。

企业和投资机构的领导者逐渐意识到他们必须关心自己或自己投资的公司的组织健康。正如佩蒂格鲁所做的那样，这些领导者开始理解健康的公司和强劲的业绩之间的明确联系：健康的公司给股东带来的总回报比不健康的公司高3倍，[5] 组织健康可以解释公司间高达50%的业绩差异，[6] 健康的公司也更灵活。麦肯锡的一项研究发现，能够快速应变且稳定的公司有70%的概率在组织健康的排名上处于前25%。[7] 在这个时代，可持续的竞争优势正被"阶段性的竞争优势"和"持续性的战略重组"所取代[8]，公司在速度上的竞争甚至超过了在战略上的竞争，健康的公司更有可能在持续变化的市场环境中脱颖而出。

这就是为什么我相信，通常由人力资源部门承担的组织健康责任，正在扩展到高管团队，包括创始人、CEO、董事会成员等。他们为公司带来的影响更广泛。这些领导者明白，能否以速度和敏捷性提升公司业绩、实现规模化生产，最终将取决于公司的组织健康和员工福祉。正如我们在英国国家电网的案例中看到的那样，这种源自高层的心态会产生惊人的效果。它会渗透到组织中，指导业务决策，驱动人们实践业务。这就是领导者如何从积极管理组织健康这一无形资产出发，获得有形业绩成果的过程。

可以将这一切归结为七个具体的条件，我相信这些条件是构建组织健康的核心，它们都是各地上市失败的公司希望自己当初能做到位的条件，具体而言是：（1）明确的战略方向；（2）强大的适应性文化；（3）敏捷的领导力；（4）顶尖的智慧型人才；（5）灵活的组织设计；（6）公平性和包容性实践下的多元化员工队伍；（7）员工的福祉水平。

任何真正的变革都需要重视这七个条件。对七个条件中的任何一个的重视度不够，不仅会使组织处于危险之中，也会使组织领导者的工作开展变得更加困难。有了这些条件，组织就可以在明确且有说服力的战略方向和完美的执行标准之间找到平衡。如果没有这七个条件，赢得竞争的机会确实会变得渺茫。

例如，条件 6——公平性和包容性实践下的多元化员工队伍，已经被证明对投资决策和公司运作至关重要。"多元化的团队会带来更好的业绩。"跨国私募股权投资、另类资产管理和金融服务公司凯雷集团（Carlyle Group）的董事总经理兼首席 EID 官卡拉·海兰德（Kara Helander）指出，"从我们在被投企业和市场上取得的经验来看，我们有充分的理由相信，通过确保被投企业劳动力构成的多元化，并在整个公司推动 EID 等一系列做法，我们可以创造更大的影响力。"

许多投资公司不仅努力使其投资组合公司的董事会和管理团队多元化，还努力使自己的公司从内部多元化。然而，数据分析公司睿勤（Preqin）的一项研究发现，在全球私募股权投资机构的雇员中，只有 17.9% 是女性，这个比例是所有资本公司中最低的。[9] 其他各种研究也指出，私人投资部门的种族和民族多元化水平较低。例如，非洲裔和拉美裔创始人获得的风险投资仍比他们的同龄人少。[10]

　　无论我们谈论的是多元化和公平性，还是其他六种实现组织健康的条件，如今的公司都不能寄希望于走老路还能获得成功。相反，领导者可以利用这七个条件来推动所有组织环境中人们的行为，并通过它们来实现目标。当然，这里的挑战在于如何帮助领导者充分理解这些条件，以便在严峻和快速变化的市场和社会现实中指导行动和变革。有目的地设计这些条件，并利用数字技术将其逐步放大，可以带来建设性的、有意义的改变。这就是为什么在接下来的章节中，我们将详细研究这七个条件中的每一个。

　　现在让我们来看看如今构建更好的组织所需的三个基石之二：战略性地利用 AI 和数字时代的力量。

第二个基石：战略性地利用 AI 和数字时代的力量

下一波数字技术，包括 AI 的浪潮，已经悄然来临，这些技术甚至已经融入我们日常的生活。一般来说，AI 被理解为能够执行那些通常需要人类智慧才能完成的任务的"智能"机器，它已经在很大程度上改变了我们的生活、工作、娱乐和社交方式。智能设备帮我们生成购物清单，还能为我们讲笑话。它们可以调节我们家中的温度，引导我们避开交通堵塞。它们为我们推荐社交媒体上的"朋友"和播放列表中的歌曲。

与此同时，亚马逊、谷歌和前身名为脸书（Facebook）的元（Meta Platforms）等公司早已开始利用 AI 来重塑其业务，根据网页浏览行为和人口统计学等内容向消费者投放广告。其他公司要么完全实现了 AI 驱动，要么已开始朝这个方向探索：健康服务提供商安森（Anthem）和数字金融服务公司联合汽车金融（Ally）依靠 AI 实现数字解决方案的规模化增长。AI 正在迅速转变人们的思维和行为方式，企业创始人和产品开发人员很可能在大多数投资者和资深的商业领袖意识到之前，就已经开始应用最新的 AI 技术（和平台）。这就是为什么凯文·凯利将 AI 称为"我们未来的力量"[11]。随着竞争对手和灵活的新晋玩家从 AI 平台中获益，那些跟不上这一趋势的公司几乎必定会被甩在后面。

那么，今天的挑战不再是如何打造"移动优先"（mobile-first）或"数字优先"（digital-first）的组织。"AI 优先"是更好的选择。不久之后，成为一个由 AI 驱动的组织将成为组织生存和发展的关键，这不仅对科技公司至关重要，对其他所有公司同样至关重要。想想看：在未来 10 年，AI 将为全球经济贡献约 13 万亿美元。[12] 根据毕马威的一份报告，迄今为止，全球共有 124 亿美元用于投资 AI 技术，预计到 2025 年，相关投资金额将达到 2320 亿美元。[13] 从"数字原住民到 AI 优先"（digital born to AI-first），数字颠覆正在以前所未有的速度为许多行业带来变革。越来越多的公司正在推出或转型为平台公司，它们的运营模式是在 AI 和数字资产的基础上设计和建立的，以便采取必要的行动来实现规模化和快速迭代。

在数字化和 AI 优先的背景下，组织健康的公司都基于这样一个大前提运作：数字技术，特别是 AI，可以塑造其运营模式和服务。正如微软 CEO 萨蒂亚·纳德拉（Satya Nadella）指出的："AI 是计算机运行时所需的一切，它将塑造我们在应用和平台方面的所有工作。"[14] 马尔科·扬西蒂和卡里姆·拉哈尼在《数智公司：AI 重新定义"企业"》（Competing in the Age of AI）一书中指出，AI 正在成为企业新的运营基础——公司运营模式的核心，它决定了公司如何推动任务执行，而且改变了企业的定义。[15]

让我们看一下亚太地区的一家零售商是如何将其利润率提高了 4%，达到 7% 的。通过利用 AI 工具，推销员和采购员能够有效合作，避免各自为战。这使得这家亚太地区零售商能更好地匹配库存和店面空间。[16] 关键是，今天的企业需要想办法设计一套先进且合适的用户体验系统，调整组织、流程和技术来实现它，并与不断扩大的生态系统协同发展以实现规模化增长。

有一点不要搞错：AI 将使组织话题比以往任何时候都重要，而不是相反。也就是说，AI 不会消除人的因素，人也不会因为大规模的机器替代，只能扮演临时性角色。相反，AI 将使竞争能力更加依赖于领导者的智慧、眼光、共情和睿智。那些未能理解这一局面的人会落伍。他们会忽略掉建立更好的组织的一个关键要素：企业能够在一个数字优先的世界中快速增长。为什么会这样？研究表明，今天的员工比以往任何时候都更看重有意义和有使命感的工作。因此，为了防止人员流失，领导者必须善于增进有意义的互动。他们需要与团队建立信任，因为即便是由这些团队的员工创造和管理的数字系统，也将继续依赖于人与人之间的互动来达到最佳的效果。[17]总体来说，组织需要建立跨越生态系统的、跨功能的多学科团队，帮助组织成员更好地合作和形成信任关系，并利用这些连接，在企业和社会层面取得最佳的创新和影响力。

简而言之，今天较为成功的公司不仅了解 AI 的价值，还了解如何让组织健康与 AI 携手并进。它们投入管理人员和资本来优化商业模式和组织实践，以适应 AI 的应用。

然而，矛盾的是，往往是那些倡导 AI 优先，想通过 AI 来实现规模化增长和业务管理的领导者，会发现自己与那些真正能将其变为现实的高管在文化和投资优先事项上有分歧。这些领导者中，负责投资组合的和负责业务运营的管理小组之间还会有不同的优先事项和观点。其结果可能是形成一种三角矛盾，使得即便在顺境下都不太好处理的问题变得更加棘手。因此，本书将研究每个利益相关方群体，包括投资者、CEO 和董事会的观点，以回答一个重要问题：要如何利用数字技术来激发组织发挥其全部潜力？

以 AI 为中心的组织是没法从过去的指导手册中找到问题的答案的。相反，它们必须重新思考和发展公司的组织条件和原则，以便在新时代茁壮成长。也就是说，在 AI 时代实现和维持组织的健康，需要领导者更全面地审视组织。这将意味着利用数字技术的进步来扩大和发展他们的组织，并以前所未有的节奏和韧性来平衡风险容忍度与投资者的心智模式，这就将我们带到了最后一个基石。

第三个基石：像投资者一样思考

投资者处于一个独特的位置，相比其他人可能一次看一个公司、一个功能或在某一点上的解决方案，他们可以看整个投资组合里的所有公司。他们被激励着去快速实现回报；而在一个数字化的世界里，快速反应更加关键。因此，投资机构相比传统的上市公司往往能提供更有价值的见解。

在私募股权或风险投资所投企业中，投资者和董事会在提供有效的治理、监督组织健康，以及实现组织健康方面发挥着重要作用。他们构建更好的组织和提高组织健康水平的方法，取决于该组织确切的成长阶段。无论公司的类型如何，也无论它是由风险投资还是私募股权投资的，随着公司的成熟，在一些成长阶段都会有可预见的"成长的痛苦"。每个阶段的对错都会影响到如何设计契合公司成长轨迹的运营模式。随着公司规模、业务范围的扩大和复杂性的增长，领导者往往会感受到运营组织的压力。通过评估这些塑造组织健康的特有条件，领导者可以依靠数字技术的进步，即 AI，来释放人的潜力。

谁应该阅读此书

本书致力于帮助 CEO 和高层管理者、董事会成员、顾问、创业公司创始人、交易商和投资者在一个数字化、AI 优先的时代中释放组织的全部潜力。本书聚焦于高速增长的公司，包括那些处于快速扩张阶段、寻求快速增长和扩大规模的公司，许多经验教训同样适用于在动荡的数字经济中寻求不断适应和开展竞争的大型组织。

我在前面提到，倡导 AI 优先来实现规模化增长和管理业务的领导者往往会发现自己与能够将其变为现实的高管存在分歧。因此，考虑到在关键的利益相关方群体中可能潜藏着不同的观点，这些群体中的每一个人也是本书的潜在读者。

- **投资者和 CEO 的角度**。投资者和交易商最终要对数据负责，且要常常直面财务现状，这就迫使他们不得不决定如何将传统的运营方式与 AI 这种正得到人们热情高昂的投资的新兴技术结合。他们可能会怀疑，相较传统的提高利润率、降本增效的举措而言，投资 AI 是否真的会产生足够的价值来印证其合理性。无论怎么算，量化 AI 的投资回报，特别是在今天的商业环境中，可能是一项"拍脑袋"决定的工作，而本书可以提供宝贵的观点。
- **CPO 的角度**。越来越多的私募股权投资机构和风险投资公司正在任命 CPO——有时被称为人力资本合伙人（human capital partners）或投后服务人才负责人（portfolio talent leads），来设计和执行组织管理方面的事务，比如挖掘人力资源管理和组织相关数据，将其作为评估标的公司和交易前后尽职调查的一个环节。这也能简单实用地提升被投企业的组织效力。

- **董事会的角度。** 对董事会成员来说，环境、社会和治理（environmental, social and governance，ESG）问题在董事会和高层管理议程中占据重要地位。当他们发现自己负责的领域会受到影响时，他们可能会感到不安。对他们和公司治理专家来说，在推动新的投资方面，如何确定从何处着手、何时作罢可能是一个挑战。他们面临着大量的投资选择，可能包括从实时分析到 3D 打印、人机协作、基于 AI 的运算模型和量子算力等一切。

鉴于此，本书也是为这些关键的利益相关方撰写的，包括对扩大企业规模感兴趣的普通合伙人和有限合伙人，以及对投资并管理企业或投资组合（投资组合包括从种子到刚上市的初创企业）感兴趣的投资者、技术专家、操盘手和企业家。更重要的是，这本书是为你而写的，无论你是用自有资金进行投资的天使投资人，还是专注于种子 / 早期项目的风险投资基金投资人，抑或专注于后期的成长型股权基金投资人，或者是隶属于投资管理公司的杠杆收购基金投资人，用相对较少的股权和相对较大的外部债务融资。总而言之，这本书是为那些想从更高维度看待组织问题而非囿于个别问题的领导者准备的，旨在帮助他们确定如何让公司实现规模化和有效增长。

本书是如何展开的

本书旨在帮助企业领导者制定一个能实现快速增长的议程，分为三个部分，分别讨论了建立更好组织的三个基石。值得重申的是，尽管在书里它们是被分开介绍的，但在成功的组织中，这三个基石——组织健康、数字技术进步和投资者的心智模式是相互依存、相辅相成的，就像支撑帐篷的三根柱子一样，缺一不可，否则整个结构就会坍塌。

- **第一部分，设计组织制胜。** 这一部分将组织生活与整体健康（holistic health）的概念进行类比，并奠定讨论的基础。它的核心原则之一是，人的整体大于部分之和，而不是各部分的简单加总。这种观点认为，治疗人的疾病需要对思维、身体和精神有全面的认识，因此应该着重于了解疾病出现的根本原因，而不是简单地消除症状。同样，一个公司的整体大于部分之和，解决组织的问题需要考虑组织的所有组成部分。不幸的是，公司更多采取的是"西医"的治疗方法，即关注孤立的元素。这种传统做法依赖机械的模型，就像西医固有的缺陷一样，在治疗整体性、功能性疾病方面的作用比不上治疗单一症状的。

  因此，第一部分的每一章都分别侧重讲述七个条件中的一个，而这些条件必须与其他所有条件一起发挥作用，才能帮助组织在数字时代取得成功。这七个条件具体而言，分别是：（1）一个将使命置于利润之上的战略方向；（2）专注于创造一个共享的身份认同且适应性强的文化；

（3）在智能计算机时代以人为本的敏捷领导力；（4）潜力被充分释放的人才；（5）围绕敏捷性和可持续性的组织设计；（6）建立于透明组织和归属感之上的 EID；（7）把员工福祉作为组织的优先事项。对一个健康的组织来说，这七个条件必须是一致的、同步的，在相互协调中运作。任何不同步的迹象都表明有必要进行干预和调整。此外，第一部分的各章还探讨了在当今数字时代的商业背景下，为什么每个条件都很重要，以及如何利用数字技术从根本上改善各个条件。最终，随着组织与组织健康所需的条件相匹配，投资者的目标也将得以实现。

- **第二部分，发展组织制胜。** 这一部分提供了实操方面的建议，即利用数字技术，特别是 AI，释放组织的全部潜力，实现规模化发展，更好地适应市场竞争。我首先讨论了如何用投资数字技术来进行持续的组织健康监测。就像监测一个人的身体状况对改善健康至关重要一样，关注组织的健康对确定管理实践的优先次序也是必不可少的。然后，我探讨了在 AI 优先的企业（亚马逊、谷歌和微软等公司）建立高效能组织的独特之处，以及为何拥有正确的组织条件是释放 AI 优先企业的潜力的关键。

- **第三部分，领导组织制胜。** 这一部分探讨了当领导者作为由私募股权或风险投资支持的公司的投资者和董事会成员，需要在提供有效治理和绩效监督方面发挥作用时，领导者的首要任务是改善组织健康。私募股权投资人和风险投资家对投资并建立更好的组织有着不懈的追求，他们专注于识别正确的价值创造杠杆和绩效改进措施，以提高他们所获得的回报。采用这个领域所提供的经验和做法，有可能提升上市公司的业绩。这部分还介绍了在风险投资和私募股权投资机构中，CPO 这一新兴角色的重要责任。这是一个介于运营团队（即高层管理者、职能领导者或顾问）和驻场执行官之间的角色。随着投资者寻求更高的投资回报，越来越多的团队开始接纳服务个人和组织的高级顾问或专家深入公司，协助运营。通常这些顾问或专家的任务是为其投资的公司提供战略、组织方面的咨询和支持。这包括通过评估组织的整体效率进行尽职调查，主导优化被投企业价值、实现增长和协助退出（让公司上市或将其出售给其他所有者）。第三部分的最后一章介绍了 CEO 该如何流利地使用变革的语言，建立更好的组织。

本书最后谈到了如何在 AI 优先的时代建立敏捷和可持续发展的组织，以及这个时代与过往时代的巨大差异。例如，麦肯锡和哈佛商学院的研究显示，在疫情暴发之前启动敏捷转型的组织在危机期间的表现优于那些没有启动的组织[18]。更加动态、灵活的人才管理帮助组织根据不断变化的业务需求重新快速部署员工。

简言之，我希望通过本书将读者带入一个新的方向：了解一个健康的组织可以如何帮助企业驾驭数字时代中出现的挑战和机遇，不断成长、扩大规模、适应挑战，完成蜕变，为所有利益相关方创造可持续的成果。我的任务是提供可落地的建议，帮助组织全面挖掘潜力。当企业拥有正确的组织要素以及能够让这些要素落地的数字化和应用 AI 的能力，并在明确的目标指导下实施时（这是组织在变化的时代真正实现灵活和可持续发展的重要前提），投资者、CEO、组织战略家和董事会成员可以利用这些条件加速企业发展。

让我们首先深入研究一下组织健康的第一个条件：精心设计一个战略方向，将使命置于利润之上。

"组织健康"概念的由来

虽然组织健康的话题由来已久——与之相关的最早的学术文献可以追溯到 1962 年由沃伦·本尼斯发表的开创性文章[19]，且此话题再次出现于约翰·科特在 1978 年出版的经典著作《哈佛商学院企业诊疗课》（*Organizational Dynamics*）中。然而，又过了 30 年，组织健康的话题才开始进入主流的讨论范畴。21 世纪初，"组织健康"指的是对文化、决策和组织效力的衡量，并将先进、科学和严谨的分析应用于被认为"软"的学科。组织健康很快就成了商业书籍、文章和咨询方法的焦点和流行主题[20]（请参阅表 I -1 "组织健康：学术研究的简要回顾"）。

在这里我采用哈佛商学院荣誉教授、管理咨询师约翰·科特博士早在 1978 年就提出的组织健康的定义和相关前提作为讨论的起点："帮助管理者和组织发展专家诊断、理解和改善组织运作的方法。"但是，另一个定义丰富了其内涵，它说的是组织绩效对财务表现的价值和二者的联系。麦肯锡高级合伙人比尔·施宁格于 2020 年发表在麦肯锡官网上的文章《为什么健康的机构投资者表现更出色》（*Why Healthy Institutional Investors Outperform*）[21] 提到，组织健康是指"公司高管如何赚钱以及他们选择如何经营这个组织"。

然而，组织健康仍然是一个含糊的概念。它经常被简称为企业的"效力"。可以说，现在仍旧有不少企业管理者，甚至很多投资者，在自行尝试定义这个概念，以及明确它是如何影响组织的长期绩效的。本书将有助于读者理解这一概念，同时论证一个更全面的观点。

表 I -1　组织健康：学术研究的简要回顾

年份	主要贡献者	学术角度	核心主张
1962	本尼斯	组织行为学	• 应用科学方法和心理健康的原则来处理和衡量组织健康
1978	科特	组织诊断	• 通过诊断方法和系统诊断过程之间的联系改善组织绩效
2010	布兰科，曼金斯和罗杰斯	决策有效性	• 组织健康 / 绩效的 10 个维度与决策有效性之间的联系 • 决策有效性的 4 个要素与财务表现之间的联系
2011	凯勒和普赖斯	绩效与健康	• 组织绩效的 9 个维度与财务绩效之间的联系
2019	凯勒和施宁格		• 组织变革的内容和方式之间的科学性
2012	兰西奥尼	团队合作的纪律	• 探讨有效的团队合作、领导者激励团队合作和有效沟通需要回答的问题，以及团队朝着同一个目标迈进时所需的强化系统，这三者的相互联系
2017	普赖斯和托伊	敏捷性和复杂性	• 不仅在组织层面，还在个人和团队层面分析或提高绩效

第一部分

DESIGN
设计
组织制胜
THE CONDITIONS FOR EFFECTIVENESS

——数字时代组织健康七个要素

第一章

战略方向：

使命优先于利润

组织话题很重要——这不仅关系到组织的财务结果，还关系到如何为组织、员工以及整个社会创造价值。在过去的几十年中，高效能组织的七大先决条件之一，战略方向，只为一个使命而存在：为股东创造最大价值。但在数字时代，这个使命不再适合。为什么呢？因为植根于更深层次的社会意义的战略，才能最终实现组织的高速成长并增强组织韧性。今天，成功的组织所创造的战略都已将使命置于短期利润之上，为股东、客户、社区、环境和员工创造长期价值。

2020 年夏天，乔治·弗洛伊德（George Floyd）在被拘捕时死亡，全美各地爆发了抗议活动，紧接着世界各地也纷纷组织抗议活动。弗洛伊德绝不是第一个被警察杀害的手无寸铁的非洲裔美国人，但这次不同的是，现场拍摄的视频迅速传播到世界各地，点燃了全球的抗议活动——这在前数字时代是不可想象的。同样引人注目的是，公众讨论的话题迅速延伸，对美国种族平等和警察制度改革的再次呼吁变成了社会对各地企业的挑战。

几乎在一夜之间，那些长期在"多元化培训"方面犹豫不决的公司突然被迫改变其现有的人才和组织实践方式，在某些方面甚至进行了彻底转变。例如，零售商丝芙兰（Sephora）公布了全新的客户服务制度，旨在减少商店里的种族歧视现象，并且丝芙兰和乌尔塔美妆（Ulta Beauty）都大大增加了非洲美妆品牌的货架空间。[1] 与此同时，奈飞（Netflix）将其组织中的非洲裔员工数量增加了一倍。[2] 丝芙兰和谷歌的"油管"（YouTube）都履行了它们的诺言，更多地推介非洲裔艺术家及其节目，而且它们也都承诺为非洲裔社区的经济发展和种族平等倡议项目提供 1 亿美元。[3]

当然，组织的健康实践一直很重要，但今天，万物数字化使得组织健康对企业的生存至关重要。通过优先考虑组织健康，企业可以找到它们所需的工具来解释和应对发酵速度不同的事件和不可预测性。社交媒体的传播力和传播速度使弗洛伊德的视频迅速传播，该视频也成了凶手被定罪的关键证据。这只是近年来科技和网络发展速度对事件产生影响的例子之一。且看以下市场变化。

- 越来越多的组织正在效仿微软和第一能源（First Energy）等公司的做法，将 CEO 的薪酬比例与实现多元化目标挂钩。[4]
- 营收增长的动力越来越多地来自公司如何利用数据和分析手段来塑造它们的运营模式，或指导公司的战略规划、资源分配和决策过程。
- 消费者在速度、服务和成本方面的期望不断变化，正在推动企业重塑运营模式，以获得卓越的运营表现。
- 根据人力资本管理联盟（Human Capital Management Coalition）的请愿书和投资者咨询委员会（Investor Advisory Committee）在 2019 年的建议，美国证券交易委员会（Securities and Exchsnge Commission，SEC）正在向企业施压，要求其披露人力资本计划的信息，以实现信息披露的现代化。
- 围绕气候政策、种族平等、枪支销售和枪支行业金融服务，以及向警队出售面部识别产品（特别是关于这些产品对有色人种的潜在歧视）等问题，员工的倡导和利益相关方的活动都有所增加。这种行动主义已经促使监管机构和投资者在几个方面采取行动，比如，关于警察随身摄像头使用一致性的立法。

- 围绕着企业对组织议题与 ESG 标准的探索，以及它们将这些标准纳入主流商业和投资实践的做法，投资者的影响力正在不断增强。

另外，不仅是数字化和 AI 优先的公司对组织话题给予了更多关注，对"传统经济"中的公司和投资者来说，组织话题也变得越来越重要。纵观历史，公司对人的关注是有限的，但 AI 优先的公司和它们的投资者开始明白，组织健康是企业愿景能落地的秘诀。正如斯坦福大学教授、作家杰弗瑞·普费弗（Jeffrey Pfeffer）所写的那样，企业的成功"来自成功地执行战略，而不仅仅是拥有战略"。[5] 执行的效果在很大程度上取决于企业本身的改善。

如今，全世界的企业开始从疫情造成的破坏中恢复，但企业同时还要应对社会、环境和金融市场上持续的不确定性。那些能够生存下来并发展壮大的企业将是那些有意夯实组织健康基础的企业。从这个意义上来说，我们可以将组织健康与整体健康领域进行类比。与西方医学不同的是，整体健康的一个核心原则是，人不是其器官的简单加总，它复杂得多。该观点认为，治疗人的疾病需要对思维、身体和精神有全面的认识，因此应该着重了解疾病出现的根本原因，而不是简单地消除症状。同样，一个公司的总体大于部分之和，而解决组织的问题需要考虑组织的所有组成部分。

请注意，组织健康的七个要素并不是在企业成长、成熟的所有阶段，或在整个交易的生命周期中都是同等重要的。这就是为什么上市公司和私营企业的领导者需要不断修炼他们的能力，识别和管理特定阶段的主要问题。例如，在一个初创企业中，制定能被充分理解的愿景和目标最为重要，这能指导公司的战略和关键决策。在一个成熟的、已经上市的公司中，重点是优化公司的结构、工作架构和职业路径，以此支持产品市场的扩张、布局新的增长点。

　　然而，无论你的企业处于什么发展阶段，其战略方向（组织健康七个要素中的第一个）始终是成功的核心。在本章中，我们将详细探讨战略方向，以及为何识别底层使命是战略的关键，从而利用大数据和 AI 的力量使组织和社会受益。

寻求使命：比以往任何时候都重要

成功的商业战略的特点是什么？当然是它需要阐述明确的长期愿景和使命。商业战略的制定者应该考虑到外部环境和市场条件，并利用现有的资产和能力，或者一个清晰的计划来发展或实现它。但是，在当下竞争激烈、增长迅速的市场中，公司的战略受到了商业环境变化的挑战。简言之，不断变化的宏观环境因素缩短了许多战略的保质期。应对这种挑战需要一系列战略级的"微观战役"和分散的、暂时的举措，这些行动能迅速将战略选择付诸实践，并扩大成果，同时尽快解决冲突，与客户同行。[6]

尽管商业环境的变化时常迫使公司迅速重新思考特定的商业战略，即为了抓住增长机会采取一系列行动，但公司的战略方向或其雄心壮志的表达，包括取舍、风险管理、优先级和主要精力，是不太容易受到干扰的。理想情况是，明确的战略方向会提供架构以帮助组织渡过危机。

这就是使命的作用。底层使命是一个组织在设定其战略方向时首要考虑的，也可以说是最重要的东西。使命与第一原则、愿景，都需要得到董事会成员、创始人和公司其他领导者的一致认可。让我们依次定义这三个要素。

使命

这是一个公司存在的理由，指导着公司的各级行为、商业模式和关键的投资决策，以及利用运营模式来执行这些决策的做法。关于使命的一个例子是西维斯健康公司（CVS Health）的使命——"帮助人们走上更健康的道路"。

第一原则

价值创造的驱动力将帮助公司发展并明确其价值主张，使其区别于竞争对手。例如，总部位于中国青岛的海尔集团，从传统的制造模式转变为客户关系管理模式，专注于给客户提供他们最想要的东西。该公司发明了一种方法——"共赢增值表"（Win-Win Value Added Approach ，WWVA），帮助其落地第一原则，即"以用户为中心，由连接其他公司产品和服务的全新、开放的物联网（IoT）生态系统驱动"[7]。

愿景

这是设想的未来和目标，以及公司在追求这些目标的过程中所要取得的关键结果。例如，当西维斯健康公司将自己重新塑造为一家健康服务公司时，它决定停止销售香烟。这个大胆的愿景和行动最开始使公司损失了 20 亿美元的收入。

我们用谷歌的例子来说明组织如何通过传达使命、第一原则和愿景，来厘清战略方向。谷歌从一个 1998 年在车库中创业的公司发展成为一个大型的、复杂的组织，一直致力于践行其著名的座右铭——"不作恶"。该公司坚实的第一原则被称为三个"尊重"（尊重用户、尊重机会和尊重彼此），这些话从一开始就被刻在员工心中，我早年作为"Noogler"（谷歌新员工）时，也同样将这些话刻在心中。

谷歌联合创始人拉里·佩奇（Larry Page）在一篇博文中说，从历史上看，该组织"一直认为，随着时间的推移，公司会习惯于做相同的事情，只是进行渐进式的改变。但在这个由颠覆性创新驱动突破式增长的科技行业，你想要保持领先，就不能让自己太舒服"。因此，当谷歌的现有结构开始限制其扩张时，它改组成了一个控股公司，即字母表公司（Alphabet）。这使得谷歌及其投资的其他企业都能够自主增长，以便字母表公司能够满足利益相关方的期望，甚至超越竞争对手。

然而，这一变化并没有减轻谷歌自身在投资组合中保持增长和盈利的责任。因此，谷歌开始了从移动优先到 AI 优先的大转折，这不仅标志着公司历史上的一个重要拐点，也标志着整个科技行业的一个重要拐点。

我相信使命是设定战略方向的三个要素中最重要的，这也是我在本章剩余部分要阐述的重点。

AI 时代有使命感的战略方向

为什么使命如此重要？答案还是要回到当今公司的需求——它们需要展现清晰的目标并快速行动。在当前的数字时代，AI 将很快成为一种默认的应用，科技公司和投资者必须积极主动地相互理解组织健康的关键条件，比如有使命感的战略方向。这就是绪论中所描述的三个基石（组织健康、数字技术／AI 和投资者的心智模式）结合在一起的起点。动态、快速、灵活的投资决策将取决于这种相互理解和优先次序的确定。

近乎实时的反应能力已经成为新的竞争优势，但组织的反应速度受制于其员工的意愿。因此，快速反应的第一个基本要素是要抓住组织中各级员工的心。这就需要大家对一个有意义的使命达成共识。使命为组织提供了战略方向，也提供了员工关心的东西。它定义了击败竞争对手的正确行为和举措，使人们能够自主决策，从而将公司的战略意义直接展现在客户面前。

当今非常具有使命感的组织——西维斯健康公司、谷歌和巴塔哥尼亚（Patagonia）等，将使命置于其战略方向的核心，使命作为领航的北极星来指导团队应对竞争。换句话说，使命已经超越了文化，是实现最高管理层的愿景和商业目标的长期路线图。

但是，究竟什么是使命？它是一个组织渴望的、以人为本的存在理由。根据这个定义，一个公司的使命是为许多利益相关方服务的，它包括股东和所有者，也包括员工、客户、环境和社会。

使命曾被视为一个相当"软"的企业议题，其价值并没有被高层管理者充分理解，但现在它正成为组织生活的核心信条。不同级别的领导者通过锚定这一概念来指导他们在应对新情况和意外事件时做出决定，这让使命成为企业在应对当今颠覆性商业环境挑战时不可忽视的焦点。这就是为什么全世界的管理团队都意识到，现在是时候迎接使命的回归，使其成为打造高效能组织的核心。

请看下面这条报道："头部上市公司的 CEO 说，股东价值不再是一切。"[8] 2019 年 8 月 19 日，商业圆桌会议（Business Roundtable，BRT）的近 190 名企业 CEO 停下脚步，反思和重新评估已经清晰的东西：除了他们日常考虑的财务回报，公司还必须关注员工、社区、供应商，尤其是客户，并向他们做出新的承诺。换句话说，这些总市值超过 13 万亿美元的头部上市公司的 CEO 们集体宣布了对更广泛的利益相关方群体的承诺。BRT 声明表达了一个具有前瞻性的观点，重新定义了公司使命：不仅要促进股东的利益，而且要同等地考虑员工、客户、供应商和环境的利益。这一使命将 ESG 标准以及它背后秉持的"所有参与者都要公平和有道德地参与竞争"的立场放在了首位。对在当今市场竞争中角逐的大多数企业来说，这一声明反映了企业行为准则在管理层面的重新定位，而且许多公司已经开始遵守和应用它。

随着使命越来越受到企业高层管理者的关注，现在企业在由使命驱动的活动和倡议上花费大量时间、资源和资金也就不足为奇了。这些企业将它们的精力聚焦在使命上是明智的，毕竟，它们的大部分客户和自己的员工也都在这样做。当今劳动力中的绝大部分是千禧一代，他们创造了高达 1 万亿美元的消费市场。在过去 10 年中，他们直言不讳地表达了对自己花钱的场所、消费的产品以及工作的公司抱有越来越高的期望。[9]

具体来说，这个群体有时被称为"使命驱动的一代"[10]，他们会期望工作本身有其底层使命，而不仅仅是拿工资或回报股东；他们还会期望公司对社会和环境产生有意义的影响。《快公司》（Fast Company）的一项调查发现，将近 40% 的千禧一代选择某份工作的原因是该公司使命的一部分是关注环境可持续发展和参与行动，而选择这一原因的 X 世代的受访者只占不到 25%，婴儿潮一代的受访者只有 17%。[11]

难怪那些有指导性使命的公司会如此受欢迎。在今天这个充满不确定性和颠覆性的商业环境中，使命是组织内不同层面的人的锚。无论人们的工作内容是什么，他们都会本能地寻求底层使命所提供的价值立足点。更重要的是，当你走进一个以使命为导向的组织时，你就会感受到它的不同。以使命为导向体现在组织的氛围中，也体现在员工的行为方式中。人们会尽情地投入他们每天所做的事情，不会动不动就辞职或只是应付了事。他们非常清楚公司的战略方向，并且相信它，能积极地将这种高维度的雄心壮志体现在他们所做的工作中和工作方式上。他们会欣赏公司广泛的社会影响力，还会因自己的工作是在为公司的使命增加价值而感到自豪。

对组织本身来说，使命驱动型组织所具备的战略清晰性会在实际业务中得到回报：显而易见的是，股东总回报（total return to shareholders，TRS）有更好的表现、更高的 ESG 得分，以及更多的市场份额。例如，哈佛商学院的一项研究展示了明确的使命感对激励团队合作取得成功的重要性。这项研究发现，明确的使命感可以使资产回报率（return on assets，ROA）每年增加 3.89%。[12] 虽然有些人可能认为这种对使命的强调太过夸张，但有证据表明并非如此：以使命为导向的公司在股票市场上的回报比标准普尔 500 指数公司的回报高出 400%。[13]

例如，一家领先的投资银行用组织网络分析（Organizational Network

Analysis）确定了该银行 600 名领导者为使命的灌输者，然后针对他们展开调研："你与你们中的谁互动后对工作有了更明确的使命感？"结果显示，在头部（前 25%）的领导者中，平均每人为近 16 人带来了使命感；相比之下，最后 25% 的领导者平均每人为不到 1 人创造了使命感。同时，处于前 25% 的领导者还能吸引更多的员工为他们工作，员工流失率更低，团队也有更好的绩效表现。[14] 没有一家公司不会被明确且令人信服的底层使命所影响。简言之，明确的使命能带来直接的回报。

以善取胜的公司

许多行业的事例都表明，使命比利润更加重要。例如，在零售业，美国户外品牌安伊艾（REI）前 CEO 杰里·斯特里茨克（Jerry Stritzke）曾说："使命是我们在安伊艾做一切事情的源动力。我们相信户外生活就是美好生活，这一信念支撑着一切。这是我们的北极星。"安伊艾在黑色星期五闭门谢客，鼓励顾客和员工参加"选择外出日"活动。[15] 与过去不同的是，如今只有 7% 的世界 500 强企业的 CEO 认为他们的公司应该"聚焦盈利，不能被社会意义分散注意力"[16]。

同时，机构投资者对使命的态度也更加坚定，这不仅是为了降低风险，也是为了向股东和利益相关方（包括员工、供应商和客户）阐明其道德价值主张。例如，美国银行会给员工放带薪假，鼓励他们去做志愿者和参与投票。[17] 通过采取这种立场，机构投资者可以在公司应对气候变化等环境挑战或经济包容性等社会问题时，负责任地进行投资。

充满使命的战略方向在诸多方面对公司和高层管理团队都能产生积极的影

响。当高管围绕着一个具有价值的方向进行调整时，组织就向变革迈出了有力的一步。这样做可以加速内部倡议、设定有效的方向，同时还能避免对非战略活动的冗余投资。对投资者来说，使命可以指导决策，包括那些战略性的下注和投资选择。以金融服务业为例，该行业必须应对激烈的竞争和达成预期业绩。世界知名机构投资者贝莱德（Black Rock）的 CEO 拉里·芬克（Larry Fink）说得很简单：“如果没有使命感，任何公司，无论上市的还是非上市的，都无法充分发挥其潜力。”[18] 在 2018 年的一封内部信中，芬克鼓励公司员工“不仅要实现财务业绩，还要展示公司如何对社会做出积极贡献”。例如，通过组织社会影响挑战赛（Social Impact Challenge），贝莱德开展了一项技能型编程马拉松活动，在活动中员工会帮助当地非营利机构应对组织挑战。

我们再来看联合汽车金融公司（Ally Financial Inc.）的例子。在 2008 年全球经济危机的顶峰时期，该公司从其母公司中分拆出来，成功地将自己重新打造为一家网上银行。经历了那一代人中最严重的经济衰退，联合汽车金融公司的分拆使其有机会重塑品牌和使命感。这种使命感根植于其品牌名称——不懈地成为客户的盟友，并从一个最基本问题开始诠释其商业主张：客户究竟讨厌银行什么？正如联合汽车金融公司首席营销官（CMO）安德烈娅·布里默（Andrea Brimmer）所说，“世界不需要另一家新的银行，但它肯定需要一家更好的银行。”[19]

像斯特里茨克、芬克、布里默和联合汽车金融公司 CEO 杰弗里·布朗（Jeffrey Brown）这样的领导者不仅以身作则，展现了领导者对履行承诺的勇气和信念，而且他们从根本上相信，作为世界公民，他们有责任做正确的事情。这些领导者将他们的战略方向锚定在深刻的使命感上，他们会同时评估自己业务的发展轨迹和市场表现，从而超越他们的竞争对手。

　　所有这一切都意味着，组织必须加快步伐，证明它们对 ESG 问题的关注不是做表面样子。鉴于社会的期望和人口可持续发展的趋势，管理者需要更加努力地推动使命（如 ESG 标准），将其纳入他们所做的一切，并证明专注于这些议题所带来的经济价值。

　　将使命作为团结人心的战斗口号，并让人铭记于心的一家公司是联合利华（Unilever）。在 2008 年的全球经济危机中，虽然公司面临着前所未有的竞争压力，但它们加倍努力地实施一系列战略举措，将其领导者的个人使命与眼前不断变化的商业问题相结合。联合利华的做法是将难懂的"使命"概念注入商业模式，创新性地使其成为商业模式的一个永久特征。它也作为成功案例为其他公司提供了经验。

联合利华的使命蓝图

　　2009 年，在由波动性、不确定性和复杂性构成的快速消费品市场中，保罗·波尔曼（Paul Polman）接任联合利华的 CEO。联合利华是总部设在英国的英荷跨国消费品公司，作为世界领先的日用消费品供应商之一，联合利华的产品包括冰淇淋品牌本杰瑞（Ben & Jerry's）、好乐门食品（Hellmann's）、立顿（Lipton）、多芬（Dove）和凡士林（Vaseline）等知名品牌。该公司在190 多个国家和地区销售产品，每天有 20 亿消费者使用其产品。

　　尽管联合利华取得过成功，但波尔曼很快发现自己要与当时在改变快速消费品市场的力量作斗争：消费者人口结构和生活方式的变化、健康和保健问题、零售商合并和扩张中减少的货架空间、非食品最小存货单位（SKU）对食品 SKU 的替代、促销压力和成本上升。在世界各发达国家市场，公司在消费者信心下降、高通胀和低 GDP 增长的困境中挣扎。同时，在新兴国家市场，联合利华面临着增速放缓，竞争加剧，以及一系列自然灾害和地缘政治的干扰。然而，如果要满足客户需求并应对前所未有的利润率限制，公司仍然需要看到销量和市场份额的增长、持续的利润率改善，以及强劲的现金流。

两个关键趋势正在冲击该公司的业务：经济力量向亚洲（尤其是东南亚）和拉丁美洲等地区转移；由于数字技术和社交媒体的出现，权力普遍向消费者转移。在不断变化的市场环境下，波尔曼需要应对增长压力，推动企业转型。尽管利润、销售额、现金流和市场份额等长期目标仍然重要，但在这个快速变化的市场中，波尔曼需要采用不同于传统的战略来应对挑战。过去，联合利华曾通过收购和优化生产制造流程、在统一的战略下调整组织、利用全球的规模化优势和简化运营，以及发展消费者细分市场等行动来转变业务。但是，如果波尔曼要把公司的竞争力提高到一个新的水平，他和他的团队知道，他们必须有胆识和魄力，以使命为导向，以使命为根基，制定有雄心、有抱负的目标。

» 一个全新的战略

在波尔曼的领导下，联合利华的高层团队为公司制订了一个以使命为导向的全新计划。[20] 该计划被称为联合利华的"指南针战略"（Compass Strategy），旨在将公司的收入规模扩大一倍，同时大幅减少生产活动对环境的影响，增加对社会福利的贡献。联合利华"指南针战略"的核心是联合利华可持续生活计划（Unilever Sustainable Living Plan，USLP），该计划旨在帮助 10 亿人改善健康状况，将公司产品的碳足迹减少一半，并提高其价值链中所有人的生活水平。这意味着，例如，从可持续来源采购农业原材料。这一雄心壮志要求在使命和社会影响与商业结果之间建立明确的联系，并采取新的方法使公司领导者和其他员工参与其中。具体来说，新战略的目标是在四个关键领域创造、获取和交付价值。

- 确保其品牌开发出高品质的产品，并以接触更多的消费者为目标。
- 鉴于消费者人口特征和购买行为的变化，利用其在全球的规模和地方性知识，满足所有市场的所有消费者的需求。
- 通过精良、简单和敏捷的营运模式提升反应速度。
- 吸引、发展和留住人才，特别是新兴市场的人才。

为了达成联合利华的新目标和推动"指南针战略"，波尔曼在公司运作（即如何赚钱）和组织运作（即其运营模式和文化）的各个方面都做出了对可持续发展的承诺，以发挥规模优势。同时，他必须先澄清公司的价值观，如诚信和尊重。

波尔曼并没有让这些价值观成为空谈。[21] 他采取了一些行动来确保这些价值观、使命和战略被嵌入公司的文化和运营（请参阅后面的专栏"从使命到影响力：联合利华商业模式创新的方法"）。为了确保成功，每个领导者都定义了个人层面的使命，并将其与联合利华的组织使命结合在一起，从而明确规定了业绩要求和权责划分。为了达成这一目标，波尔曼开始了一项举措，即先向他所带领的高管团队阐明了期望，然后向整个公司的前 100 名高管阐明这些期望，接着是前 500 名高管。

波尔曼还向这些领导者提出挑战，要求他们识别在落地新业务（将商业模式创新付诸行动）时可能面临的关键风险点，同时调整绩效管理系统，奖励领导新业务取得成果的人员。他还利用"指南针战略"的愿景和新制定的 EID 政策，在增长曲线出现之前吸引、聘用员工，从而解决公司在新兴市场面临的劳动力挑战。虽然大部分员工都赞同联合利华使命导向的战略安排，但也不是没有反对者，特别是对联合利华可持续生活计划，一些怀疑者认为它是无法实现的。因此，一些高管自愿离开公司去其他地方发展，其他那些坚持过时的假设和心智模式的人被要求离开公司。

从使命到影响力：联合利华商业模式创新的方法

联合利华 CEO 波尔曼是使命驱动型领导力的热心倡导者，他推出了"UL2020"项目，旨在培养能够适应快速变化世界的领导者。他所强调的使命是基于比尔·乔治（Bill George，前美敦力公司 CEO 和哈佛商学院教授）提出的假设，即真正的领导者是具有良好的自我理解和对追随者高度重视的人，在整个职业生涯中表现得更加灵活、有韧性、乐于学习和成长的人。换句话说，这些领导者将非常适合这个需要不断创新和变化的世界，以应对联合利华最大的挑战，比如在完成增长的同时，减少对环境的影响，解决社会问题和经济不平等的问题。

UL2020 项目在从一个领导力发展项目演变成一个商业模式创新的过程中，也培养了领导者。该项目会招募经理人组成五人小组，直面巨大的商业挑战。应对这些挑战不仅有可能产生突破性的结果，而且也会让参与者学习自己作为领导者所需的新知识。[22] 他们必须思考："我如何确保公司可以使世界变得更好？我怎样才能让我追求的使命和我团队伙伴的使命相结合，以实现业务增长并应对紧迫的社会问题和生态问题？"

一路走来，参与 UL2020 的"使命—影响力"倡议的领导者们习得了系统动力学、复原力和正念训练等工具，这些工具帮助他们在承担风险和从失败中恢复时得心应手。他们还采用了设计思维和数字战略，从颠覆中学习并击败竞争对手。在此过程中，他们解决了各种各样的问题，比如，促进新兴市场数百万小微企业主成长，创建基于城市的营销和分销新模式，以及应对水资源短缺等。一组内外部高管和领导力顾问组成的评审小组，会从两个方面对他们的成果进行评价：突破性思维和领导力开发。他们的队友会被邀请作为彼此的教练、拉拉队和批评者。

大约 5 年过去了，联合利华的收获是巨大的。公司获得了超过数亿美元的新增收入，还至少发现了一个可能拥有"10 亿美元"市场规模的产品。越南和印度尼西亚的农村居民现在也可以用上他们负担得起的净水器了。同样重要的是，参与者、他们的主管和直接上级都证实了这些领导者在行为和态度上出现了持久的变化。正如一位领导者所说："作为一个领导者，我对自己的了解更深刻了……也更清楚感召团队所必须具备的……这比我 20 年来反复琢磨数字学到的更多。"

　　最终，联合利华培养出了一批具有创业精神的、使命驱动的领导者。参与 UL2020 项目的领导者会继续积极主动地寻找机会，解决有可能影响利润创造的关键问题，提高自己的技能水平，并为担任高级领导职务做好准备。

» **对业绩和价值的全新关注**

　　最终，波尔曼的努力得到了回报。在波尔曼担任 CEO 期间，联合利华在营收和利润上的表现都超过了其行业内的竞争对手，并为股东带来了高达 290% 的惊人回报。简言之，波尔曼对使命的关注不仅带来了更好的商业结果，而且他执着于改善环境也为联合利华的员工和社会带来了更好的结果，同时培养了使命驱动的下一代领导者。尽管困难重重，但波尔曼长期以来的坚韧不拔使他能够通过回到公司的底层使命，并让可持续发展成为商业模式的一个组成部分，成功地引导公司成为今天的样子。事实上，这也使可持续发展成为一种战略。

　　波尔曼的成功得益于他把使命作为企业的指南针，这也是联合利华在市场上脱颖而出的重要战略组成部分。然后，他不仅用明确的使命和权责来调整他的高层团队，还授权员工根据使命来生活和行动。与佩蒂格鲁在英国国家电网的做法（在绪论中有所描述）不同，波尔曼依靠的是一种全局性的方法。他没有从孤立的角度来看待组织健康，而是拥有全球视野，并坚持不懈地努力以达到目标。联合利华和英国国家电网的共同之处在于，它们都注重领导者阐释明确的战略方向，发展新的能力，以不同的方式进行领导并推动影响，在此基础上设计出合适的运营模式，并建立适应性的文化来确保快速执行。

» **持续至今的影响。**

波尔曼于 2018 年退休，但他追寻使命的影响仍在发挥作用，比如帮助公司度过了动荡的疫情时期。使命使员工在做决定时能够考虑客户体验，从而获得新的应变速度和适应性。正如联合利华 CEO 乔安路（Alan Jope）所解释的那样："我们实际上正在远离情景规划的做法，并试图专注于在公司中发展敏捷性和响应性……我们在联合利华发现了一种新的响应能力，我原本希望在几年前就释放这种能力，但直到这次危机才真正实现这一目标。"[23]

简言之，像波尔曼在联合利华实施的那样，以使命为导向的战略只会越来越适用，帮助公司释放数字时代所需的速度和反应力。无论你是高层领导者、投资者还是董事会成员，都能从联合利华的故事中发现，一个明确的、充满使命感的战略方向对实现盈利性增长是如此重要。

当然，不是每家公司都能像联合利华那样述说成功的故事。在这个过程中，挑战是真实存在的。正在努力将使命注入其组织核心的领导者应该意识到其中的陷阱，并知道如何避免这些陷阱。

在追求使命的道路上应避免的三个陷阱

任何一位听过肤浅口号或参与过某些游说运动的人都可以证明，一些使命驱动的举措的保质期非常短。一些研究表明，为追求组织的使命而宣扬的企业的官方价值观，往往与企业文化没有任何联系。[24] 此外，当使命驱动型公司的承诺和支持它的一系列举措与员工个人层面的使命或日常活动没有什么联系时，使命驱动的举措就更不可能落地了。

所有这些都说明，那些试图为其组织设定一个充满使命感的战略方向的领导者通常都会面临三个挑战：（1）模糊的优先事项——缺乏明确的方向；（2）模糊的权责——缺乏来自高层领导者对重点、战略或价值主张转变的认可或支持；（3）文化冲突——公司的既定文化与新战略方向之间的冲突。

让我们逐一了解这些陷阱，以及领导者应对它们的方法。请注意，每一种情况对应的解决方案基本都属于构建更好组织的三个基石的内容：促进组织健康；利用数字工具；确保你有足够的支持，用投资者的资源实现你的愿景。

模糊的优先事项

只有当目标明确，员工参与度高、行动力强时，以坚如磐石的使命为基础的战略方向才能发挥出最佳效果。只有这样，领导者们才能进行富有成效的讨论，将洞察转化为可操作的价值创造方案，并据此分配资源，及时选定执行行动方案。这种组织的敏捷性取决于三个关键因素的相互作用：优先级、权责和能力。必须仔细协调这些因素，并使其与公司的战略方向紧密结合。

那么，领导者如何对机会、资源和行动进行优先级排序，提高企业整体绩效？实现这一目标的第一个关键是预见性。然而，在高度不确定的市场环境下，领导者无法制订确切的计划。例如，当像生鲜电商平台 Instacart、拼趣（Pinterest）、爱彼迎（Airbnb）和无数新晋玩家正在以数字化方式颠覆现有组织并引入新的商业模式时，你如何更快地开发和落地新的想法？这样的现实促使今天的企业从情景规划转向情景建模——本质上就是利用先进的算法通过扫描环境来提供实时数据。面对未来各种潜在的可能性，收集数据是领导者将战略洞察转化为可执行战略的途径，这样其推动的战略才是清晰且足够具体的。例如，爱彼迎就利用情景建模来增加全球租赁量，而它并不需要投入任何资产来做到这一点。

幸运的是，这种涡轮增压式的、数据和 AI 驱动的方法已经在一些组织战略的形成和发展中得到了充分的应用。例如，公司可以使用先进的分析方法和复杂的算法，对社交媒体信息和新闻媒体内容进行"情感分析"，从而评估用户对公司产品和服务的感受是积极还是消极的。将先进的分析技术应用于具体的商业挑战，不仅为大公司也为机构投资者带来了价值。今天，投资经理可以对数以千计的公司的季度表现进行快速审查，并确定值得深入分析的关键股票。然后，投资经理能够快速且稳定地确定优先级并做出更好的、无偏见的投资决策。过去需要大量的人类分析师使用电子表格昼夜不停地计算数周的工作，现在只需几小时就可以完成，而且准确度大大提高。这使得更快地形成商业和投资策略成为可能。

然而，领导者会意识到在真正健康的组织中，将基于数据的洞察付诸实践还要仰仗良好的判断和决策支持，并要在整个组织中被高层领导者所理解和采纳。同样，价值的创造总是要回归到战略上来。将机器学习（ML）和自然语言处理（NLP）等数字技术纳入战略和实践，可以切实改善资源的分配方式；或者在私募股权中，优化项目的来源和对接，从而实现长期稳定地保持组织的健康和敏捷。

若借鉴私募股权风格的方法来确定战略方向，则需要从长期分析转向基于从零开始的目标分析模式（也就是说，重新开始）。在一个从零开始的模式中，不允许有批评不得的制度，数字技术的进步可以协助领导者消除决策偏见，并在短期内采取符合投资理念的行动。在这种情况下，有既定的雄心壮志，加上对真正创造差异化价值来源的渴望，以及对优先事项的认同，可以使企业的价值创造和价值获取有所不同。总而言之，采用私募股权风格的方法意味着采取三方面举措：第一，以行动为导向，明确行动基础；第二，定义一个清晰的投资理念——换句话说，你的公司将如何在一定的时间范围内变得更有价值；第三，明确组织中哪些需要改变，哪些需要保持不变。

由数字技术驱动的组织可以提供快节奏和高精度的评估，为客观决策提供有洞察力的分析和报告，做出在一定时限内以结果为导向的重点行动规划。但是，如果不使用可衡量的指标，这就不是一个完整的方法。私募股权风格的方法要求领导者利用数字技术来衡量他们可以跟踪的东西，并衡量对业务特定部分重要的东西。换句话说，人类的判断与 AI 的力量相结合，可以帮助哪怕最有经验的高管或投资者做出真正合适的、有针对性的、简单的决策，而不是想当然的决定。表 1-1 展示了数字技术如何改善战略。

表 1-1　数字技术如何改善战略

数字技术如何帮助决策	数字技术如何工作
预见性	AI 可以通过筛选大量的数据来揭示趋势和出人意料的见解，在学习过程中提出可能的战略未来或机会
情景建模	数据和 AI 可以被用来模拟多种可能的战略未来
战略微观实验	AI 和分析技术可以帮助公司迅速将战略选择付诸行动，从实验中学习，并制定扩大成果的方法
速度和响应性	AI 和分析技术可以加快决策速度，使那些最接近客户的人能够迅速适应不断变化的条件
战略决策制定	AI 可以作为战略决策团队的一部分，享有投票权，或为高管的决策提供信息
迅速的资源分配	AI 可以推断出员工的技能，并迅速将其与工作相匹配
战略执行	AI 可以快速分析一家公司运营模式的信息和工作流程，揭示其与战略的匹配性。它还可以分析组织的关键绩效指标（KPI，反映组织的战略）是否已是最正确的指标。然后，AI 可以根据财务、客户、市场、竞争对手和员工数据，对这些指标进行优先级排序并确定最有效的顺序
自下而上的战略	在数字技术的帮助下，公司各层级的每一个人都可以提出和完善战略。他们可以使用 AI 进行实验，使用数字技术在编程马拉松或创新想法大比拼中进行合作，并使用先进的分析方法来发现创新经纪人或创新激发者，向整个组织注入和传播新想法
动态治理结构	数据分析和 AI 可以让一些决定变得透明，比如安排谁，做什么，什么时候做等。它们可以分析个体决策的质量和影响，以此为基础，逐步授予个人更多的决策权

数字技术如何帮助决策	数字技术是如何工作
ESG / 利益相关者资本主义	新的数据来源和 AI 可以更好地实时衡量为各利益相关方创造的价值，使组织能够根据需要调整方向
使命	数字"助推"可以用来提醒人们，他们的使命是如何与他们的日常工作相联系的
投资或投资组合选择	AI 可以压缩大量数据，帮助人们选择适合投资的公司

模糊的权责

当领导者参与体现了其对战略方向选择的明显意愿和明确支持时，组织的员工也就有希望就战略方向选择达成一致。这样一个有普遍意义的方向使组织能够通过持续执行不断地超越竞争对手。从根本上说，这涉及公司高层领导者的经营方式的核心——明确的决策和对资源分配的承诺，不断推动优质成果落地。能够运用这种敏捷的方法迅速识别和分配资源的公司，将是最有能力处理不确定性并能迭代成长的公司。

但要做到这一点，公司还需要其他东西——动态治理结构。这意味着要授权小团队，特别是那些在一线的团队，在关键业务问题上进行快速决策迭代。例如，腾讯控股帮助其小团队开发产品，让它们对日常决策拥有完全的自主权（高层管理者通常只在涉及资源分配和整体战略时进行审查）[25]。

设定一个成功的战略方向还涉及其他方面：预测未来的机会点和投资收益。如今的公司可以综合运用复杂算法与人工评判来做到这一点。

虽然一些公司正在使用机器学习和 AI 来提高现有业务实践的生产力，但其他公司也正在利用新的数字技术，比如，NLP。NLP 能够快速分析运营信息和工作流程，同时提高商业和投资决策的效率。事实上，为了在做出决定之前预判影响，一些投资公司正在"任命"算法作为其董事会成员，中国香港风险投资基金"深度知识创业"（Deep Knowledge Ventures）就展示了这一点。该公司专注于与年龄有关的疾病药物和再生医学，将一个名为 VITAL 的 AI 系统指派给投资委员会，使其在每项投资决策中拥有投票权。一个机器是如何做出决策的？ VITAL 通过抓取潜在的公司财务情况、临床试验、知识产权和历史融资等信息，基于最可能的有利结果进行投票。[26]

因此，深度知识创业和其他与之类似的公司正在通过将智能计算机整合到最高管理决策机构中，来确保围绕战略方向的承诺和权责。无论一个组织是公开交易还是由私人资本持有，凭借数字技术增强的洞察力都可以帮助 CEO、员工和其他人做出最佳决策，并让他们承担更多需要深思熟虑的、有针对性的工作。

文化冲突

领先的公司正在不断优化其构建组织身份和文化的能力——这是第二章的重点。这样的能力能够支持战略执行并对整体业绩产生最大影响。可以肯定的是，不懈地追求评估、建立和发展独特的能力（这是公司所掌握的、难以复制的、独有的内部优势）是评估和利用组织健康的整体性观点的基石。但是，无论这些优势是高效的供应链，还是一系列专利；是可以体现执行力的专有软件代码，还是其他任何优势，若公司的既定文化与新的战略方向发生冲突，问题就会出现，由此产生的错位会阻碍增长。

例如，美捷步（Zappos）在其已故创始人谢家华（Tony Hsieh）的领导下，一直在寻求变得更有企业家精神、更有自我组织能力以及削弱等级制度和更多地响应客户需求。[27]但其旧有的运营模式和文化也曾抵制这种变化。美捷步在通过完全围绕角色和权责进行重组之后，专注于公司的特长，才最终得以转型。

换句话说，使命驱动的领导者知道如何识别人才的技能和差距，以及何时为新的产品线或地理扩张调整其组织设计。通过纠正结构性漏洞，领导者能保持公司的竞争力。当将其与公平和包容的工作场所相结合时，这些公司就会将竞争标准提高到一个新的水平。也就是说，它们会促进创新并向更大的善意看齐，确保员工的福利和生产力达标，并通过构建更高层面的使命来释放员工的热情和潜力。为做到这些，它们会建立一套领导力或运营原则，将其深深嵌入领导团队的决策，并培养高度重视开放和对话的文化。

在谷歌，我亲身经历了这种文化和行动之间的一致性。公司采纳了完全透明化的做法，所以员工和外界都可以清楚地看到，虽然每年年度目标和关键结果会随着市场动态变化，但在确定了当年目标后，谷歌当年的季度目标和关键结果并不会因市场波动而动摇。

组织健康和敏捷性是如今高管们的头等大事，而且只会变得越来越重要，因为它们成了企业在 21 世纪 20 年代扩大规模和提升能力的关键。随着企业要应对的不确定性和波动性越来越多，那些想要让组织成为使命驱动的公司——本质上，在意外迅速发生且不可预测的情况下，能将组织健康制度化的公司，才最有可能生存和发展。

确定一个清晰的使命作为企业战略方向的基石，只是公司走向组织健康的开始。下一步是在整个组织中激活以使命为导向的战略方向，用它来塑造和重构企业的文化和身份，使之成为影响每个员工日常体验的东西。

业务和文化塑造议程之间更紧密的结合——这是第二章的重点，使公司领导者和投资人能抓住机会，创造新的商业模式和转变业务，并更快、更有效地扩展他们的工作方式。

组织制胜的**检查清单**

---

* 在战略方向中注入使命，寻求为所有利益相关方创造价值，而不仅仅是为股东。

* 用使命来动员各级员工，帮助他们把使命作为指引，快速应对不断变化的商业环境。

* 不断发展和调整短期战略，但要根据使命、价值创造的驱动力和愿景，设定一个具有普遍性且持久的战略方向，作为不断变化的环境中的稳定指南。

* 通过定义明确的优先事项，建立清晰的责任，并构建或发展能力，将一个充满使命感的战略转化为行动。

* 将数据、AI 和机器学习的力量融入战略和实践，提高决策效率。

第二章

文化：

塑造适应性的共享组织身份

为了在数字时代蓬勃发展，组织需要打破传统的文化，

创造一种新的数字化文化，甚至是一种微型文化（microcultures），

一种"激发速度与创新、创造归属感、打造敏捷性的人机团队协作，

以及不断迭代个人心智模式"的文化，

从而使组织保持活力和相关性。

在组织健康的七个要素中，文化是基石，是其他六个要素的底层基础。文化能够凝聚一个组织。虽然公司身份识别有其公开可见的维度——常见于公开文件、网站和新闻稿中，但是文化不一样，其往往不可见。它是公司身份的主要塑造者，并且向组织的新成员和外部人士提供叙事。

文化是看不见、摸不着的，存在于人们的无意识层面。它是组织生命中深层的意义，形成了"公司身份"这个冰山的水下部分。[1] 在对组织的公开身份与不可见的文化做区分后，我们就可以理解一些领导者是如何让自己陷入困境的。优秀的领导者会同时关注这两个层面，即水面以上和水面以下。如果他们只关注组织公开展示的身份，那么他们的行动就有可能在无形中与潜在的组织文化发生冲突，而且是灾难性的冲突。试想那些标志性品牌的失败或那些乏善可陈的兼并收购，比如戴姆勒（Daimler）与克莱斯勒（Chrysler）的合并，或者大型媒体美国在线（AOL）与时代华纳（Time Warner）的合并，或者巴西矿业公司淡水河谷（Vale）收购加拿大铁矿石巨头国际镍业公司（Inco）。

幸运的是，文化正日益成为 CEO 和董事会议程上的首要议项。[2] 越来越多的领导者在股东委托书中谈论文化，比如，将其作为描述公司健康状况的一种方式。2010—2016 年，全世界规模庞大的公司在财务报告会议中谈论文化的比例增加了 14%。[3] 2019 年，22% 的世界 100 强公司强调了它们整合或衡量文化的做法（除了行为准则的遵守情况和高管薪酬的考核因素）。在讨论文化举措的公司中，有 50% 的公司重点关注员工调查和基准评估报告、员工全体会议、无意识偏见培训、领导层会议，以及通过入职流程、绩效评估和离职调查获得信息和反馈。[4]虽然股东委托书可能并不是披露人员和组织相关信息的主要来源，但它们代表了一个开始。

同样，文化也是机构投资者首先要考虑的。像贝莱德和道富环球投资管理（State Street Global Advisors）这样有影响力的机构投资者，正在将公司文化作为业务重点。此外，在与人才有关的话题中，文化是迄今为止在机构投资者的对话中被提及最多的，仅在 2016 年就有近 700 家不同的公司谈及这一话题。[5]

为什么如今那么强调文化？其中一个原因是它与成功联系紧密：一项研究发现，关注文化的公司市场表现优异的可能性是不关注文化的公司的 5 倍；[6]与此同时，健康的文化是公司数字化转型的关键，也是公司在受疫情影响后顺利推动巨大管理变革的关键。健康的文化有助于加快决策速度，提升员工的自主性和积极性，最终吸引更多的人才。

此外，考虑到疫情对企业价值创造与运作方式的影响，文化对保证公司运作的有效性非常重要。正如学者冯斯·韦霍文（Fons Wijnhoven）所指出的，员工所处环境的复杂性和动态性越高，就越需要文化规范。文化规范与组织需求之间的匹配程度越高，组织运作和产出成果的速度就越快。[7]

换句话说，为了适应社会发展，领导者必须摒弃过时的文化规范，学习新兴文化，从而提高并改善组织在数字化背景下的产出效率和执行力。CEO 们和高层领导者已经看到并将继续认识到，独特的文化和组织身份是难以复制的。在一个技术、流程甚至商业战略都可以轻易被人模仿的世界里，文化可能会成为公司能否在市场中领先的关键(参见后面的专栏"文化带来的回报")。

本章将探讨如何为你的公司奠定独特且适应性强的、有共识的文化基础，以及如何避开你在前进道路上可能遭遇的绊脚石。首先，需要探讨的是，今天的企业应该努力创造怎样的文化？

每一种文化都应该是一种数字化文化

在数字时代之前，现有的企业文化足以让企业在竞争中脱颖而出。但现在，数字化要求商业和组织构建新的文化基准。在数字时代，每个企业都必须成为数字化企业。企业不仅需要关注外部和内部情况，还要创造全新的、颠覆性的、数字化的商业模式。因此，不能孤立地看待数字化，它需要跨公司的合作，这样企业的成长才能涵盖数字化的方方面面，使数字化成为公司纲领性的战略和文化的议程。

文化带来的回报

塑造文化或改变文化提供了一个以文化为资产来创造价值的机会。为什么？因为它在领导者如何做出决策以实现其增长目标方面起着关键作用，对超高速增长的公司来说尤其如此。在这些公司中，人及其判断是最主要的资产。每个公司都像一个以实现财务健康为目标的资产组合，文化就像一个可以用来改善公司战略和组织健康的杠杆。

然而，很少有公司将文化作为一种资产组合并加以充分利用，这主要是因为它们认为文化难以计量。同时，当那些对文化进行投资和衡量的公司，将心态和行为与战略和运营计划保持一致时，公司的利润就会有明显的提高。事实上，微软和奈飞等公司不仅证明了在塑造组织文化方面的投资有可能获得显著的回报，还让高管们意识到他们应该且可以期待这种回报。

约翰·科特和詹姆斯·赫斯科特（James Heskett）对文化和绩效进行了研究，他们对美国 22 个不同行业中的最大的公司进行了研究，结果表明，具有强大文化的公司的表现远远超过了其他公司。事实上，在 11 年的时间里，那些拥有强大的"绩效"文化（推崇决断力、完美标准、权责清晰的文化）的公司，其收入平均增加了682%；而在这些文化上较为欠缺的公司只增加了 166%。此外，前者的股票价格增长了 901%（后者为 74%），净收入增长了 756%（后者为 1%）。科特和赫斯科特还指出，虽然商业战略可以被竞争对手模仿，但文化却很难被复制。[8]

我在对公司文化塑造举措的研究中，基于创造的价值类型、最佳的活动管理方式以及所需投资的性质，把文化划分为四个不同的资产类别（或称亚文化）。请注意，这个模式清楚地表明，文化是一种资产平衡组合，它们提高收益的可能性取决于它们在多大程度上做到了以下四点。

* **推动战略（"战略推动者"）**。这一亚文化通过突破性的创新来提升顶层设计水平，从而带来卓越的业绩。例如，通用电气（GE）对其

数字化业务进行了分离再合并。通用电气在硅谷建立了软件中心，作为通用电气全球研究部门的一部分。这是它最初的数字化团队，类似于单独运作主要业务的初创公司，能够以独特的文化和实践方式（如敏捷方法）来运作。在取得一定的成绩后，通用电气才将其所有的技术工作与软件中心结合起来，形成通用电气数字化（GE Digital）业务部门，并为通用电气的其他业务部门任命首席数字官（chief digital officers，CDO）。通用电气还聘请了一位人力资源负责人，他带来了差异化的招聘方式，并对通用电气传统模式中的政策和薪酬做了一些改变，提高了通用电气的竞争力。然后，通用电气向组织内部的其他部门推出了许多敏捷性实践（FastWorks，后来被称为"快速工作法"模式）。

* **汇聚英才（"人才增长器"）。**这一亚文化通过公司员工对社会的价值主张创造了一个独特的身份，提升公司的品牌资产价值和可信任度。宝马的"Project i"项目就贯彻了"人才增长器"这一战略。它创建于 2011 年，是宝马的一个子品牌，生产插电式电动汽车。该集团以一种完全不同的文化和一套指标及激励措施来运作。正如乌尔里希·克兰兹（Ulrich Kranz，"Project i" 2017 年中以前的领导者）所说，"我有按照我想要的方式组建团队的自由。这个项目与公司的其他品牌无关，所以任何问题它都可以应对。我们被允许完全脱离现有的公司架构。"[9]

* **提升效率（"效率提升者"）。**这一亚文化提高了公司的效率和生产

力，例如，减少与重组有关的间接成本，确保重组的投资回报率与当前和未来的业务需求相匹配。澳大利亚航空集团（Qantas）推出低成本航空公司捷星航空（Jetstar Airways），以应对低成本航空公司维珍蓝（Virgin Blue）的威胁。捷星航空拥有完全不同的成本结构、文化和运营模式，并取得了成功，其利润率高于澳大利亚航空集团。这两个组织致力于通过提高成本效益和引进 5G 网络来创造更多的协同效应。[10]

* **减轻风险（"风险缓解者"）**。这一亚文化通过识别、量化和主动管理不良决策的风险来减轻风险。例如，2013 年，道富环球投资管理创建了一个独立于公司核心业务的新业务"道富全球交易所"，提供数据和分析服务，客户可以单独购买。[11] 它以一种独特而敏捷的运作文化，为道富环球投资管理创造了数亿美元的收入。

这就是为什么在今天成为一个真正的数字化公司意味着创造一种数字化文化。在实践中，这意味着领导者将被要求利用五个关键点来塑造和培养其所鼓励的文化，其中包括：

- 一种挑战者的心智模式；
- 以闪电般的速度进行创新和决策；
- 被赋予权力的敏捷型团队要得到 AI 的加持和赋能；
- 彻底的透明化管理；

- 数据使用的道德水准。

而且，领导者必须在个人、团队和企业层面上做到以上五个关键点（参见后面的专栏"强大的文化需要强大的领导者和运营模式"）。换句话说，今天的企业在一个日益动荡的商业环境中经营，被迫创新和优化它们的运营和管理实践，以满足新的数字化和社会需求。

不幸的是，市场上的各种组织都还没有做好准备。麻省理工学院斯隆管理学院发表的研究报告显示，在 120 个国家及地区的 4000 多名高管中，只有 12%的受访者完全认同他们拥有正确的组织文化和心智模式，能领导他们在数字时代前进。[12] 例如，只有少数公司的领导者真正武装了自己的员工，并授权他们做决策和执行任务。许多领导者关注短期利益，限制了组织发挥数字化的潜力。

因此，希望培养并充分发挥其潜力的组织，需要能够将上述关键点连接起来的领导者来揭示商业环境的清晰图景，以及最近市场上一连串变化对公司的意义。具体来说，为了在一个由数字技术驱动的快速变化的环境中实现繁荣，公司需要在以下三个方面打破传统的文化观念。

- 第一，如今的公司领导者需要将他们看待文化的角度转变为一种全局视角，并将其视为一种"文化的文化"，或者说是多种亚文化和微型文化的集合。这些文化可能根据特定群体的目标和需要而有所不同。为什么？因为随着公司的成熟，从小规模的实验转向大范围的推广，组织需要一种有利于其执行战略的文化，而这种文化可能因业务或产品领域不同而不同。

- 第二，领导者需要接受一种有别于组织身份但又与其相关的文化观，这种文化观表现为公众对公司的看法，以及公司内部人员为确定自己是该团体或组织的一部分而对文化规范的内化。

• 第三，领导者需要将文化视为一套无形资产，应该像对企业的其他业务一样对其进行积极、严格的管理。

强大的文化需要强大的领导者和运营模式

　　文化对领导力提出了更高的要求。正如麻省理工学院名誉教授、《组织文化与领导力》（*Organizational Culture and Leadership*）一书的作者埃德加·沙因所指出的，文化在很大程度上是由一个组织的领导者设定的，而领导者唯一真正重要的事情就是塑造和管理文化。[13] 领导者需要强烈地意识到他们如何能够利用文化，在企业、亚文化和微型文化层面将其作为一种资产来优化领导者经营和实现业务增长的方式。

　　因此，文化及其各个方面，是一种无形的资产，它由以下内容构成：创新的能力、深入发展多元化领导梯队的能力、使人才与新机会相匹配的能力、创造并维护吸引客户和员工的品牌的能力，以及在与客户的每次接触中都追求卓越的能力。高层管理者必须小心翼翼地培养和管理这些无形资产，同时回避像对待会计资产那样把它们分类放入整齐划一的条目中的倾向。为什么？因为这些资产蕴含在人际关系中，有能力的人才能够相互找到对方、分享新的信息，并将各自的洞察、先进的数据和分析技术融入新的平台和服务。文化资产也蕴含在人才中，个人、团队和跨团队组织主动发挥工作中的自主性和使用裁量权，可以让个人和团队从优秀走向卓越。

　　我在前言中描述的"投资者的心智模式"在这里再次变得至关重要。在考虑文化问题时，领导者必须采取投资者面对投资组合时的心智模式，其资产就是眼下必须管理的多种文化要素。做好了对这方面的投资管理，就能发挥公司文化和公司身份的全部潜力，在与对手的竞争中胜出。

　　领导者和他们建立的文化是数字世界中创新和增长的引擎。例如，创新在带来有形的成果之前并不是有形的资产，可以持续复购的"软件即服务"（Software As A Service，SaaS）即为这方面的例子。毋庸置疑，以按需付费的方式向个人、公司和政府提供云计算平台和应用程序编程接口（Application Programming Interface，API）是一项惊人的创新，这为亚马逊云（Amazon Web Services，AWS）技术带来了大量现金流。但是，亚马逊的市场估值并不仅仅基于其亚马逊云平台的预估收入，它在很大程度上是市场预期亚马逊有能力推出更多类似于亚马逊云技术和业务的产品和服务。市场预测亚马逊不仅有创新能力，而且它的创新能力将在云计算"战争"中脱颖而出。投资者正在投资亚马逊的公司文化。

文化也对运营提出了更高的要求。英国国家电网试图找到其 EDO 业务流程中的痛点，来减少延误、反复交接和责任不清等问题。为了直面这一挑战，英国国家电网的 CEO 佩蒂格鲁重新设计了业务流程，在三个方面做了转变并在其中嵌入了他期望的行为。

第一，专家和执行小组参与了文化审计，评估了核心行为，比如，合作、团队精神，以及针对关键业务和招聘流程的权责，从而确定问题和消除差距。第二，文化审计完成后，公司重新设计了执行流程，该流程囊括需转变的新行为，比如，树立对自己的行动、决策和结果负责的权责意识，以及建立出色的团队合作机制。第三，执行小组会评估人力资源部门对关键领域（如员工价值主张）的支持作用。具体来说，人力资源部门需要帮助未来的员工了解英国国家电网的独特之处；还需要考虑到非工会员工所期待的文化与领导力水平，将绩效管理流程与之相匹配；此外还需要在绩效管理和人才实践的过程中帮助整合并鼓励受期望的行为，比如，招聘、选拔和领导力发展。这些改变使人力资源部门能够简化其流程，提高责任感并减少痛点。其结果就是形成支持内部客户服务标准的文化和更好的员工体验。最终，所有这些转变使英国国家电网的 EDO 业务部门能够较快地培养出一种权责清晰和相互协作的文化。

总而言之，组织的领导者和运营团队都必须参与到文化的布署和变革中来。领导者必须明白，改变文化就是改变行为，而改变行为的最有效方法是设计一个环境，使整个组织的人的工作更容易被观察和管理。通过建立适当的结构、流程和衡量标准，领导者既可以更好地了解容易观测到的表面行为，也可以了解其隐藏的一面；后者可能更难被影响，如态度、信仰和不成文的规则。

以谷歌为例，它以非常强大、独特的公司文化而闻名。从本质上讲，谷歌以创业和"大学模式"为导向的公司文化是无处不在的，其特点类似校园的设计，应用创新、高效和扁平化的制度。然而，在过去几年中，随着该公司不断成熟和开展新业务，其业务组合中的亚文化已经出现。例如，"油管"的"创意人"（creatives）小组或云计算的"企业"（enterprise）小组之所以形成，是因为谷歌需要一种特定类型的文化来取得业务成果。

鉴于谷歌内部存在这么多不同的亚文化，一些观察家甚至猜测，谷歌是否已经完全超越了它原有的企业文化，也许该公司正在经历一种"中年身份危机"。[14]然而，上述观察家没有考虑到的是，谷歌亚文化的底层使命具有普遍的认知和广泛的共识，正如我作为谷歌员工亲身经历的那样。在这些亚文化中，个人的认知创造了一种在特定群体中达成共识的身份、认同感和归属感。例如，为谷歌工作的人是"Googlers"，新员工是"Nooglers"，而谷歌老员工是"Greyglers"。即使是离开公司的员工，在某种程度上谷歌也会保留他们作为"Xoogler"或"Ex-Googler"的谷歌身份。

换句话说，谷歌的身份会随着环境的变化而调整。为什么这很重要？首先，领导者（和投资者）不仅非常重视投资、培育或选择有前景的公司的能力，也重视通过财务、治理和运营工程增加价值的能力。虽然以上这些都很重要，但还不够。现在人们需要更多关注文化工程，并认识到组织身份可能需要随着时间的推移而演变，它是动态的而不是静态的。

请注意，特定的公司文化实际上可以帮助定义组织的成功。像谷歌、海尔和联合利华那样的非等级化的、协作性的、敏捷的文化，可以支持组织在快速变化的商业环境下拥有快速转向和适应变化的能力。事实上，正如联合利华前首席人力资源官（CHRO）莉娜·奈尔（Leena Nair）所说，"文化是新的组织架构"。当界限消失，跨职能团队出现时，文化是将人们联系在一起的黏合剂。[15]

但是，在那些还没有完全采用这种反应快速、灵活的文化的组织中，有时，为解决新的问题和挑战，相关的响应团队也会形成小众文化，并以完整的身份和名称来标志其独特性。

此外，随着公司的成长和变化，其业务的重要性和文化类型会发生改变（参见后面的专栏"拐点：数字时代的演化与革命"）。也就是说，组织在不同的发展阶段，文化的重要性是不同的。

塑造健康的文化

如今，变化是新常态，更准确地说，是"永无常态"。为了在数字化和 AI 优先的背景下拥抱颠覆性的变化，高层领导者，无论他们是 CEO 还是投资者，在思考商业模式和文化时都必须充分参与并深刻转变思考方式。显然，停滞不前的心智模式会产生停滞不前的结果。变革，尤其是文化变革，会带来宝贵的经验。通常情况下，它需要重设埋藏在领导者内心根深蒂固的心智模式。这些心智模式早已成为公司"组织身份"的一部分，帮助公司和员工了解整个组织的情况。

拐点：数字时代的演化与革命

组织进化似乎有一个定律：大多数公司无法度过初创阶段。那些设法成长的公司必须突破沿途的各种组织挑战，但它们很多都没能成功。为什么？答案很简单：文化不匹配。

每个文化，就像每个公司一样，都是独一无二的。成功的公司，无论是上市公司还是风险投资或私营企业，都会经历以挑战时刻为标志的演化期。根据资金的生命周期以及组织的成熟度和规模的不同，不同公司往往面临着类似的文化挑战，并实施着类似的解决方案。

* **初创**。在融资的这段生命周期中，公司通过创造力、创新和自发性来成长。但随着时间的推移，它们需要形成可复制的方法，落实管理结构，最终改变创始人的角色。在这个阶段，创始人及其他领导者会形成一套统一的初始文化原则。他们小心翼翼地进行投资，强调任何新增业务都要与文化相匹配。这阶段的文化架构应该支持公司以增长为导向、拓展新市场，但并不一味追求快速进入或拥有先发优势。

* **早期**。在这个阶段，成功的可复制的方法加速了企业规模的扩大，但随着组织的发展，创始人或领导者被要求更多地关注领导力上的挑战，激励和鼓舞员工，做好承担管理角色的准备。这个阶段的文化架构可能需要领导者授权团队，因为在一个由参与并负责运营的人塑造的文化里，组织才最有可能茁壮成长。因此，很多领导者认为，依靠流程和组织架构下放权限来保持文化的适用性有很大的价值。

* **成长**。在这一阶段，运营、资源分配、推广等方面的规则变得更正式，公司的多元化（和授权）会释放下一轮增长。然而此时，官僚主义和繁文缛节会阻碍快速决策和业务增长，组织内部对此的抱怨往往会成倍增加。因此，领导者通过在独立业务之间、独立业务与公司之间或公司主体之间的取舍来构建文化和追求结果。在进行数字化扩张以进入新市场，或协调、整合新的人才和想法时，领导者可能经常作为经纪人和连接者来行动。他们更关心他们所参与的生态系统的质量，而不太关心短期内的速度和效率。

* **成熟**。这个阶段有时被称为独角兽或上市前阶段，总部和日益增多的

运营单位之间更明确的分工与更好的协作，将有助于解决繁文缛节的问题。但是，组织的身份认同会成为一个挑战，特别是当创始人减少对公司业务的亲自参与时，如何保持创始人价值观的中心地位。在这个阶段，领导者往往最关注的是将其业务或业务组合联系在一起的组织结构和流程。随着公司范围和规模的扩大，领导者认为流程、结构和治理是夯实整个公司统一文化基础的最直接有用的杠杆。

虽然这些阶段反映的是一个连续变化的状态，不是一组二元选择，但它们揭示了构建"文化的文化"的独特模式，这意味着越来越多的领导者会被要求作为"投资组合的投资者"参与文化塑造，并管理整个企业中各种独立的亚文化形成的组合。在成长和成熟等各个阶段塑造文化，更不用说塑造微型文化，对追求数字化转型和风险投资的公司取得成功至关重要。事实上，文化的塑造已经成为创始人和投资者探索和讨论的最重要领域之一，并延伸到了董事会中。当创始人和投资者以投资组合的心态来处理这项任务时，他们可以更有力地掌握其业务组合中的多种文化，以及在组织成熟度的每个阶段所需的重点。[16]

为了茁壮成长，组织和员工需要不断地挑战和调整他们的心智模式，保持活力和相关性（请参阅下述内容"心智模式为何重要，该如何理解它"）。这就是为什么健康的文化通常包含反映组织变革和转型经验的思维导图或假设、价值观和人工成果。

心智模式为何重要，该如何理解它

赖安·戈特弗雷森（Ryan Gottfredson）和克里斯·雷纳（Chris Reina）在研究中将心智模式描述为"领导者的心理透镜，它决定了领导者接受和使用哪些信息来理解和驾驭他们遇到的情况"。表 2-1 描述了一些常见的心智模式。

表 2-1　常见的心智模式

心智模式类型	特征描述
成长的心智模式	相信人们（包括自己）可以改变自己的天赋、能力和智力
固定的心智模式	相信人们不会改变自己的天赋、能力和智力
学习的心智模式	相信人们的动机是提高自己的能力水平和掌握新技能
绩效的心智模式	认为人们的动机是获得对自己能力的有利判断（或避免负面判断）
审慎的心智模式	相信人们应该发展出对各种信息的高度接受能力，确保他们尽可能以最佳的方式思考和行动
执行的心智模式	认为人们应该主要关注执行决策，这使他们抵触新的、不同的想法和信息
晋级的心智模式	坚信人们应该专注于胜利和收益
预防的心智模式	认为人们应该集中精力，不惜一切代价避免损失，防止问题发生

来源：Ryan Gottfredson and Chris Reina, "To Be a Great Leader, You Need the Right Mindset," *Harvard Business Review*, January 17, 2020.

正如斯坦利·麦克里斯特尔（Stanley McChrystal）在《赋能：打造应对不确定性的敏捷团队》（*Team of Teams: New Rules of Engagement for a Complex World*）中所表达的[17]，小而敏捷的团队处于公司的中心位置，通过快速学习和实践的循环，做出有针对性的行动，这是快速实验的核心实践，其核心思想是从过去的命令和控制模式转向强调速度和灵活的适应模式来领导团队。他和他的合作者们用很大篇幅分享了跨团队战略取得成效的因素，即基于共同身份的共同信念——"使命肯定了信任，信任肯定了使命，它们一起形成了共同的经验，将个人联系起来"，从而凝聚成一个团队。通过对文化和共同身份的认识和理解，人们可以更清楚地意识到哪些心智模式仍然有效，哪些心智模式需要改变。这使他们能够更容易地克服干扰，进行转变，从一个增长阶段转向另一个增长阶段，或克服障碍扩大规模，实现繁荣和增长。

塑造健康的文化的另一个例子是一家快速增长的公司，我与该公司合作，重塑该公司文化并扩大其业务规模，为其翻开新的增长篇章。

一家科技公司如何为明天重塑公司文化

随着世界各国的公司从疫情的影响中恢复过来，它们目前的一些工作方式，包括那些曾经帮助它们成功的事物将被证明是负担。例如，一家快速发展的科技公司（我称之为 OpCo）最近发现自己处于一个"十字路口"，因为它达到了一个新的增长和成熟阶段。它需要找到一条与它的目标和方向一致的前进道路：实现盈利性增长。

为了确定 OpCo 可能需要什么样的改变才能实现盈利性增长，首席运营官（COO）聘请我从组织健康的多个维度对该公司的业绩进行独立的尽职调查。

在尽职调查中，我特别关注领导力、文化和组织设计，以及它们与公司战略方向的整体一致性。在各种协同工作坊、现场会议、深度的结构性访谈和焦点小组中，收集反馈意见并完善心智模式和行为定义后，我与公司管理团队、高潜力的高层管理者和被选定的员工代表合作，设计了一套有针对性的干预措施，比如，进行结构性的梳理、优先级排序、决策权的分配，以及行为指导，以此将新的公司文化原则付诸实践。

我与 OpCo 的管理团队进行了一系列深度结构性访谈，审查了绩效和组织数据并进行了深入的讨论。在开展高管辅导会议后，OpCo 面临的挑战变得清晰起来。为了推动大胆的新增长战略并提高公司的运营能力，OpCo 至少需要应对以下两个文化挑战。

- 公司应更有效地协调员工队伍，进一步优化员工整体结构、确定工作优先级和部署资源以适应不断扩大的公司规模和更复杂的工作内容。
- 同时，OpCo 需要改善与合作伙伴乏善可陈的关系。

OpCo 非常善于把时间花在"做什么"上，即工作的目标和关键结果。这包括：在新的全球市场推出新产品和服务，完善制度以创造更好的用户体验，提供商业计划以支持公司内部崭露头角的有创意的员工，建立基础设施以适应规模增长等。

然而，作为一个组织，OpCo 的管理团队和下属的业务部门花在"如何做"上面的时间较少。例如，OpCo 的一些个人和团队越来越专注于各自职责范围内的任务优化，而忽视了为整个公司解决问题。为此，OpCo 花了大约 18 个月的时间寻找并重新关注"如何做"的方法，通过调整管理团队，鼓励每个成员以身作则，实现预期的转变，并将一套新的心智模式和行为融入公司的工作方式和策略。

OpCo 的 COO 还发现了其他问题，其中一个问题是由产品和工程团队之间的文化裂痕造成的。这两个团队和整个公司的其他团队之间的紧张关系不断发酵，以至于整个公司都能感受到，这也助长了一种分裂的文化。此外，绩效管理系统对个人贡献的奖励强化了文化规范，特别是现有的注重个人化而非共享激励的做法。这导致 OpCo 内部许多人质疑企业实现预期增长的能力。

幸运的是，COO 明白，为了恢复信心和缓解紧张局势，OpCo 需要让组织各个层面都践行一套共同的文化原则，同时以某种方式保留公司内部的一系列独特的亚文化。OpCo 的领导层通过与公司的创意艺术家紧密合作，完成了这一壮举，使得公司能够迅速适应变化，并在创意趋势出现和转变时保持活力和相关性。

整个管理团队很快就明白，公司在运营方面的建设和投资方式，最终无法实现它所需要的业务增长。在组织及其文化上，OpCo 正处于一个转折点。虽然 COO 和他的经理们将自己视为业务发展的基础，但他们的运营方式过于脆弱和不成体系，以至于无法承受业务的增长。例如，薄弱的技术基础设施抑制了平台扩展，无法服务快速增长的用户。

为了应对这一挑战，COO 在改善 OpCo 的组织健康方面进行了大量的投入，首先是为卓越的执行力指出了一条崭新的道路。例如，COO 想改变自己的角色。尽管他将继续担任 COO，但他将根据工作需要精简工作汇报频率。此举将减少协调方面的工作量，同时提高团队解决平台故障的速度。COO 还将一些分散的合作团队重组，使其作为单一团队，由一个专门的领导者负责，创造了一条直接的权责和决策线，使其可以作为战略合作伙伴来支持和推动接下来的业务增长。从本质上讲，COO 明白，组织需要从高管团队开始明确，公司作为一个整体的集体行为和心态，并用其来指导各项关键决策；同时也需要明确各单位、各组织之间和彼此之间的社会契约。

为了实现规模效益，公司需要投入比过去多得多的资金，以打造强大的工具、制定严格的流程、跟踪风险的指标等。更重要的是，OpCo 缺少并迫切需要用于跨学科协调、问责和提供支持的基本合作协议。

经过与 OpCo 的 COO 和高管团队的合作，我和我的同事们迅速定义了一套新的心智模式和行为准则，并制订了一个文化变革计划。这要求 OpCo 的高管团队将宽泛的主题——"第一"或"文化"原则，转化为一套明确的心智模式和行为准则，用以提高团队专注力、明确目标、推动跨团队合作，以及确保团队精神和责任感。例如，为了建立组织规模化发展所需的执行能力，并围绕新的工作方式达成共识，经理们要求他们的团队组成小型工作小组，并决定如何将新的原则更好地融入或嵌入他们的团队工作。从本质上讲，新的心智模式将高管团队和下面的管理层凝聚在一起，并使他们共同参与到文化变革的计划讨论之中。因此，这些团队协同制订了一个"文化变革计划"，以确保协调一致，为整个 OpCo 注入信心，实现快速盈利和持久的运营改善。由于需要发展一种既能适应不确定性，又能维持高速变化的文化，OpCo 需要积极主动地平衡盈利性增长和员工倦怠的实际风险。

最后，OpCo 在全公司范围内进行了文化转型。为了加快执行速度和采用新的文化，公司在全球范围内举办了变革研讨会，所有管理层的"变革倡导者"都被授权来帮助推广并执行新的文化原则。这种文化转型的结果是什么？在短到令人惊讶的时间内（是几个月而不是几年），OpCo 改善了其运营业绩，并在实现目标和围绕盈利增长的关键结果方面取得了重大进展。

数字时代的文化

数字化的颠覆、消费者全新的期望、疫情后的经济复苏，以及呈指数级变化的市场，迫使企业重新关注增长问题。在数字化和 AI 优先的背景下，公司要创造能快速落地创新的实验空间，走上规模化增长的道路。公司必须采用自动化作为优化成本和效率的战略，拥抱 AI 和高级分析，创建以客户为中心的学习型文化，推动敏捷的和基于证据的决策。当然，公司需要通过鼓励培养挑战者型心智模式来推动颠覆和转型。

在过去的 10 年里，数字技术和 AI 已经改变了组织塑造和运作文化的方式（请参阅表 2-2 "AI 和数字技术如何加强或改造组织文化"）。但事实证明，组织在数字化转型时也必须改变自身文化，这一点自 2020 年以来尤为重要。在 2020 年，数字化转型在所有部门和行业中的发展势头更加迅猛。虽然这种对数字化文化的关注并不是自疫情、种族偏见和经济动荡的巨大变化才开始的，但它肯定因为这些因素而加速了。因此，在某些情况下，组织开始重新评估并从根本上改变了其身份和文化。

表 2-2　AI 和数字技术如何加强或改造组织文化

AI 或数字技术	如何加强或改造组织文化
数字工具	通过大家熟知的在线技术，如短信、电子邮件、推送通知、移动应用程序和游戏化等手段，数字工具鼓励人们采取预期的行动，从而影响和加强文化

续表

AI 或数字技术	如何加强或改造组织文化
基于 AI 的人才选拔和匹配工具	基于数据的算法可以帮助组织根据文化对组织或团队的匹配性来筛选人员（识别能够良好合作的员工），并进行相应的组合
情感分析	情感分析（也被称为意见挖掘或情感 AI）使用 NLP、文本分析、计算语言学和生物统计学来识别和量化员工的情感状态和对文化的主观看法
组织网络分析	通过使用数字技术来挖掘有关"人与人之间的联系"以及"他们之间关系的性质"的数据，组织可以更好地了解其文化，并以科学和商业上可行性的方式来识别文化影响者和变革推动者，并识别非正式的人际关系网络或其影响者
AI 协作工具	一系列旨在通过透明的信息共享来加强协作、打破孤岛的技术，可以帮助组织创造出更加灵活、开放和注重协作的文化

　　然而，文化有时会抑制变革。"这就是我们这里做事的方式"可能是拒绝变革的最好借口。这就是为什么强大的、健康的文化可以让组织锻炼出关于韧性的肌肉记忆。就像我们把骑自行车的方法动作储存在记忆里，预备将来使用一样，公司也必须精心设计企业身份和支持性文化，使其成为自己的第二天性，帮助领导者和企业中的每个人不断拥抱变化。这样才能弥合从传统经济跨越到数字经济的文化鸿沟，并为下一个阶段的增长做好准备。那么，是什么让企业无法做到这一点呢？

文化变革的五个绊脚石

第一个绊脚石是，公司往往因为采用了孤岛思维而受阻，要么从来没有接纳过一个真正相互依存的系统，要么执着于一个核心业务或功能而忽视了其他业务。后者可能会导致自满，不愿意面对核心业务以外的业务，使得增长停滞不前。比如，数字设备公司没能迭代商业模式，拓展个人计算机业务，因此无法确保公司生存，延续公司活力。简单来说，数字设备公司的领导者未能预测和看到个人计算机领域的新情况。

第二个绊脚石是，一个公司不愿意改变，就会产生一种倾向，即忽略外部变化，忽略有时可能成为重大问题的小威胁。百视达的可怕错误就是无视像奈飞这样的新兴数字渠道的崛起。百视达曾经被认为是视频租赁业皇冠上的明珠，但它在 2010 年破产了，因为它没有尝试颠覆自己的商业模式，没有为了长期利益而承受短期的利润冲击——对于那些错过了先发优势或早期采纳优势的人来说，这个教训太熟悉了。

第三个绊脚石是，对新事物的兴奋会让人养成追求流行趋势的习惯，而人一旦失去兴趣又会很快抛弃它们。还记得"新可乐"（New Coke）吗？"新可乐"后来变成了"可乐二号"（Coke Ⅱ），然后在 21 世纪初被市场完全淘汰。[18] 为了走向理想的未来，公司需要在战略方向上投资，或者像可口可乐（Coca-Cola）公司前董事长兼 CEO 郭思达（Roberto Goizueta）所说，"承担理性的风险"并坚持下去。

第四个绊脚石是，如果公司没有拥抱数据分析、数字技术和数据，就可能无法做出快速的、基于证据的决策。这就是西尔斯、玩具反斗城（Toys"R"Us）和其他零售业老牌劲旅所经历的。它们从传统的实体体验店到启动数字转型的速度很慢，错过了拥抱全渠道体验的商机。

第五个绊脚石是，那些没有培养出质疑现状，或迅速从错误中学习（又称"快速失败"）的心智模式的公司将发现自己不断地跌倒。想想诺基亚（Nokia），当时它的运营模式和内部政治体系使它无法接受从"一个基于产品的公司"向"一个基于平台的公司"转变。

随着我们进入商业数字时代的下一次迭代，今天的许多组织文化可能不再适合未来的组织文化，尤其是那些完全由竞争和盈利动机驱动的，而不是对组织整体有利的文化。它们将被那些受使命和速度驱动的文化所超越，后者是以人和 AI 为中心的。例如，想想那些大型焊接公司是如何实施员工绩效考核或使用焊接监测技术为焊接人员提供实时反馈的。在这个行业中，绩效曾经几乎是完全主观的（"只有看到它，你才知道焊得好不好"），将客观标准应用于绩效考核，使焊接人员能够自动获得绩效评估和反馈。

所有这一切都意味着，要想在数字时代蓬勃发展，大多数领导者需要彻底重塑企业文化。在我任高管的经历中和咨询工作中，我为各行各业的公司（包括大型和小型科技公司）提供咨询，帮助它们扩大规模和成长，我看到了公司可以通过一些方式来改变，以最好的方式拥抱未来。(参见表 2-3 "数字时代所需的文化变革"）。为了最大限度地发挥公司的全部潜力，企业文化需要变得更加以数据和 AI 为导向，具有创业精神，用工灵活、敏捷，并围绕快速决策得到优化。其关键是采用投资者的心智模式，例如，吸引顶尖人才，重新审视价值创造，并采取（有时可能是）痛苦的短期措施，使公司获得中期优势。

表 2-3 数字时代所需的文化变革

过去	现在
直觉驱动	数据和 AI 驱动
孤岛思维	由外而内的创业思维
传统劳动力	灵活的、类似于零工的工作队伍
风险厌恶	敏捷性和颠覆性

　　领导者和投资者都需要改变他们理解文化和管理文化的心智模式。根据我的经验，企业可以通过运用投资者的心智模式来管理文化的塑造和演变，就好像文化是由不同的资产组合而成的，组合中的每一部分都创造了不同类型的价值，每一种资产都需要被单独管理。这些文化塑造的实践贯穿于整个企业的生命周期或组织成熟度的各个阶段。

　　总而言之，文化很重要：拥有高绩效文化的组织为股东创造的回报，是没有高绩效文化的组织的 3 倍。[19] 这就是为什么领导者和组织必须将文化作为首要任务，并将其视为"文化的文化"来实践。因此，他们要接受这样的观点：组织身份会随着公司生命周期的变化而变化，文化健康应该像财务健康一样被严格管理，并成为企业绩效的原始驱动力之一。

　　然而，最终，只有当组织培养出具有前瞻性的领导力时，文化的改变才有可能实现。我们将在下一章探讨领导力的相关内容。

组织制胜的**检查清单**

---

* 运用投资者的心智模式管理和塑造"文化中的文化"实践,以不同的方式管理不同的文化资产组合。

* 将你用来衡量和优化财务健康状况的严谨性和纪律性,运用到衡量和优化文化的健康状况上。

* 为了组织在数字时代能够蓬勃发展,请开始转变文化。文化需要变得更加以数据和 AI 为导向,具有创业精神,用工灵活、敏捷,并围绕快速决策得到优化。

* 利用新的数字技术和 AI(如用绩效监测软件分析和解释工作中的趋势,以提高生产力),加强或转变文化。

第三章

领导力：

AI 时代的敏捷性和以人为本

如今，没有领导者可以单打独斗。

高度不确定的商业环境需要一种新的领导形式——集体领导力。

越来越多的领导者在机会和问题出现时，

为实现特定目标，会对团队进行整合或将其拆分成项目组。

实践敏捷决策和判断将是发挥人员和技术全部潜力的关键。

公司不能对顶尖人才吝啬。当我们认识到数字世界是一个完全透明的世界时，这种老生常谈的观点将引起共鸣。如今，无论是在组织内部还是外部，领导者能否胜任工作，很快就会显现出来。以企业点评与职位搜索社区"玻璃门"（Glassdoor）等社交媒体网站的做法为例，在职员工和前员工都会在该网站上分享他们对公司薪酬和多元化等方面的看法，然后给像 CEO 这样的公司领导者的表现打分。因此，我们可以将卓越的领导力视为其他六个组织健康条件所依赖的锚点：没有它，其他一切都无法正常运作，且运作风险极高。黑石集团（Blackstone）运营合伙人桑迪·奥格（Sandy Ogg）对 180 家被投企业的分析表明，"在第一年就获得合适的人才，这为这些组织带来了 2.5 倍的投资回报"。[1]

但是，在 AI 时代，正确的领导力究竟意味着什么？答案就是敏捷。想一想：如果领导者不能迅速采取行动，那么即使是被最先进的 AI 增强的决策支持系统，也无法帮到组织。在 AI 时代，只需要简单地点击应用程序或触摸屏幕，人们就可以通过算法发号施令。且不说利用 AI，如果不希望公司被 AI 颠覆，那么公司的领导层就必须灵活。

数据平台、AI 和自主学习迭代，可以为公司提供远见卓识，挖掘、创造和获取价值/市场份额的机会。但是，如果领导者不能迅速采取行动、分配资源、匹配具有适当经验和技能的顶尖人才，那么机会可能就会转瞬即逝，而这就是组织反应过慢的表现。

　　本章将探讨组织高层如何学会快速、准确地采取行动，以便在数字时代做出更好的决策。关键是通过集体领导力和针对 AI 背后的"人"开展授权。

领导者如何变得更加敏捷

公司在高速增长时，高层管理者必须能够敏捷地做出决策。诺埃尔·蒂奇（Noel Tichy）和沃伦·本尼斯将"判断力"描述为领导力的基本要素，即"领导者可以在多大程度上厘清问题、做出明智的决定，并确保它们能被执行到位"[2]。但是，判断力不仅仅适用于危机时刻和环境动荡时期；如今，它已经成为那些表现最好的上市公司、私募股权投资机构，在大变革时期能够识别和抓住机会的标志。简单来说，高层管理者必须清楚地知道自己的"战场"以及自己真正的价值所在。

因此，对于如何获得敏捷性这个问题，许多领导者的答案是首先要掌握判断的艺术。例如，曾担任私募股权投资机构凯雷集团 CEO 的李揆晟（Kewsong Lee）认为，判断力至少在一定程度上取决于培养多元化和包容性的工作场所。[3]李揆晟说："我们从事的是判断力业务。伟大的投资需要伟大的决定。为了做出伟大的判断和决定，你需要广泛的视角和不同的背景、不同的经验和创造力，你可以将它们融入你的投资过程并问自己，'我们如何才能做出最好的决定？'"

"如果没有这种想要了解不同观点、不同视角或看待事务不同方式的求知欲，你就不可能成为伟大的投资者。"李揆晟说，"凯雷的投资理念是积极寻求不同的视角和观点，因为我们相信这能让我们做出更加明智的投资决策。"这种心智模式会带给公司更好的业绩。

今天，AI 和分析技术的进步带来更快的速度和更高的准确性，通过培养人际关系、制定基于证据的决策，领导者将有更多的时间和更强的能力做出更好的判断。这就意味着，在理想情况下，更多的决策会既符合社会要求，又符合经济效益（请参阅表 3-1 "AI 如何打造更健康的领导团队"）。

表 3-1 AI 如何打造更健康的领导团队

AI 提供的帮助	AI 是怎么做的
改进决策	AI 和分析技术可以提高决策速度和准确性，在需要关注的行动领域内帮助领导者做出充分知情的、基于证据的决策
提高处理情绪和关系的智力	"情感计算"（Affective Computing）[4] 可以深入了解领导者的情绪反应及其模式，并就如何在个人或团队层面进行改进提出建议。同样，AI 可以揭示人际关系和互动的特征，并就如何改进提出建议
找到新颖的、颠覆性的洞察	AI 可以从非数字世界的噪声中过滤信号，为领导者创造思考的空间和时间。它们可以通过算法处理大量数据，生成领导者意想不到的见解，并只在领导者需要的时候反馈所需的内容
创造更多元化的高管团队	通过在领导团队中加入 AI，整个团队的思维会更多元化，这能更好地磨炼领导团队的判断力
建立领导力的后备力量	AI 可以帮助开发更强大的需求预测能力；根据数据指标、行为和绩效，在整个企业中识别潜在的下一代领导者；并在执行继任计划时提出关键见解，例如高管的储备情况或离职风险
培养领导能力	AI 可以充当领导者的私人顾问，提供有助于培养关键领导技能的意见，例如，沟通、自我意识以及时间管理或优先级管理

其次，要打造"投资者的心智模式"。为了创造差异化战略和缓释风险，企业必须拥有一批将私募股权投资者的心智模式植根于判断力和商业头脑的领

导者，他们可以专注于类似业务表现和投资者回报的关键驱动因素。同样，作为一家私募股权投资机构的前 CEO，李揆晟自然拥有投资者的心智模式，他认为这与凯雷集团的公平和包容价值观密不可分。"我坚信'和'这个词，而不是'或'。"他说，"我们的工作是增加绩效实现丰厚的回报，对组织产生积极的变化和影响。你可以二者都做……我们不只是为了行善而行善，还因为这是明智之举……如果你有这种心智模式，你会发现多元化能让你表现得更好。"

最后，要创建灵活组合的领导团队。根据不断变化的业务需求，对领导团队进行调整和重新配置。许多公司的领导团队已经在以这种方式运作，我将在稍后进行描述。

这三个答案不仅适用于大公司，也适用于高速增长的初创公司，以及风险投资和私募股权投资机构的投资者。合适的领导者知道如何与投资者和董事会开展最佳的合作、制定战略、做好投资和执行转型，这对达成业务成果至关重要。成功的风险投资和私募股权投资机构的投资周期通常是 5 ~ 8 年，它们会运用组织杠杆来使它们的高层管理团队（交易团队、运营团队和被投企业的管理层）的行动与它们的投资建议、价值创造计划保持一致。这种持续的领导力和组织调整通常需要董事会参与，因为这个过程涉及的不仅仅是风险管理或危机管理。

例如，受外部环境影响，一家拥有三项不同业务的体育媒体公司承受了巨大的痛苦。该公司的管理层及其私募股权投资者都清楚，他们必须重新调整，以迎接数字化的未来。然而，挑战在于规划其支零破碎的分析型人才储备。"他们有三四个人在不同业务部门从事分析工作，但客观来讲，这些人中的大多数只是在做报告，而不是分析。"我采访过的一位私募股权人力资源顾问说，他受聘了解该公司的健康状况并对公司的组织设计提出改进建议。

他坚信，要成为以数字化为中心的公司，该体育媒体公司需要聘请掌握不同技能组合（例如掌握高级数据分析和软件工程的技术）的新成员，或磨炼团队成员，以升级整个平台的算法。正如人力资源顾问所说，"这意味着 CEO和董事会需要以不同的方式思考他们将如何在组织层面上配置分析型人才。"最后，他为 CEO 和董事会制定了一个运营模式，将所有分析型人才整合到一个中心化的分析团队中。该分析团队是一个独立的数字化组织，并由负责分析业务的领导直管，再辅之以相匹配的企业转型计划来实现绩效目标，所有这些措施都将使业务沟通变得更加容易，并会迅速产生影响。

正如我们在第一章——战略方向的案例中看到的那样，要想做出这种对领导力的调整，需要在各种可能的情况下改善被投企业的组织健康。这也意味着要考验高层团队在多个方面做出决策和协调行动的能力：

- 如何实现营收增长和运营价值，并将其融入公司的商业模式；
- 如何塑造文化和组织身份以满足公司现在和未来的需求；
- 如何寻找、培养和部署多元化的人才；
- 组织设计如何与业务战略、目标和关键结果相匹配；
- 如何跟踪和改善员工福祉以提高生产力；
- 如何在整个企业中指导和管理高风险变革；
- 如何让领导者和其他员工支持关键战略。

对领导者来说，做出此类决策通常需要应对复杂且模棱两可的问题。这种不确定性要求领导者提升思考力、判断力和智慧。

领导集合制

随着业务越来越复杂多变，公司不能再依赖单一个人或一个高层团队。真正的领导敏捷性意味着，既拥有固定的独立团队，又能快速组建临时团队来应对特定挑战，如领导方式的数字化转型。这就是为什么灵活的组织越来越多地将流动的、临时的专家团队聚集在一起，然后根据手头的任务进行配置或重新配置，我和鲍勃·托马斯（Bob Thomas）称之为"领导集合制"（Ensemble Leadership）。也就是说，根据特定的决策或手头的业务情况，将一群具有不同观点或专业知识的高层管理者，有意地集合在一起。由于他们对管理方式达成了共识，他们可以根据需要自发地重新配置以提高效率。[5]

简而言之，这样的项目组由合适的人组成（通常是 1%~2% 的高管和有影响力的领导者或专家。在筛选人选时，一方面，考虑种族或性别的差异；另一方面，也要考虑职能、技术或业务的多元化）。也就是说，这种小型的敏捷团队、工作组、管理组或执行委员会可以有效应对复杂的数字化世界中可能出现的各种情况。

团队配置的类型可以有很大的不同。正如一家法国工业公司的一位前执行副总裁所说："有时我们必须快速做出决定，使我们能够与竞争对手的步伐和速度保持一致……即便我们的集体管理团队不总是在同一时间出现。其他时候，我们需要召集一个更大的团体、一个扩大的领导小组对公司的选择展开激烈辩论。"例如，由于疫情对全球健康和经济造成了影响，许多公司建立了临时响应团队，随后建立了远程工作或复工团队来应对不断变化的现实情况。在某些情况下，一些公司还会设立种族平等项目办公室，这是在乔治·弗洛伊德遇害引发的抗议活动后，为了应对非洲裔和棕色人种员工而开启的企业改革。

这一切意味着，上市公司和私营企业的领导者、董事会不能再默认高层管理者必须按照典型的行政机构层级来构建组织，比如行政领导团队、运营团队，也许还有由高潜力的中层管理人员组成的跨部门委员会。企业最好考虑搭建一个由经验丰富的、有能力的领导者组成的灵活且适应性强的网络，这样各种领导者就可以迅速聚集在一起，运用他们的专业知识（如行业知识或职能专业知识）来思考价值创造和执行战略，同时防范和应对紧急挑战。

现在让我们看看这种领导敏捷性是如何在一家我称之为 HosCo 的公司发挥作用的。我曾与该公司合作，帮助它为未来增长和地域扩张做好准备。在这种情况下，组织、组织文化及领导层是实现盈利性增长的关键部分。

HosCo 案例

这个案例讲述的是 HosCo 的故事。HosCo 是酒店行业的一家大型公司，由多个独立运营的品牌组成，多年来经历了剧烈的组织变革，但最终成功改善了组织健康状况。此外，这个案例还讲述了一位经验丰富的 CEO 和执行委员会如何利用他们积累的经验和智慧来建立强大的领导者网络，并推行敏捷心智模式的故事。

HosCo 能够创建流动的、临时的专家团队来解决问题，这使得 HosCo 能够在高压、动态的商业环境中蓬勃发展。HosCo 的领导者和治理方法，也为我们提供了四个宝贵的经验教训。具体如下所示：

- 在高层树立正确的基调；
- 确保高层有合适的人才；
- 促成高层转型；
- 创建高层团队。

高层基调：设定背景

在 21 世纪初，HosCo 还是一家拥有五个不同酒店品牌的控股公司，绩效卓越，拥有强大的管理能力、成功的业绩增长记录，以及在整个酒店行业占领了高端和豪华的细分市场等一系列资产，其中包括全方位的客户服务，从为情侣提供的豪华全包体验服务到提供适合大型家庭聚会的便利设施、餐饮和交通服务。HosCo 在主要消费市场上的强大市场占有率使其获得了运营规模经济，从而使其能够提高运营效率和利润率。HosCo 的一些业务，如吸引世界级厨师加盟和艺人入住的高端品牌，利润非常丰厚；而其他业务，如短途导游服务则压低了盈利能力。该公司的客户体验被认为是一流的，且一再得到证明。新一代的消费者对该公司出色的客户体验反应热烈。然而，HosCo 的增长面临着多种挑战。

当时，酒店行业的复合年均增长率（CAGR）为 8%。但是，与保护环境相关的立法和法规正在影响 HosCo 的运营，迫使其增加运营成本。虽然该公司有机会在新兴市场拥有新的消费者群体，但它也正在努力应对其三个主要增长市场的挑战：不断变化的人口结构、不断降低的消费者信心和下降的可自由支配支出。此外，主要消费市场的经济疲软，北美劳动力工资上涨，都对公司的收入和利润增长带来巨大的不确定性。

HosCo 的成功一直是由一个简单的战略驱动的：提供卓越的客户体验与源源不断的产品和服务创新。然而，令管理层失望的是，它在估值方面继续落后于同行。该公司对其老化设施的资本投入导致收益递减、负债增加和评级下调，这都使 HosCo 未来的增长之路不明朗。

HosCo 的领导者知道，他们必须确定哪些因素可以驱动公司的盈利能力，以帮助公司实现增长。具体来说，HosCo 在着手实现以下雄心勃勃的目标：

- 提高投入资本回报率（ROIC）；
- 控制运营支出（OpEx）和资本支出（CapEx）；
- 使用新的数字技术提升客户体验；

- 保护和强化公司品牌；
- 扩张新市场。

为了实现这些目标，HosCo 的执行委员会必须扩大业务规模并达到预期的收入目标，同时保留迄今为止使公司取得成功的传统文化和价值观。由于近年来盈利性增长乏力的现象与组织健康状况下降相吻合，所以具体的解决方案将高度关注组织健康状况。作为关键的第一步，CEO 和董事会努力建立牢固的合作伙伴关系，专注于建立一支多元化的冠军团队，以实现变革所需的积极增长战略和数字化转型。这种敏捷、包容的领导力和高层的一致性对解决如下问题至关重要：哪种业务"组合"才是正确的，才能平衡下一年的现金流与投资，并在未来三年内实现盈利性增长？我们应该从事哪些业务，为什么？我们能否有效地经营这些业务？这些业务中重要的组织能力是否可以用于其他业务？

充分发挥 HosCo 各项业务的潜力，并通过收入增长实现盈利突破，意味着由高层管理团队组成的执行委员会每天都必须做出重要的决定。因此，高层管理团队要致力于发展一套新的技能、行为和工作方式，如做出有利于整个企业（而不仅仅是某一个业务部门）的决策，以及做出艰难的人才决策，这一切的变化将会不可避免地给大家带来不适。

高层人才：建立正确的团队和正确的领导文化

HosCo 的高层管理团队，从执行委员会开始，采用高度个性化（high-touch）方法，包括一系列有针对性的高管论坛、个人和团队层面的指导，推动阶梯式的增长变化，同时采用新的行为方式和工作方式。这些论坛和指导旨在深入了解如何在更广泛的战略和复杂的组织背景下发挥个人和团队的动态作用，优化个人和团队的工作方式，针对业务组合建立稳固的合作伙伴关系，以及制订高管继任计划。

论坛和指导带来的成长和行为变化，促使 HosCo 的高层管理团队做出了三个重要的转变：以规范和敏捷的方式行事；基于主动预判做出决定；使用"合成智能"启发行动。"合成智能"（synthetic intelligence）是发展心理学家霍华德·加德纳（Howard Gardner）用来描述"从不同来源获取信息，客观地理解和评估信息，并以有意义的方式将其组合在一起"的能力[6]（参见表 3-2"建立正确的领导团队和领导文化"）。

表 3-2　建立正确的领导团队和文化

规范和敏捷的首要原则

* 在正确的领域，以正确的配置、正确的数据和分析，部署正确的领导者
* 围绕团队的独特角色和职责，让大家保持步调一致
* 采用简单的规则来指导行为

主动预判的首要原则

* 着眼未来，培养"跳出框架"的思维
* 鼓励使用算法和数字思维
* 有倾向性地"指导"下一代领导者

合成智能的首要原则

* 拥抱不可调和的分歧
* 前置有关速度和效率的激烈辩论
* 鼓励思维方式的多元化
* 在试图寻找正确答案之前，应用背景信息推理来确定正确问题

» 规范和敏捷

实现真正的敏捷领导力需要更高层次的规范：明确定义领导者在管理团队中的独特角色和职责。这种清晰的规范不仅能减少领导者的重复性工作（在管理团队中时有发生，会导致议程冲突和无尽的挫败感），而且角色的明确性还能使组织快速采取行动。

例如，一位前零售业 CEO 描述了公司领导层如何将日常决策委托给跨职能委员会。该委员会的工作是迅速做出决定，并将无法做出决策的特定问题上报至最高领导层。她指出，这种安排有助于"集中进行战略讨论和决策，同时可以分散工作准备、战略建议和战术决策"。因此，这种领导角色的划分，使得忙碌的高管们不必花时间去解决那些本可以由其他人处理的问题。另外，跨职能委员会还可以执行决策，而不必一直担心公司高层管理者是否会进行干预。

同样，HosCo 的执行委员会致力于成为一个工作效率更高的集体，与运营委员会达成更广泛的合作。在执行委员会实现其销售目标的同时，CEO 发现委员会有时会在组织的程序和政策上卡壳，这时他会要求委员会退后一步，重新评估它作为一个团队的运作方式。事实证明，执行委员会成员对"团队"一词甚至没有达成共识。因此，他们的工作首先是要阐明指导成员互动的规则以及他们的决策机制。最终，他们将这些准则写入了他们同意并批准的执行委员会章程。正如一位领导者指出的那样："我们的管理团队会议应该侧重于制定和回答战略问题以及做出判断，而不是完善组织的政策和程序。如果我们只做后者，那就是在浪费我们的时间和才能。"

» **主动预判**

敏捷还意味着与当今和未来正在发生的事情保持同步。因此，为了实现增长目标，HosCo 的领导层知道他们必须培养了解市场大趋势的能力。但是，从历史上看，HosCo 的领导层几乎没有接触过那种有助于培养公司下一代领导者远见卓识能力的领导力评估。因此，与有过评估经历的领导者相比，HosCo 的领导层更不愿意听到残酷的事实。CEO 也长期占据着最高管理层的位置，公司没有对高层领导职位进行正式的绩效考核。因此，那些有意担任最高领导职位的管理者，几乎没有机会接受具有挑战性的任务，而这些任务恰恰能够磨炼他们的学习敏捷性，并帮助他们成长为企业领导者。

为了更好地适应市场大趋势和培养下一代领导者（主动预判的两个关键原则），HosCo 的高层管理者需要建立与一线员工的沟通渠道，因为一线员工通常能直接观察到市场的变化情况。当务之急，是让更多的组织参与进来，并采用更具包容性的领导风格，从新晋的经理那里获得意见，特别是有关数字发展的主题方面的意见。例如，执行委员会开始征求经理和员工的建议，要求提出可能改变业务的特定数字解决方案"假设"。

HosCo 的组织文化转向一种新型文化，新型文化有高度协作的特性且其财务表现好于同行。不仅如此，从客户满意度和员工忠诚度来看，HosCo 在组织健康方面也有了显著改善。

尽管如此，公司仍有很多工作要做。领导层明白，未来的 HosCo 领导者需要比以往任何时候都更加老练。当涉及数字化思考和行动时，新领导者需要有敏捷性和判断力，以便知道何时根据竞争环境保留（或修改）行动方案。他们还需要比过去的 HosCo 更加关注客户。此外，新上任的领导者需要摒弃过去行动迟缓的弊习——过去 HosCo 领导层即便在面对能使公司扭亏为盈的投资机会时，也会因为"成本"犹疑不决。

为实现这些目标，CEO 任命了公司的高层领导者，并让这些高层领导者加入了几个着眼于未来的行动团队。这些团队将帮助公司培养高潜力的经理团队。它们负责通过跨业务部门的成本协同效应来增加收入，探索如何平衡当下的股东回报与未来的长期业绩。例如，HosCo 的成功取决于在两个关键市场的扩张，这将通过在五年内对数字技术的投资来实现。因此，行动团队每隔几个月就会相互轮换一次工作，以确定当前核心业务之外的新增收入来源，同时会思考如何在 HosCo 当前业务中实现成本协同效应。

» **合成智能**

敏捷领导力还需要合成智能。[7]在领导集合制的背景下思考，合成智能意味着多个头脑、适当集中，以解决一个头脑无法解决或无法快速、有效解决的问题。

如果将霍华德·加德纳的概念带入当今的数字时代，那么我们可以看到个别领导者及其高层团队如何利用 AI 来增强他们的决策能力，并创造出托马斯·马隆所称的"超级大脑"（superminds）。[8]比如，HosCo 的高层管理者在建立了一个清晰的章程和一套团队合作规则后，开始使用有关消费者行为数据分析来帮助决策和规划未来情景，这就形成了所谓的"超级大脑"。如此一来，这些高层管理者便获得了更高层次的洞察力，使他们能够从以前不可调和的决策选项中做决断，比如，是针对特定业务还是针对整个企业进行优化，或者是在新兴市场还是在发达市场进行更多投资。

回到合成智能的概念，HosCo 的高层管理者以多种不同的方式实践了这种协作式的领导集合制。首先，他们积极地将不同的观点纳入决策的制定、审议和执行环节。他们会运用直觉或对相关背景的理解——许多成功的风险投资者用来支撑其投资策略的做法[9]，来解释公司所在的行业、更广阔的环境，以及公司合作伙伴网络中的主要参与者（包括供应商和扩展的销售团队），从而找到收入增长的突破口，进而商定并制定战略和决定关键行动，并提交董事会。为了了解在业务发展方面的不同观点并使其实际落地，执行委员会举办各种战略会议，这些会议有时不对其他人开放，有时则对公司其他重要的领导者开放。

在战略会议进行期间，参会人员须对公司计划清单中的每个事项都达成广泛的共识，即要么推进计划，要么取消计划，或以某种方式缩减计划，抑或扩大计划。在其他时候，某些成员会被召集起来，担当其业务部门的倡导者，并负责检查潜在投资决策的影响。数据分析人员经常为这些与投资决策相关的辩论和讨论提供信息，而这些辩论和讨论会围绕以下问题展开：根据相关地理区域的吸引力和市场采购的需求，HosCo 确定目标市场份额 / 规模应为多少？HosCo 必须解决哪些高端产品的供应和分销事项才能成功实现这一市场份额 / 规模目标？

战略会议和工作组之所以取得成功，是因为它们关注的是 HosCo 控股公司的整体利益，而不是每个业务部门单独需要改善和优化的部分。产生富有成效的辩论和想法是关键所在，高潜力的经理也从其他业务部门面临的挑战中学到了宝贵的经验教训——不仅为他们提供了合作的最佳方式，还为他们提供了开拓思维、提升技能，以及加强彼此关系的空间。HosCo 的执行委员会也了解了通过在整个企业建立协作的人际关系来打破孤岛的重要性，以及如何用集体智慧做出更快、更有效的决策。

HosCo 的高层管理者实践合成智能的另一种方式是在团队中开展快速实验，通过对想法进行测试并从错误中汲取教训，得出更好的结论。这意味着从真实的现场实验中进行集体学习。与此同时，它也意味着可以把"思维练习"（thought exercises）当作审议手段，迅速汲取经验教训，更好地集中思想和行动。

例如，我和我的同事们经常要求执行委员会成员和其他管理团队停下来思考领导集合制下的个人创造价值的方法及原因。我们会问大家这样的问题：你做出这样的陈述是因为你站在业务单元管理者的立场上，还是站在人力资源或财务领导者的立场上？你是否立足于企业领导者的职责和视角，放眼于整个公司？提示领导者明确陈述他们的假设和每个论点背后的证据，帮助他们更好地检验和完善想法。我们的目标是动员 HosCo 执行委员会的全体成员，进而动员 HosCo 整个领导层。

高层转型：治理和变革的重要性

高管团队需要变得敏捷，也就是说，调整他们的思维方式，思考将哪些人纳入决策过程。HosCo 提供了一个令人信服的例子，说明一家公司在做国际扩张和转型的规划时，如何利用领导力专注于公司的价值创造。具体来说，该公司在高管团队中构建了顶级团队，负责预测新趋势和消费者需求，以便快速识别并抓住机会，辅助参与正确的治理和决策讨论会。这样的管理网络使管理者能够基于当下现实和未来挑战做出相匹配的投资决策。例如，在考虑进入新市场或增加现有市场的机会时，一种支持性和教练式的管理方式能够使管理团队产生大量想法。然而，在其他情况下，对例行的运营原则进行"是"或"否"

的决策时（例如启动季度业务审查），则需要管理团队减少分歧，尽快达成一致，把事情做好。这样以快速交付结果为中心的管理风格才能得到保障。此外，HosCo 的领导层明白培养下一代领导者的判断力不能一蹴而就。因此，他们有意识地将重点放在其执行领导团队之外，并在跨职能团队中吸引和培养下一代领导者。这些跨职能团队使领导者们能够快速解决问题，包括做出关键决策，比如业务如何开展、发展、扩展，或资本如何分配。因此，HosCo 能够转向数字化，扩大其在新市场的影响力，将收入翻番，进而逐步提升股东总回报。

上市公司和私营企业都可以而且应该采用类似的领导和治理方法。换句话说，它们需要在高管团队中创建顶级团队，并辅以适当的监督。这些公司可以通过明晰的权责和简单的规则使团队步调一致。为了在高层实现这种转变，上市公司和私营企业可以从私募股权投资机构的做事方式中学到很多东西——采用投资者的心智模式（请参阅表 3-3 "高层的传统心智模式和投资者心智模式"）。

表 3-3　高层的传统心智模式和投资者心智模式

传统心智模式	投资者心智模式
我们的哪个品牌最赚钱？	品牌内部的哪些做法或领导层的能力可以帮助其他品牌获得更多利润？
哪些市场表现不佳？	哪些市场是正确的长期投资，我们如何让那些长期投资加速产生短期回报？
哪些资产的投入资本回报率为负数？	现在我们为客户提供的哪些东西在客户看来价值不如以往了，我们是不是可以为客户带来新的价值，让他们乐意为之付费？

　　类似地，要提升私募股权投资机构资产优化价值的能力，就需要改进其领导和治理模式。交易团队、运营团队、公司管理层（包括董事会）必须通力合作，以确保取得最佳业绩。这三个群体之间的互动需要以一套运营原则为中心，在这套运营原则中，这三个群体都被企业同等视为价值贡献者。因此，敏捷领导力需要多元化的配置、决策风格和经营方式。

高层团队：打造流动的领导集合制

　　数字化不仅正在改变组织创造价值的方式和运营方式，还以极快的速度改变人们的心智模式和行为：在大多数公司甚至不知道某些数字趋势时，用户可能就体验了它们。这就是为什么当今的组织需要提升用户体验，并协调高层、中层和一线的管理者来调研用户体验。如果企业不能像用户那样高水平地使用数字技术，那么就会在市场竞争中被甩在后面，因为灵活的新进入者会抓住用户的心，并最终赢得市场份额。

　　但这里有一个矛盾。主张以 AI 为先来扩大增长规模和管理其业务的领导者，往往会发现自己在文化和投资优先权方面与一些高管存在分歧。后者是负责产品管理和工程卓越性（或简称为"产品和工程"）的领导者，有自己的优先事项和观点。这一分歧造成的组织冲突会使数字化转型变得更加困难。

　　所以，问题是：公司的最高管理层如何才能既充分利用不同观点，又足够果断地同步规划数字化的道路？要回答这个问题，首先要考虑每个关键利益相关方群体中可能存在的不同观点。

· **用户的视角**。为了挖掘用户的视角，首席产品官或 CDO 经常会设计和推动与用户相关、简洁且有意义的全渠道体验和服务。他们明白，我们生活和工作的世界中的数字化转型已经催生活跃的数字用户。不过，这些产品或数字负责人站在优先投资数字用户体验的一边，既要确保在跨数字渠道上与用户无缝互动，又要通过数据分析更好地了解他们的行为习惯。这种关注用户体验的视角有时可能与财务的视角不一致。

- **财务的视角**。首席财务官（CFO）会无情地关注业务的财务健康状况，这是理所当然的。在摆脱疫情冲击后，新投资会受到更多审查。然而，这种观点可能正在转变。尽管 CFO 历来可能被迫确定如何将工业时代的实践与数字时代的技术相结合，但他们仍旧经常会问为什么要部署数字技术来改善用户体验，而不是用它来提高运营效率，提高利润率。无论如何计算，要用金钱来量化机器学习、AI、云平台和机器人流程自动化的投资价值也许本身就是一项值得怀疑的工作。这样的怀疑会迫使 CFO 转变为拥抱数字化转型，将其视作跨越式发展及保持相关性、有用性和最重要的竞争力的方式。

- **CEO 的视角**。那么 CEO 呢？由于议程上的所有关键项目都在争夺 CEO 的注意力，期望 CEO 一个人同时担任法官、陪审团和裁决者等多种角色是不合理的。虽然一些 CEO 可能习惯于担任此类角色并对自己的数字化知识充满信心，但其他 CEO 对数字化的理解或许会存在不足。无论哪种情况，CEO 都需要明白，是否投资数字化并不是一个非此即彼的二元决策事项。他们必须承担责任以保障将数字化融入业务和运营模式的各个方面，创建一个包括人员、流程和技术的数字生态系统——简言之，要考虑最高管理层成员的各种观点。

　　数字化转型几乎都要从高层团队开始。虽然没有教科书上的公式说必须由谁领导转型，但逻辑上，CEO、CDO、首席转型官（chief transformation officer，CTO）或其他高层管理者的组合都可以有效领导数字化转型，具体采取什么组合取决于转型的背景和团队潜力（有关有效领导的更多信息，请参阅下面的专栏"数字化时代的四项关键领导素质"）。不过，无论什么情况，领导者首先需要搁置分歧，一起来决定数字化的道路并共同推动其建设。

数字化时代的四项关键领导素质

　　走向数字化不再是一种选择。数字化将是当今和可预见的未来的最主要商业模式。商业模式的生命周期会越来越短，意外的颠覆会出现得更加频繁。这就是为什么建立更好的组织将取决于领导者，他们善于驾驭激烈动荡的商业环境中的变革浪潮，同时为日益分散和虚拟化的劳动力提供明确的指示，从而使组织保持平稳运行。

　　那么，领导行为和心智模式需要进行哪些改变？许多品质构成了数字化时代领导力的基础，[10] 但有四项关键领导素质脱颖而出：使命、韧性、影响力和伙伴关系。

* **使命**。数字技术演进下，AI 驱动型公司的发展需要高情商[11]的领导者，他们能够识别、理解和使用自己的情感信息，在不断出现的全新条件下以更道德和透明的方式领导组织，同时在整个组织中传递使命感。与此同时，今天的领导者应该能够发现机会并从每个季度的工作中进行学习：向客户、竞争对手、员工（包括新入职的和在职的员工）学习，以及向他们所在的生态系统和社区学习，为创造和获取价值奠定基础。越来越多的领导者将不得不协调一个多元化的人才库、分散的劳动力和生命周期更短的组织。这意味着他们必须拥抱并有效地传递一种对所有人都有吸引力的深刻使命感。

* **韧性**。领导者现在和将来要处理的情况多种多样，他们需要有前所未有的韧性和灵活性。换句话说，领导者要权衡变革的多个方面——复杂性、范围和时空。一旦做出决定，他们就要激发自己即兴发挥和试验的热情，并鼓励追随者也这样做。例如，在快速增长的大背景下，领导者往往会被安排担任新的角色，或去新的环境中工作；而那些最有效率的人能够边做边学。为什么？一方面是因为他们善于用正确的数据和正确的算法提出正确的问题；另一方面，是因为他们同样乐于冒险，并善于从失败中快速地走出来。

* **影响力**。在一个越来越以结果为导向的时代中，领导者需要展示自己为公司创造利润的能力和社会影响力。尽管平台经济的世界中充满各种建立和经营成功企业的呼声，甚至是噪声，但领导者和他们的团队需要保持高度专注力，聚焦绩效并保持对增长的追求。投资者希望看到自己的投入带来可预期的回报。在这种背景下，领导者需要做出承诺，然后兑现承诺。但要做到这一点，他们必须了解

组织的健康状况，并利用他们掌握的关键杠杆来落实公司的战略。

* **伙伴关系**。在数字化时代，领导者会发现，为了给客户和用户提供最好的服务，企业需要与越来越多元化的组织（包括私营企业和上市公司）合作。最优秀的领导者了解伙伴关系将如何激发成功的牵引力并充当生态系统的协调者。生态系统合作伙伴之间的平台、商业模式和运营风格的差异将要求领导者在建立和管理合作伙伴网络时更加灵活且富有创意。

数字化转型为公司带来了内部压力：一方面，必须承认和考虑许多相互矛盾的观点；另一方面，高层管理者又必须步调一致、共同努力，这样才能推动整个组织进行可持续的变革。

每家公司提高高层管理团队效率的方法不尽相同，因此没有单一的路线图。但是，若高层管理人员已经构建了敏捷决策和高效判断的模式，公司就已经收获了三个重要的经验。

- 从高层定下基调开始，制订突破性的业绩增长计划。
- 就领导者如何最有效地工作与管理团队达成共识，评估现有的领导集合制，通过程序变更和有使命感的实践来消除差距、肃清弱点。
- 确定如何让更多的组织参与进来以完成关键优先事项和目标。

接下来，我们将转向研究如何通过释放人才的全部潜力来改善组织健康。

组织制胜的**检查清单**

---

* 发展和实践判断的艺术并践行规范和敏捷、主动预判与合成智能的首要原则。

* 采用类似于私募股权机构的投资者的心智模式，关注业务绩效和投资者回报这类关键驱动因素，在高层定下基调后制订突破性的业绩增长计划。

* 就领导者如何在领导集合制中有效合作达成一致，并辅之以正确的治理、冲突解决规范和决策讨论会议。

* 实践包容性领导力并制订计划，让更多组织参与进来，以完成关键优先事项和目标。

* 利用数字技术和 AI 来保障卓越的领导力，提升做出明智的、基于证据进行决策的能力。

第四章

人才：

释放员工的全部潜力

由于人才管理实践陈旧、发展机会缺失或角色模糊，

公司人才的全部价值常常被限制在组织内部。

如果要挖掘员工对产品和服务的创新能力，

以人性化的方式提升客户满意度，并推动公司的发展，

那么请了解数字时代组织健康的第四个条件。

人才以及公司如何管理人才已成为一个热门话题，不仅对高层管理人员和投资机构领导者如此，对董事会和更广泛的投资界也是如此。[1]

仅在 2010 年至 2016 年间，全球 1600 家大型公司（按市值计算）向投资者强调人才管理的比例增加了 15%，[2] 而成功的公司（与同行相比收入增长了 10% 及以上的公司）的董事会成员让最高管理层对人才战略直接负责的可能性是其他公司的 1.7 倍。他们公开陈述多元化和员工幸福感指标的可能性是其他公司的 2 倍。他们所带领的组织在招聘、学习和发展、员工敬业度和体验以及人才保留等各方面表现更出色的可能性是其他公司的 3.4 倍。[3]

这一切都表明，今天公司高层管理者和投资机构领导者要考虑一系列新的问题：我们是否真正有效地吸引了 A 级人才并释放了他们的潜力？我们是否评估了我们的增长目标、竞争格局、经营业绩和行业动态，并将其转化为我们的员工战略？我们是否足够了解当前晋升通道中人才的数量和质量？我们能否计算出未来需要的人才数量？

诚然，大多数董事会成员、高管和投资机构领导者会非常乐意花时间挑选合适的 CEO 和高层管理团队。在尽职调查期间或之后，投资机构领导者也会留出预算对管理团队进行评估。

但如今，此类任务已经呈现出全新的基调和细微的差别。在组织中做出与人才相关决策的人，无论身处哪个层级，都在打破过时的员工评估和招聘惯例。机构投资领导者越来越了解构建健康的组织与实现更高绩效之间的联系。[4] 他们认识到数字时代需要一套全新的人才管理体系，比如基于 AI 获取实时反馈、工作匹配度和绩效，甚至职业道路规划和升职计划。

　　本章将探讨这些新兴的数字化能力，一些公司如何利用数字化来招聘和管理员工。我们将审视当今全球商业环境的具体挑战和需求。首先，让我们看看人才管理上的传统做法。

利害攸关的因素和需要是什么

为了全面了解人才管理的问题，我们要立足现在，展望未来。我回顾了罗伯·克劳斯和艾米·埃德蒙森等组织学者以及桑迪·奥格等经验丰富的高管和麦肯锡等公司顾问的著作。这些著作都表明，公司需要深入挖掘并掌握它们的组织如何真正创造价值，以及它们的员工如何为此做出贡献。

一份报告称："为了匹配人才，识别和量化组织中重要角色的价值成了核心步骤。"[5] 但这不仅仅是聘请合适的人担任这些角色的问题。有一种与人才相关的特别做法很有可能帮助公司赢得竞争：频繁地将高绩效员工重新分配到关键的重点战略业务上。

例如，领英（LinkedIn）会根据特定学习内容和业务目标配置员工，在岗位有限"任期"（tour of duty）四年届满后，再将这些员工转化成另一个角色。[6] 根据黑石集团前运营合伙人桑迪·奥格的说法，"迅速建立强大的管理团队并将高层管理者部署到更适合的岗位上，这一举措造就了黑石集团最成功的 22 个投资组合公司。"[7]

组织角色之间的这种灵活性和流动性，不仅减轻了员工的职业倦怠感，还保持了组织的活力和相关性。事实上，定期审视特定工作和个人的匹配情况，并在必要时做出改变，已被证明是对组织有利的。在一项研究中，那些"快速"重新分配人才的公司的股东总回报是其竞争对手的 2.2 倍。[8]

其他新兴实践和工具包括基于 AI 的个人工作实时反馈，使人们能够快速学习和调整。例如，我们知道乐活（Fitbit）和其他健身追踪器等技术如何彻底改变了健身行业。但是，其他行业（从焊接和制造，到企业通信和政府机构）也正在采用 AI 技术来提高员工的工作效率。不同场景下应用的技术各不相同，包括可穿戴设备和鼓励员工专注于任务的击键测量软件（如时间和任务跟踪软件 Hubstaff 等产品），还有衡量组织内部合作率的软件（如组织管理软件 Isaak，由英国员工行为检测软件公司 Status Today 研制），甚至还有机器学习软件（如监工程序 Enable）可以测量特定任务的进展速度和生产力，然后提出改进方法。[9]

另一个例子是关于利用数字化程序分析人们的个人网络和社交网络，并通过检查帖子的长度、主题和一些词的出现频率来衡量互动模式。这使公司能够了解信息流并帮助有创造力的人和团队传播他们的想法，从而在整个组织中释放创新活力。同样，随着越来越多的风险投资和私募股权投资机构开始采用 AI 做出投资决策，美国股权众筹平台 AngelList、创业数据库平台 Crunchbase 和其他几个此类投资者和创业公司的数据库平台变得越来越重要，这也会进一步提高用户整体参与度、数据输入水平和网络效应。

当然，必须说的是，这些新技术并非没有争议或批评者。事实上，对组织跟踪我们一举一动的担忧也不是完全没有根据的。毫无疑问，AI 和其他技术可以且已经被用于不道德的行为，比如监控员工工作之外的个人生活。但是，将组织健康放在首位的公司明白，对技术的不当使用最终会适得其反。因此，成功的公司会负责任地使用数字化和 AI 工具，并在经过员工同意的情况下使用它们——这其实同时保护了员工和雇主的利益。

为了让组织更健康、更具适应性，并最终在一个不断变化的商业环境中更具竞争力，高层管理者和投资机构领导者知道他们需要一套正确的人才实践方法，包括应用 AI 和其他重要的数字技术，来激发员工的最大潜能。在探索其中一些实践之前，让我们更仔细地了解数字化时代组织在寻找、保留和管理人才方面面临的挑战。

人才和当今业务的核心挑战

当下的企业领导者面临着一系列关键业务的挑战。首先，实现收入的快速增长越来越难，难点如针对有垄断嫌疑的大型科技公司的立法。[10]美国立法者担心此类科技公司对数字广告的影响力过大，因为其"掌握了商业、搜索、广告、社交网络及出版的定价权和规则"。[11]

其次，利益相关方对经济收益的期望正在飙升。想想 2017 年卡夫亨氏（Kraft Heinz）为什么撤销了对联合利华的收购。正如伦敦商学院的朱利安·伯金肖（Julian Birkinshaw）和几位行业评论家所叙述的那样，这两家公司的合并带来的不是文化冲突，而是观念冲突。卡夫亨氏主要侧重于为所有者提供利润，但是，联合利华侧重于在为所有者提供利润的同时履行对整个社会的承诺。[12]哪种观念最终"获胜"的问题将永无定论。但很明显，本书中提出的在 AI 时代对组织健康的想法，更倾向于"二者兼而有之"：对人和社会有益的东西最终也会对利润有益。

然而，这里的核心观点是，观念或司法约束的挑战并没有那么大，在组织中拥有优秀的人才比以往任何时候都重要。

21 世纪 20 年代的人才

除了我刚才描述的这些较大的业务挑战，今天还出现了一些围绕人才本身的重大进展和问题。在这些变化中，世界各地呼吁机构，也包括企业和高管，对种族不平等问题采取比以往更强硬的立场。领导者被要求重塑人才实践，创造更加公正、平等和包容的工作场所。正如在前几章所探讨的那样，这场世界范围内的平权运动，正在迫使许多公司掌权人认真审视自己和他们的组织，并针对不平等现象采取行动。这还包括那些以前较少受到关注的不平等现象，比如，在许多企业和社会环境中，存在的各种形式的不为人知的偏见和言行举止间有意或无意的冒犯，它们长期以来一直被忽视或轻视，阻碍了企业充分释放顶尖人才的潜力。

同时，疫情给人才问题带来了新的挑战。疫情迫使领导者去满足前所未有的需求，重新部署人员、构建远程团队、培养所需的能力、支撑陷入困境的供应链、为人道主义努力做出贡献、在不确定的情况下重启业务，以及在解雇或保留员工之间做出选择。以达美航空公司（Delta Air Lines）为例，它为平均服务年限为 25 年的员工提供了提前退休方案。这使公司能够减少裁员人数、降低工资成本并留住更多初级员工。[13]

然后，随着企业在疫情期间重新开始营业，新的人才问题也浮出水面：许多企业，尤其是餐馆和其他餐饮服务场所的员工出现短缺。事实证明，许多因企业倒闭而失业的工人决定不再返岗，至少不会在他们过去能接受的相同工作条件和工资水平下返岗。一些观察家认为，劳动力短缺问题，无论是暂时的还是受行业限制的，都表明企业需要重新学习和实践更好的战略，来寻找和留住员工。[14]

那么，这对未来的高层管理者和投资领导者意味着什么？他们如何在一个如此纯粹又充满不确定性的商业世界里领导组织和思考投资？在各种各样的挑战和发展中，从立法到观念层面再到组织层面，有一件事势不可当，那就是工作场所数字化的兴起。其他一切都只是企业不可避免地迈向 AI 优先的背景。幸运的是，AI 为当今组织面临的挑战提供了许多解决方案。

AI 人才 = 应对当今严峻挑战的解决方案

与一些人的看法相反，数字化转型实际上为人才带来了喜讯。这是因为数字化不仅关乎人人都能购买的技术，更关乎人。毕竟归根结底，技术就是让人们能够有效地使用革新技能，培养全新的判断力和洞察力。随着日常工作的自动化转型，人们能够更快地执行日常任务，独属于人类的能力将脱颖而出，并最终使个人及其组织脱颖而出。

"AI……没有像任何人预期的那样发挥作用，"据《纽约时报》（*New York Times*）引述，研究实验室 OpenAI 的首席技术官雷格·布罗克曼（Greg Brockman）说，"它没有取代任何工作，但它一下子取代了所有人的粗活累活。"这篇题为《AI 取得了进展，但它仍然需要人类》（*AI Gains, but It Still Needs People*）的文章强调，AI 程序仍然无法像人类一样进行推理。事实上，苹果智能助手 Siri、亚马逊智能助手 Alexa、全球定位系统（GPS）程序和其他用户熟知的消费类 AI 工具等程序、聊天机器人"只能替代一小部分人类专家"。[15]

要解决企业在数字时代遇到的一系列风险，没有简单的答案。事实上，唯一合适的回答很可能是"从更多（也更令人不舒服）的问题开始解决"，举例如下。

- 你的业务领导者对扩大公司规模和提升盈利水平是否缺乏兴趣，从而导致整个公司的组织健康状况停滞不前？
- 企业中的人才，以及人才管理能力，是否真的帮助高层管理者实现了发展，以应对企业在数字时代面临的真正挑战？

- 也许更重要的是：公司的组织效力发展是否已赶不上高层管理者的成长速度？在某些情况下，你的人才实践方式是否早已过时，导致你对当今业务环境的状况视而不见？

一旦组织领导者能够诚实地回答这些问题，他们就可以开始解决一些问题。只有这样，他们才能真正做好准备，在 AI 优先、基于平台的商业环境中开展业务。下面是关于从何处着手以及如何开始这种人才转型的入门指南。

AI 如何释放人才潜力

正如已经讨论过的，要想最大限度地发挥数字技术和 AI 的潜力，拥有优秀的人才比以往任何时候都重要。反过来，一系列新兴的 AI 和数字技术将使你的员工充分发挥能力。举例如下。

人才招聘。AI 和数据分析可以辅助评估公司内部和外部的人才，发现高潜人才，并将他们与组织中的合适岗位相匹配。例如，大数据公司 Quid 的数字化程序可以通过从社交媒体平台（领英、脸书、推特和许多其他平台）上抓取文本、图像或视频数据来识别和初步寻找高级人才（当然这样的信息抓取必须是合法行为）。之后，这些数据可用于建模和构建基于心理特征的企业家或个体人才档案，他们可以成为你的公司的潜在招聘对象。

员工体验。德国电子商务巨头 Zalando 展示了数字技术是如何提升员工体验的。公司为最高管理层配备了各种数字工具，用以捕捉和回应所有员工感兴趣的话题。其中，包括实时聊天应用程序 zTalk、公司内部的社交局域网 zLive 和帮助公司调查员工当前工作体验的工具 zBeat。[16] 这些数字工具不仅能优化人力资本，还可以优化社会资本。例如，通用汽车（GM）前首席人才官迈克尔·阿里纳（Michael Arena）利用他在预测分析和网络分析方面的专业知识，将"组织中创新的想法纳入正式的组织结构，以使这样的想法获得融资和驱动规模化的发展"。他将其称为创造"适应性空间"。[17]人力资源科技公司 Humu 创始人、前谷歌首席人才官拉斯洛·博克（Laszlo Bock）使用 AI 挖掘员工调查数据，识别并向员工或领导者推送有针对性的行为提示，以此来鼓励某些行为或提供充足信息。

团队绩效和协作。数据分析和 AI 可用于识别提升效果的行为，并且它们可以指导员工去采纳这些行为。在一项研究中，研究人员试用了一种旨在改善团队协作能力的 AI 工具。在团队的各种建设流程和不同发展阶段，比如确定团队构成并启用团队时，团队成员被要求使用移动设备上的机器人完成一项简短的调查。基于个人和团队的回答，该机器人会使用 AI 工具对团队不足之处提出针对性的改进建议。

大约将工作推进到一半时，团队成员完成了一份关于团队效能的调查问卷，问卷内容涉及团队合作的几个不同维度，比如团队如何处理冲突和做出决策。然后，根据对团队的调查结果进行的分析，机器人能够总结出团队的优势和待改进的领域。[18]

AI 还可以通过为团队的特定任务提供个性化、智能化的指导来加强团队协作。AI 可以根据团队成员的构成预测团队的潜在绩效，这最终有助于确定合适的团队成员类型，帮助团队实现目标。除了已经提到的机器学习软件，其他人机协作工具还包括微软和其他公司的虚拟助手，根据《哈佛商业评论》报道，它们可以"促进人与人之间的交流或成为人的代理，例如通过转录会议将语音搜索版本资料分发给无法参会的人员"。另外，"此类应用程序本质上是可扩展的，例如，一个聊天机器人可以同时为大量客户提供日常服务，无论客户身在何处。"[19]

员工评估和发展。人力资源软件 peopleHum 和绩效评估与职业发展管理平台 Lattice Performance Management 等 AI 程序可以收集和分析人们行为和绩效的客观数据。这会让员工的评估结果更加公平、公正。同时，此类 AI 程序还可以为员工提供获得持续反馈和定制学习方案的机会，最终帮助他们提高自身绩效。例如，它们可以将员工与公司内部零散的小项目相匹配，为员工提供在职学习和发展的机会，帮助他们成长和不断进步。

投资者的心智模式下的人才解决方案

对于投资者，尤其是在私募股权投资领域，有限合伙企业购买、重组和改造非公开交易的公司时，人才是最重要的话题。

私募股权投资机构凯雷投资集团前 CEO 李揆晟公开表示要采用人才至上的心智模式，其中包括创造一种更加多元化和具有包容性的文化，以吸引多元化的人才，创造竞争优势。[20] 尤其是为了解决围绕 EID 的争论，凯雷投资组合中的公司（共雇用约 90 万名员工）一开始就专注于让董事会和管理团队更加多元化。凯雷投资的一半以上的公司都是由女性经营的。李揆晟将这些公司的多元化归功于"贯穿凯雷整体的协作和以合作伙伴为导向的精神，这有助于实现真正的包容性。一种具有包容性的文化可以吸引人，让人感到舒适并愿意分享，这一点非常重要。"

李揆晟说，要确保凯雷投资组合中的多元化领导者的晋升通道，这不仅是选择用哪种方法的问题。"这涉及一大堆不同的事情，比如通过招聘流程来找到合适的人才，还要提供相应的指导和相匹配的职业发展路径。"他说，"关键在于确保你的组织能够摆脱无意识的偏见，还在于薪酬的设计和职能相匹配。这必须根植于文化层面，而不是单个项目或招聘计划。"毫无疑问，如今私募股权投资机构所投企业的领导者需要一套全新的技能来用好人才这个工具以应对各种挑战，包括日益严格的监管、不断上升的运营成本、复杂的收购标的以及日新月异的技术进步。不太明显的是，为了满足数字化的发展需求，组织需要改造和设计人才系统的各项元素，而不能仅仅做数字化的表面文章。这意味着不仅要识别和寻找具备数字技能的人才，包括数据科学家和软件工程师，还需要创造一个与之匹配的工作环境，让这些特定的人才储备能够茁壮成长并发挥最大的作用。

例如，如今许多组织希望通过投资像乒乓球桌这样的娱乐设施，或专为社交或特殊场合准备创意活动空间，来吸引和留住 Z 世代人才以及其他人才。总之，曾经可有可无的福利现在已成为所有希望吸引和留住优秀人才的雇主（不仅是科技公司）的必需品（有关此主题的更多信息，参见后面的专栏"员工体验因素"）。

因此，人才问题不再"只是"人力资源问题，不会仅通过发挥场外领导力或团队建设活动就能解决。这是一个需要使用投资者的心智模式的战略性问题。你的人才战略的关键是什么？专注于将有潜力的人才匹配到为企业创造巨大价值的关键岗位上，然后培养这些人才。这意味着投资机构的领导者和被投企业的高层管理团队需要认真思考，什么才是最重要的素质和技能，以及它们在业务的哪些岗位上能发挥价值。他们必须严格评估自己团队的人才，确保任人唯贤、人尽其才，确保管理者和出类拔萃的人才在正确的轨道上成长，帮助业务做大做强，同时保持灵活增长。

员工体验因素

且不说未来的劳动力，即便是今天，越来越多的员工也都期望有一定程度的个性化和灵活性，这与他们对自己消费场景（尤其是在线平台）的期望大同小异。就像当今消费者享受定制化产品和服务一样，员工体验也变得越来越个性化。这是因为，有证据表明，在塑造员工体验方面，不能一刀切。因此，当今许多企业领导者正在致力于高度个性化地对待员工的价值主张，以便为员工提供他们想要的东西，同时满足企业的需求，并且企业领导者正在用技术手段来帮助自己实现这一目标。

工作场所的个性化有多种形式，例如，基于绩效的晋升和薪酬体系、根据人生阶段和生活方式差异灵活调整的薪酬制度、定制化的学习机会和弹性岗位（如提供离职返岗的选项）。[21] 公司领导者知道，在组织中创造一种与消费者体验相媲美的员工体验将提高员工的参与度和生产力水平，从而为公司业务带来巨大的回报（请参阅下面的专栏"敬业的员工：我们所有人的双赢"）。

在吸引和留住不同年龄段的员工时，这种个性化尤为重要。这些员工通常拥有不同的价值观和思维框架，尤其是在科技方面。根据《纽约时报》的一篇报道，如今是历史上第一次，在任何工作场所，都可能同时雇用着五代不同的人——传统主义者、婴儿潮一代、X 世代、千禧一代和 Z 世代。[22] 该报道引用了维珍（Virgin）连锁酒店的一个例子，该公司曾向在处理代际差异问题上具有特定专长的顾问寻求人才方面的建议。例如，为吸引千禧一代（出生于1980 年至 2000 年之间，期望多元化工作环境的一代），提供协作空间和多元化的文化。为了吸引 Z 世代（1997 年至 2012 年出生的人，他们深深地拥抱个性化），酒店了解到应该个性化一切，从入职通知（最好制作成视频）到用于向 Z 世代员工发送公司新闻的平台。Z 世代也重视工作与生活的平衡，因此提供灵活的休假政策和工作时间以及做"副业"的空间，比如为优步（Uber）开车或当主播，可以让公司在吸引和保留人才方面更具优势。

敬业的员工：我们所有人的双赢

盖洛普（Gallup）对员工敬业度的长期、大规模的研究结果表明，敬业度与健康的组织文化之间存在很强的相关性。更重要的是，员工敬业度高的文化比员工敬业度低的文化表现更好。研究表明，敬业度高的（前 25%）业务部门在客户评级、生产力、销售额和盈利能力方面比低的（后 25%）分别高出 10%、17%、20% 和 21%。相比敬业度低的，敬业度高的业务部门人员流动率也明显更低，在高流动率企业中流动率低 24%，在低流动率企业中低 59%，缺勤率低 41%，安全事故数量少 70%，质量缺陷率低 40%。[23] 简言之，健康、敬业的员工与出色绩效的关联性仍然是组织生活的基本信条。

将投资者的心智模式应用于人才上的一种方法是从各种"战略未来"的角度进行思考，基于组织所处的阶段和其他因素采取行动以在未来支持增长，提升资本回报率和提高管理质量。行动中的每一项都会对人才产生不同的影响。

我们将检视一家公司是如何开展上述三项行动的。这些行动的场景可以应用于许多不同类型的成熟企业，我们将以一家私募股权投资机构为例，其投资的一家公司在本国国内进行了重大收购：一家大型 B2C 技术企业在其传统业务之外开辟了新的产品线。

场景 1：支持增长

首先，我们将研究人才投资行动，这些行动旨在建立公司的业务线并加强公司作为雇主的声誉。

人才影响。 此次收购意味着现任 CEO 要承担更大的责任，或者，若新业务是一个独立的产品领域，甚至可能是一家独立运营的公司，CEO 可能要考虑新找一位高层管理者领导该业务。如果是这样，就需要把所有的要素都准备好，从愿景、使命和意义，到商业模式、战略和合适的团队。最重要的是，领导者需要打造引人注目的雇主品牌，吸引顶尖人才，让他们有机会完成自己的使命，在追求企业目标的同时为社会做出积极贡献。

人才行动。 被投企业的管理团队和投资机构领导者都应该做好准备，不仅要应对该重大收购过程中所有事务性问题，还要应对随之而来的所有重大文化冲突和组织方面的其他挑战。他们将有必要厘清自己所需的人才、已有的人才，以及如何弥合彼此之间的差距。换句话说，他们需要根据企业和业务部门的计划制定人才战略，并推断出完成这项工作所需的技能。

　　然后，想象一下，有私募股权支持的公司如果想要在新兴国际市场上进一步扩张，因此收购了一个关键产品或一个行业的服务提供商，这会带来什么？

　　人才影响。在上述收购场景中，被投企业管理团队或投资机构领导者需要迅速优化人才结构以承担更大的责任。例如，他们可能需要跨国董事总经理这样的角色或类似团队来指导和监督每个国家市场中的董事总经理。该角色将承担国际监管责任和处理政府事务的重大责任。

　　人才行动。企业领导者需要具备成长的心智模式和学习的敏捷性才能成功进入新的区域市场。他们要尊重东道国文化，对人们学习方式的差异持开放态度，并且要善于激励人员和团队发挥出最佳潜能。他们还应该争取人力资源负责人或人才主管的支持，挖掘组织的人力资源系统和外部专业网络（如领英）的数据以分析现有员工的核心技能、应用能力和未来抱负。

场景 2：提升资本回报率

　　在这种场景中，重点是提升成本控制效率、优化成本结构。因此，潜在的雇员必须在财务、企业绩效管理和 AI 流程自动化方面都得心应手，这可以迅速节约成本并缩减人工处理时间。这样的雇员应该更了解成本控制或人员配置 / 人才分配的方法。他们需要深入了解数字化损益（Profit and Loss，P&L）控制系统，这些系统使用近乎实时的反馈和 AI 算法来解析人类无法轻易识破的模式。他们还需要知道如何有效地使用临时劳动力或互联网自由职业者。虽然数字技术和数据分析使工作更容易临时开展和执行，并降低了成本，但它们并没有将工作本身变成临时性的、未来可被替代的。

人才影响。组织共享的财务能力和企业绩效能力需要新的领导结构。要想将收入管理和成本优化的职责进行分离，需要新的角色和技能，或者在某些情况下需要提高一些技能水平。

人才行动。领导者必须利用劳动力市场的持续分化，认真考虑培养一支敏捷或类似零工的劳动力队伍，主要由对组织有兴趣，也认同组织文化的兼职人员和互联网自由职业者构成。

场景 3：提高管理质量

如果高层管理者或其他对业务举足轻重的核心人才退休、离开公司、被解雇怎么办？或者更糟糕，员工队伍日益瓦解、分散怎么办？

人才影响。最重要的是储备紧急时刻的临时继任者，这里涉及当前和未来的领导者，以及其他关键角色。团队所追求的战略选择（和角色），可能需要拥有不同技能组合的人才，必要时可能还需要引入新角色，如 CDO 或首席转型官。事实上，考虑到数字世界的特点，"劳动力"这个概念可能会让位于类似"人才库"这样的事物。人才库中的各种人才可以灵活地组合起来以解决业务问题，然后解散，无论他们在组织结构图上的位置如何。要发挥人才库的灵活性，需要使用先进的分析能力来识别整个组织中既能迅速组合起来又能解散的个人。

人才行动。在当今世界，领导者具备学习导向、开放思想，以及灵活调整和应对的能力至关重要。领导者需要了解不同世代和地域人群之间的细微差别。这样的领导者不应该依赖于研究世代偏好的历史报告；相反，他们应该分析现有公司的组织 / 劳动力数据，获得对员工体验的印象，从而更准确地了解实际情况。

提高管理质量还意味着：（1）磨炼在基础项目上快速分配人才的能力，这种能力可以通过开发公司内部的零工市场获得；（2）学习如何利用储备人才库，并最大限度发挥其潜力。

这里以一家我们称之为 MediaTech 的消费科技公司为例，它在招募新人时就开始寻求解决此类"战略未来"问题的方法。在优质的产品和服务，以及严格的运营和投资方法的推动下，MediaTech 已经取得了盈利性增长和股东盈余的良好业绩。现在，MediaTech 需要找到方法优化其产品组合并扩大其全球影响力。MediaTech 专注于增加市场份额，其目标是投资使公司能与其他消费科技媒体公司竞争的资产，它将从拥抱物联网（IoT）变革和建立数字 B2B 业务着手。但是，它认识到自己的雄心壮志只能依靠非营运式增长或通过收购来实现。下面详细介绍了 MediaTech 是如何改变其人才基础并实现目标的。

案例研究：MediaTech 如何改变其人才基础

为了扩大其在消费科技领域的影响力，MediaTech 投资了一家拥有强大竞争力的游戏媒体公司（我们将其称为 MediaCo），用以加强自己的技术、营销、媒体、互联网和商业能力。MediaTech 的新任首席投资官（CIO）为这家新投资的公司列出了一份长长的改进清单，其中第一项是改进数字化能力。市场调研和 CIO 自己的观察都说明，随着竞争的加剧，通过流媒体等数字资产扩大公司对消费者的影响力，将成为增长的关键。

然而，MediaTech 未能满足日益增长的在线客户服务需求。CIO 知道，要在不断变化的业务和技术环境中保持领先，MediaTech 需要提供卓越且差异化的消费者体验。凭借其利用私募股权投资收购和发展企业的经验，CIO 见证了人才作为撬动价值和实现业务成功的杠杆的关键力量。因此，要实现公司的雄心壮志，就意味着要招聘大量拥有高技能水平的领导者和数字化人才——从软件工程师到电子商务专家，不一而足。

吸引人才和投资者的策略也是 MediaTech 坚定不移的使命和明确的战略方向。CIO 确信，MediaTech 的雄心壮志会吸引公司需要的人才。但由于过去该公司在制定人才策略时仅使用了有限的分析手段，因此 MediaTech 在人力资本分析和长期规划方面从未采取主动。之后，CIO 开始委派她最信任且富有经验的领导者，即她的投后服务人才负责人，来做三件事：（1）制定全面的人才战略；（2）专注于吸引和培养顶尖人才，尤其是跨领导层和关键岗位的角色；（3）使用数据分析来改善员工体验并做出更好的组织决策。让我们依次看看这些举措。

全面的人才战略

这项工作始于对内外部市场趋势的观察,用以评估公司健康状况的组织层面的尽职调查(评估每个杠杆对组织战略方向和增长愿景的贡献效果),以及一套以业务为导向的人才开发方案。该分析表明,公司的领导者和数字化人才(例如软件工程师)都严重短缺,而且公司关键人才的实践经历严重不足。具体挑战如下。

- 公司的招聘人员花了大量时间来寻找人才填补关键职位。
- 公司在搭建和维护入门级人才成长管道方面的成效不大。
- 经理们经常避免与他们的团队进行关键谈话。在这方面更糟糕的是,缺乏对管理绩效的问责制。
- 此外,拥有一套过时的组织文化,比如员工需要本地办公才能协作。这阻碍了公司增长和人才培养潜力的发挥。
- 最后,被收购组织的整体环境和员工情绪表明,从中层管理人员到业务经理都怀疑 MediaTech 关于增长和转型的承诺。他们可能会抵制公司新老板提出的任何人才计划。

投后服务人才负责人与 CIO 合作,着手制订了一项为期三年的人才改进计划,以将 MediaTech 转变为人才至上的公司。该计划的目标是释放组织人员的全部潜力,并确定切实可行的新收入来源,利用公司现有的和新的数字技术来赢得消费者信任并激发其忠诚度。该计划致力于公司的人才招聘实践,并取得了一系列成果,包括建立对"高级"人才的共同理解;更快地雇用更好的人才；将最优秀的人才部署到最关键的角色和任务中，淘汰表现不佳的人才；
从满足当下的人才管理理念转变为进行长期的、全企业协调的高管发展实践，
包括定期重点审查领导力和高潜人才能力。

吸引顶尖人才

早期，MediaTech 认识到要取得快速增长就要培养、武装公司当前和下
一代的领导者。为了缩小投后服务人才负责人在诊断中发现的领导力差距，
MediaTech 致力于塑造一种植根于业务和增长雄心的"执行领导力干预法"。
该方法包含三个核心要素：首先是创建领导力框架；其次是评估、了解公司的
前 100 名领导者并就他们推动盈利、规模化增长所需的技能向他们提供咨询服
务；最后是进行三方对话，领导者被要求制订领导力行动计划，并与他们的上
级和专家教练一起审查这些行动计划。

改善员工体验

MediaTech 在展望未来的战略方向时，意识到加深与现有消费者的关系将
是实现增长的关键途径。它的秘密武器是敬业的员工，尤其是那些与用户交易
和互动的一线员工，以及那些在未来创造新品和提供创新服务的员工。这些员
工将成为提高用户满意度、忠诚度以及达成业务成果的关键驱动因素。

那么，MediaTech 如何进一步优化其员工体验，从而改善用户体验、达成
业务目标？公司如何大规模实施这些变革？投后服务人才负责人的回答是：使
用人力资本分析定量评测员工体验，基于此提高员工敬业度并推动实现卓越的

用户体验，之后开展员工敬业度调查、离职面谈、对呼叫中心数据的分析以及与不同部门人力资源高级主管的对谈。这一切都指向了 MediaTech 可以利用的一组具体且可扩展的机会，以此来进一步优化员工在重要时刻的体验。因此，公司可以变得更加以员工为中心，在提升员工体验的过程中提高员工参与度，达成更好的绩效。

MediaTech 通过三件事改善了用户体验。首先，它为新产品团队提供了有针对性的能力建设计划，同时简化了流程和工具。其次，它授权其员工在销售点和服务点为用户提供简单、清晰、人性化的体验。最后，公司调整了整个销售团队的薪酬结构，来激励员工在关键互动中做出客户所期望的行为，同时鼓励员工走上更有抱负的职业发展和成长之路。此后，MediaTech 发生了戏剧性的变化：它的业务组合得到了优化，并因吸引了顶尖人才而享有盛誉。

由于 CIO 和投后服务人才负责人的人才战略和领导力干预，MediaTech 的领导力通道被充分打开，且足以推动增长和带领公司发展新的业务，进入新的市场。高层领导者能更加有效地带领公司蓬勃发展，并通过扩展全新的、直接面向消费者（Direct-To-Consumer，DTC）的业务吸引数百万名客户，所有这些都带来了税息折旧及摊销前利润（EBITDA）数据的稳步优化。

管理你自己公司的人才：现在要采取的三项关键行动

正如 MediaTech 发现的那样，在人才方面（无论是在最高管理层还是其他关键职位上）做出明智的选择，都是具有高价值的。这不仅适用于招聘和留住人才，也适用于释放员工的最大潜力。这就是为什么公司需要积极管理人才，就像公司管理其依赖的任何金融或实物资产一样，例如建筑资产或技术资产。

具体来说，公司可以通过关注以下三个关键行动将组织健康转化为财务绩效。

- **制定能够实现业务增长和转型的人才战略。** MediaTech 的投后服务人才负责人制定了一项战略，该战略最终有助于公司实现其财务和客户目标。尽管人才战略的具体细节因组织而异，但总会有一些通用要素的组合，如需要什么样的劳动力和技能、如何提升改善员工体验的能力水平，以及哪些岗位最需要这些劳动力和技能。
- **专注于识别对业务和整体客户体验影响最大的员工行为。** 考虑聘请一位值得信赖的顾问作为评估员工情绪的咨询人，在高层领导团队和基层员工中开展咨询。该顾问在整个组织中代表客观、独立的第三方，其观点至关重要。为什么？因为有关组织健康状况的信息并不总能传递给高层，而拥有局外人身份的顾问可能会鼓励团队坦诚沟通。
- **收集有关员工体验的数据。** 员工调研、自我评估和多方评估者的反馈可帮助组织了解哪些员工行为和行动对业务影响最大。这将帮助组织以最具针对性的方式实现其业务和财务目标。这种数据驱动的信息至关重要，特别是如果你的组织是一家处于增长阶段的私募股权投资公司。为什么？因为在早期操盘阶段拥有数据驱动的洞察力将告诉你需要在哪些方面投资人才、推动新业务并在整个过渡期稳住员工队伍。正如由私募股权投资的信息系统软件公司 Ellucian 的前首席人力资源官霍利·科特莱特（Holly Kortright）与我分享的那样："将业务战略转化为可执行的人才战略不能囿于理论，领导者在证据支持下实施战略的方式必须切实可行。"

一直以来，人才对于任何业务战略的执行都是必不可少的。但是，许多企业领导者还不了解如何将人才战略和员工情绪转化为有形的业务成果。今天，数字和分析技术的进步清晰地展现了这个过程。通过访问实时数据，以及从对这些数据的分析中得出的见解，企业领导者可以更好地理解他们的人才决策对企业能否成功的影响。事实上，未来将属于这种由人和 AI 协同工作并催化战略增长和价值创造的"超级团队"。最高管理层、投资者和被投企业管理团队将赋能企业发展或转型，因为他们能充分利用 AI 和分析技术的新成果所带来的数据和洞察力，从而做出更好的决策。

然而，要实现这一未来，组织必须从根本上改变传统的组织结构。从基于规模、效率和增长的组织结构，转变为基于敏捷和可持续性的组织结构，这样企业将变得更具韧性和适应性，这也是下一章的主题。

组织制胜的**检查清单**

---

* 确定并量化组织中最重要角色的价值，并关注这些角色。

* 经常将高绩效人员分配到最关键的岗位上。

* 利用数字技术和 AI 来释放组织人才的潜力。

* 在设计人才战略，评估所需人才类型、人岗匹配性以及进行相应的人才实践时，可以思考各种战略未来。

* 指导领导者的人才管理行为，并使其产生影响力。

* 使用人力资本分析来衡量和改善员工体验。

第五章

组织设计：

为敏捷性和可持续性搭建架构和系统

当今许多领导者在公司运营和绩效上缺乏信心，

即使现实情况可能并没有他们想象的那样糟糕。这一现象在科技行业尤其显著。

这些领导者想知道：

在当今严峻且瞬息万变的商业环境中，

组织设计能否平衡运营和扩张的速度？他们能否将战略转化为价值？

这一切都取决于组织设计如何从规模、效率和增长导向有效地转变为敏捷、

可持续且专注于组织韧性和适应性的导向。

如果说过去几十年一系列商业环境的动荡和金融危机的冲击尚未使人们对传统组织设计的效能产生怀疑，那么疫情则揭示了传统组织设计的全部弱点；再加上前所未有的激烈竞争，这些情况都完全暴露了组织设计的问题，即缺乏快速应对变化和进行大规模变革的能力。今天，无论一家公司的战略或商业模式有多好，如果不能在不断变化的环境中迅速调整组织设计，那么这些战略和商业模式基本上毫无用处。

可以肯定的是，过去设计组织要容易得多。传统组织设计很少需要进行重大调整，除非出现相对可预测的变化。做设计就是为了确保规模、效率和增长，只需要在一个特定的组织架构内协调并整合正确的流程、技术和人员，继而交付产品或服务。这些组织架构须围绕着客户（如亚马逊和美捷步）、产品（如苹果和早年只做搜索引擎的谷歌）或职能（如咨询公司等专业服务机构）构建。

但如今，激烈竞争的市场要求组织接受一个现实：为了向前发展，组织必须具备敏捷性和韧性。这是可以通过组织设计来实现的。通过明确的、针对不确定性的组织设计，领导者可以降低风险。这样的组织设计不仅能推动战略的执行，还能支持战略在快速变化的情况下做出必要的调整。技术颠覆、客户和用户需求的变化、竞争格局的变迁与动荡的地缘政治，都要求组织适时地做出革命性的转变，以及多次、不间断和精心策划的调整。

我认为组织设计是组织健康的要素之一（七个要素中的第五个），这一观点不仅是基于组织理论学者的研究工作，还基于我作为科技领域的组织战略分析师的实践经验得出的。为弥合传统业务与数字业务之间的差距，创造最佳业绩，未来的组织设计必须能串起一系列瞬时优势。

这意味着组织设计与形式需要既能确保增长和扩张，又能实现敏捷性和可持续性。我所说的可持续性，一是指组织设计首先是可再生的——从环保建筑材料到有益于健康的工作空间设计，这一切都可以帮助员工恢复身心健康；二是指组织设计可以产出可持续的成果：确保公司的产品或服务对社会和环境产生有利影响。

可持续性以及更扁平、更具协作性的设计所带来的敏捷性，将定义未来几十年组织的成败。现在看来，一些公司正在采取行动。高德纳（Gartner）的研究表明，在 2020 年疫情期间接受调查的组织中，有 52% 的被访者表示组织设计正在从提高效率转向提高灵活性。[1] 此类组织正在慢慢放弃机械化模式，转向组织的自我适应模式。这些组织几乎与人一样，会随着市场动态的变化而变化，并与多变的客户期望和利益相关方的需求保持同步。正如已故企业史学家、哈佛商学院教授阿尔弗雷德·钱德勒（Alfred Chandler）所提倡的那样，这些公司正在确保其"结构遵循战略"，即"设计组织以支持其价值创造和价值获取"。[2]

事实上，在疫情之前就已经启动组织敏捷化设计转型的公司发现，转型帮助它度过了我们这个时代极具挑战性的考验之一。通过授权一线，使用跨职能团队，并根据清晰化的业务表现数据采取行动，敏捷的公司在疫情暴发后比非敏捷的公司表现得更好，行动得更快[3]（请参阅后面的专栏"敏捷的承诺"）。

可以肯定的是，像疫情这样的意外事件在未来仍会不断出现，因此许多组织现在都在采用能更好地面对不确定性的组织设计。这些公司正在更新它们的商业存续计划，并且就情景规划进行练习，其中包括如何应对更频繁发生的各种灾难。

在本章中，我们将探讨设计可持续和敏捷的组织的具体细节：如何掌握平衡各方的技巧，以及如何重塑组织以适应其自身的未来发展。我们还将研究使用 AI 来改变设计方法，并考虑投资公司的独特需求。然而，让我们首先回顾一下组织设计（或重新设计）的组成部分，以及为什么它们那么重要。

敏捷的承诺 [4]

敏捷组织会及时、有效和持续地进行变革，而这些变革恰好能带来绩效优势。[5] 举例如下。

* **敏捷的设计**。敏捷组织虽具有韧性，但不完美。疫情揭示了敏捷的必要性（表现为敏捷行动）。预计未来的组织会对主动进行敏捷性设计（成为敏捷组织）更感兴趣。
* **除了预测未来，还能未雨绸缪**。敏捷性对组织适应当今多变的商业环境至关重要。敏捷组织建立的感知、响应、测试和学习的惯例，使它们能够迅速恢复增长。对已经具备敏捷性的公司来说，敏捷不是一个终点，而是一个持续的过程。
* **敏捷的可持续性**。成功的组织在设计上不断适应和平衡多个利益相关方的需求，以实现可持续发展。超过 2000 项学术研究考察了环

境、社会和治理主张对股票收益的影响，其中 63% 的研究得出了正向的结果（只有 8% 的研究得出了负向的结果）。[6]

* **敏捷的回报**。组织的敏捷性与可持续性和盈利增长有关。麻省理工学院的研究表明，敏捷公司的收入增长速度比非敏捷公司快 37%，利润高 30%。[7]波士顿咨询公司研究还表明，相比非敏捷的同行竞争对手，敏捷公司更有可能成为行业领跑者，其可能性高达非敏捷竞争对手的 5 倍。[8]

为什么要"设计"组织

组织设计不同于其他任何管理工具。它不是在图表上移动方框或安装新的结构、治理模型，而是与改进公司的经营和运营方式相关。组织设计不仅会改变员工的汇报路径和工作方式，还会改变他们的工作方式和行为方式。这是一个系统性过程，包含一系列驱动行为或由行为改变的决策。

我曾经与一家快速增长的企业合作，它拥有约 2500 名员工。这家企业想重塑组织设计，以便在全球范围内开展竞争。它的高层管理者面临的挑战不再是"立足本地，放眼全球"那么简单。为了推出更加定制化的服务，需要采用"企业先行"（enterprise-first）的心智模式，以此来解决全球一体化与当地自治之间的矛盾。同时，需要优先考虑新的心智模式和相应的激励措施，引领未来的组织行为和实现当前的目标。

组织实施新设计的原因有很多，例如：

• 进行结构调整以支持协作；

• 降低成本；

• 提高生产力；

• 为高级人才创造机会；

• 加强决策和管理报告，或使其更加高效；

• 通过提高服务水平来加强对客户的关注；

• 简化业务流程，例如消除非增值活动。

关注组织设计有两个很好的理由：第一，忽视组织设计或组织设计不佳会导致组织健康状况不佳；第二，有效的组织设计将帮助公司扩大规模，确保收益增长。

组织设计与组织的健康

我在 2019 年下半年推出谷歌的变革与设计论坛，当时我们的口号是"重组是要解决今天的问题，设计是要探索明天的可能性"。换句话说，领导者设计组织，要满足未来的需求，而不仅仅是修缮当下的"破败"。

健康的组织文化——心智模式和行为的积极演变，是良好的组织设计的直接产物。但大多数此类设计都没有成功：多达 80% 的组织设计工作没有实现其预期价值[9]（请参阅后面的专栏"组织设计失败的根源"）。失败的代价很大，包括生产力下降、组织超负荷和复杂化、人才流失、缺乏敏捷性以及竞争优势消失殆尽等。

高增长的公司可能经常遇到发展的绊脚石，例如组织协调不力、能力重复、缺乏协调性以及管理跨度和层级不一致，这些绊脚石阻碍了许多公司掌握组织设计之道。毕竟，高增长公司要么正在探索可能的投入，要么正在利用其投资组合中的资产来扩展其产品 / 服务组合。它们通常不得不快速行动，迅速调整及执行组织设计，并将产品 / 服务交付给消费者，这个过程会滋生很多懈怠。但是，在某些时候，这些公司需要停下来，决定何时开始精简，或建立相应机制和计划来创建新的组织结构。

以我服务过的一家金融服务公司为例，该公司专注于组织设计以提高绩效，并最终改善了组织的健康状况。"FinCo"是一家美国公司，当它决定通过在亚洲进行收购来扩大其业务覆盖范围时，其业绩是行业中后 25% 的水平。现在，它需要建立一种新的运营模式，帮助支付收购费用，提高公司整体绩效，以便在新的文化和法律体系中开展工作。

组织设计失败的根源

研究和经验告诉我，那些停滞不前或完全无法实现其价值主张的组织设计工作，很少是执行问题导致的。更多的时候，失败可以追溯到以下三个关键的根本原因：（1）结构性问题（如决策权、角色和责任的混淆）；（2）指标和激励流程失效问题（如糟糕的绩效管理和管理汇报）；（3）人员和组织流程问题（如文化、员工能力和标准操作程序有问题）。组织面临的挑战，如果是由以上一个或多个问题引起的，那么这些挑战通常会遵循一些熟悉的模式，举例如下。

* **协调不力**。如果各类优先事项与维持或创造价值的战略紧迫性之间，缺乏明确性和一致性，那么这可能会削弱组织战略执行的能力。
* **结构和角色不清晰**。当组织设计随着公司的发展而演变（通常是为了适应地区、客户、业务部门和产品的复杂性）时，分散的优先事项可能会对设计造成挑战。这是因为"谁对关键决策负责"，以及人们的角色和汇报关系如何，几乎都没有清晰界定。所有这些因素都阻碍了价值创造。

* **个人能力和组织能力的无用重复。**在快速增长的背景下，公司可能会在一个特定的需求领域过快地招聘人才，建立制度能力，而在另一个领域却发力不足。这可能意味着在关键领域的投资不足，并导致跨部门组织的人员冗余或职能虚设，一方面，团队缺乏合适的人才维持增长目标；另一方面，团队成员对价值交付计划不以为然或不感兴趣。

* **协同的冲突。**领导者和管理者可能缺乏平衡全局的思维和实际执行的能力。这可能会带来许多挑战，如无法促成不同产品团队或业务部门之间的协作，从而错失真正的协同效应。

* **层级和职责范围的不一致。**高成本人才和资源利用不足、官僚主义或特别委员会、工作组的激增，都会阻碍运营效率的提升。

* **僵化死板的角色定义和流程。**僵化死板的流程会阻碍员工快速适应不断变化的需求，减慢他们的决策速度，阻止员工识别隐藏的机会，不能快速解决问题，从而使组织无法为客户、员工、社会和其他利益相关方创造新的价值，实现组织的可持续发展。

此外，高管团队也启动了一项变革计划：将 FinCo 的组织文化从以数量为导向的思维方式转变为以价值为导向的思维方式。但到目前为止，它还没有成功，沟通不断破裂。一方面，亚洲的中层管理人员对是否完全信任新高管犹豫不决，因为新高管缺乏在亚洲文化中开展业务的行业经验；另一方面，员工并不能完全接受他们的新高管所推崇的、来自西方的以利润和客户价值为基础的导向。

为了实现 FinCo 的目标，包括改善文化和将公司绩效提升到一流水平，我们的顾问小组建议其采用系统化的流程来重新设计组织。最终，FinCo 将发展真正的敏捷性、良好的执行力和可持续性（超越合规性），以提高其在行业中的绩效水平为目标。FinCo 在重新设计组织时采取的步骤如下。

- 为最大限度地精简成本结构并提高员工生产力，公司整合了分散在亚洲的办公室和区域总部，专注于其业务模型中的核心任务，并将所有非核心业务进行外包。

- 为了减少文化冲突和提升整体效率，公司简化了治理和决策权模型。例如，它取消了某些不必要的和重复的决策流程，包括在持续优化和绩效改进的基础上，合并涵盖了整个客户运营足迹的联络中心。这不仅有助于消除传统文化的差异和统一工作方式，建立一套共同的规范和操作惯例，还消除了角色和责任的模糊性，从而优化了不同管理层之间的沟通路径。

- 为了专注于以客户为中心，FinCo 在新架构中设置了一个新职位，即 CDO，该职位将更加重视分析和新技术，以增强客户服务能力。

- 公司创建了新的零基预算管理方法，发现并消除无效支出，集中采购流程，合理调整供应商基准并使需求规格标准化，这意味着：通过消除不必要的公司流程的复杂性和重复投资，高层管理者需要专注于那些确定能够带来最大商业价值的投资和优先事项。

- 作为其可持续选址战略的一部分，FinCo 制订了将员工迁入"绿色"建筑的计划。它还开始为更敏捷的运营模式奠定基础，以支持即将到来的数字化转型。

　　最后，FinCo 在大约 9 个月的时间里进行了大量的组织设计工作，并制定出一条能使公司每年节约 3000 万美元成本的路线。同样重要的是，高层管理者采取的措施改善了组织的整体健康状况，大大缓和了跨文化团队的紧张关系，有助于加强战略布署、治理和创新，以及改善亚洲地区所有管理层之间的协作，更好地关注客户需求。

组织设计与组织扩展、成长的能力

　　制定增长战略是一回事，有效地执行增长战略是另一回事。颠覆性的变革正在推动许多公司（包括传统公司和高速增长公司）去做当今所有组织都应该做的事情，即提高敏捷性和可持续性。在一项研究中，62% 的受访组织表示，自疫情暴发以来，它们的组织决策能力有所改善，而且更多的决策权已经转移到一线。近 3/4 的受访员工表示，自疫情暴发以来，他们的团队工作变得更灵活；19% 的受访员工表示，分散决策将是疫情结束后的三大永久性变化之一。[10] 此外，将近一半的世界 500 强企业的 CEO 表示，疫情使他们加速为公司的利益相关者创造回报。例如，为员工提供服务，通过制定新的居家办公政策来缓解长途通勤压力，或在特定的工作周内提供弹性工作时间以便员工照顾孩子。相比之下，只有 18% 的世界 500 强企业表示，由于公司遭受短期财务压力，为员工等利益相关方所做的努力正在放缓。[11]

　　与此同时，新成立的公司从一开始就以平台的生态系统为基础，可以快速成长和及时调整。

　　以提供食品外送服务软件的 DoorDash 和房地产平台 Compass 为例，它们是现代企业的典型，可以快速扩大规模以满足客户需求。面对这些现代化的企业，老牌公司如果希望满足当今动态的需求，就需要加倍提高敏捷性。它们必须能够快速、可靠地访问所需数据和分析资源，并采用新的组织模型以保障足够的灵活性、覆盖面和速度。老牌公司如果希望扩大规模，就必须准备好采取各种措施。

例如，老牌公司可以推出新产品，在保护现有业务的同时孵化新业务，或者在集中或分散的职责与汇报之间取得适当平衡。它们还可以更有效地优化有形资产和设备配置，或更好地响应客户和用户需求，同时避免竞争的威胁以保护自己的长期价值。但是，无论公司选择何种解决方案，当今成熟公司的领导者都发现，有必要重新设计他们的组织，并从"出于必要而采取敏捷行动"转变为"用设计来采取敏捷行动"。[12] 为了满足规模化增长的需求，尤其是在高速发展的背景下，组织必须区分"出色的即兴发挥"[13] 和"可重复使用的动态能力"[14]。换言之，使公司能够快速适应环境和发展自身的能力。例如，苹果公司之所以取得了巨大的成功，是因为它有能力"向消费者推销基于技术的产品，并开发人们重视的功能"。[15]

然而，追求动态和敏捷性的优化设计并不意味着放弃稳定性，正如《纽约时报》专栏作家托马斯·弗里德曼（Thomas Friedman）恰如其分地指出的："你必须顺应风暴，并从中汲取能量，还应在风暴中创造一个动态稳定的平台。"[16] 创业成功的新创组织必须应对稳定与变革之间不可回避的紧张关系。它们必须为守住今天的利润生产和交付足够好的产品，同时还要为明天做好计划和准备。它们必须兼顾多个利益相关方的复杂需求，承担随之而来的责任。

能够在更快、更不确定的市场环境中运作的组织设计，将是灵活的、敏捷的、可持续的，但是如何拥有这样的设计呢？

如何设计具备敏捷性和可持续性的组织

当然，每个组织设计都需要根据业务目标、战略、成熟度、地理位置和业务范围等因素进行调整。因此，尽管没有放之四海皆准的组织设计或设计方法，但数字技术和 AI 的进步正迫使企业领导者和投资者在公司规模扩大的同时，争取提高速度、降低成本和提高运营效率。这些进步最终促使组织能够灵活应对不确定性（请参阅后面的专栏"组织建设原则"）。

领导者心目中关于组织建设的关键问题

第一步，那些渴望将业务运营模式数字化的领导者，必须确保其组织设计与整体的业务战略或价值创造计划相协调。因此，领导者可以先问自己几个关键问题，并全面思考它们的影响。

我们是否恰当地组织、调整以执行我们的增长战略？虽然每一个组织设计都是为了帮助公司打造竞争力，但并不是每一个组织设计都能真正成功地使公司具有竞争力。许多公司可以在稳定、可预测的情况下掌握设计要领，但只有那些能够快速转变，将瞬时优势结合在一起的公司才能在当前的商业环境中取得成功。一项研究发现，为快速响应而设计的组织，如开放信息和数据共享，以及拥有分散的决策结构，能够比那些没有为快速响应而设计的组织，更好地实现业务目标。这些公司的创新程度更高、员工参与度更高、客户满意度更高，且能更好地应对市场变化。[17]

组织建设原则

投资者和企业领导者需要运用组织建设原则，采取一致行动，确保他们能够为公司增加价值，跑赢市场，并让组织设计能够产生可靠的卓越回报。在我看来，任何真正改变组织设计质量的尝试都必须遵循以下六个基本原则。

* **保持思想、言论和行动的一致性（要明确偏差）。** 各级领导者需要保持一致并参与其中。重要的是不断回归基本面并不断地问："我们为什么要这样做？"当你这样做的时候，要注意高层管理团队的能量水平；预判高层管理团队的能量水平在度过某些紧张时期后是否会下降，并据此制订相应的计划。

* **致力于通用标准，改进组织设计，打破束缚。** 以战略为基础的设计标准为组织发展和驾驭变革提供了清晰、前后一致的机制。如果一位领导者不是袖手旁观，而是提供设计标准，并让其他领导者根据这些标准对自己所经营的业务负责，那将确保执行的持续性，及员工们能有"一个团队，一个组织"的心态。一旦建立了设计标准，就可以更有针对性地设计组织，直接支持战略的执行。

* **务实，多关注正确方向，支持改变。** 领导者虽然可能会从"一切皆可能"开始，但需要专注于业务，深思熟虑和不断校准目标，根据时机、严格的计划和节奏确定战略执行的可行性，并了解企业可以

真正吸收哪些变化。

* **全球化程度越强，变革越棘手**。了解文化敏感性、特定国家／地区的劳动法以及利用当地知识是成功激活和执行战略的关键。如有疑问，要直接询问。不要假设你知道人们需要什么，要询问他们并将他们的答案纳入解决方案。

* **变革管理是必要的，但没有变革领导力是不行的**。在与直接下属沟通之前，为不同管理层级留出时间来了解和反思新组织的境况，可以在组织转型的过程中更好地建立对话。

* **不要只是设计未来的组织，还要充满信心地实时建模**。无论一家公司是进行重组、收购、转型，还是只想知道员工如何度过他们的工作时间以及员工的活动成本有多少，最高管理层在进行设计时都需要了解组织真相。采用可视化技术的数字平台能够以即时、可视化和引人注目的方式整合分析和报告大数据。这些数字平台帮助高层管理团队在会议中实时参与组织建模，不仅能获得综合和准确的组织视图，还能快速确定需要改进的关键领域，如减少隔阂、提高流程效率、减轻管理负荷以及清除冗余的官僚体系（基于控制边界分析），并做出更快、更好的决策。

当我们审视一些公司在疫情时期的表现时，我们可以清楚地看到，一致性和响应能力能让组织以前所未有的速度和规模创造性地获得新能力。一些反应迅速的企业在几天内切换了生产线，使得热门产品的产量翻了一番，或者打造了新的远程居家服务模式。一些公司建立了新的创新合作伙伴关系，比如一家家居用品公司与医院、大学合作，制造呼吸机。布克兄弟（Brooks Brothers）和新百伦（New Balance）等服装公司的员工很快转向，开始制作外科口罩和手术服。与此同时，美国汽车制造商特斯拉、福特和通用汽车，在消费者需求暴跌导致汽车工厂闲置后，对工厂进行了调整，用制造汽车零部件的材料生产呼吸机。[18] 福特也在寻求将其呼吸机生产过程的速度和敏捷性用于培养下一代自动化生产的新能力。[19]

我们是否有正确的治理结构来做出更好、更快的决策？我们是否从开始就专注于正确的决策？我们的目标是让领导者乃至整个管理团队从"单环学习"（single-loop learning）转变为"双环学习"（double-loop learning）——前者是克里斯·阿吉里斯（Chris Argyris）和唐纳德·舍恩（Donald Schön）发明的术语，指的是根据未经质疑的假设采取的行动；后者则被他们定义为，作为决策过程的一部分，需要具备重新构想问题并更好地理解相关变量的能力。[20] 举个例子，拉丁美洲某国的一家航空公司的 CEO 让由一群高层管理者组成的领导小组回答这样一个问题："为什么没有更多的同胞购买我们的低价机票？"疑问被抛出后，领导小组意识到前往机场的出租车费用对普通客户来说太贵，出租车费有时是机票费用的 40% ~ 50%，而且公交换乘服务也太少。因此，该小组决定开通免费的机场巴士且增加巴士数量。结果，免费机场巴士每天的预订量达 3000 多次，这家拉丁美洲的航空公司也成为该国发展最快的航空公司。

虽然这种"双环学习"有助于领导者做出更好的决策，但根据麦肯锡的研究，快速决策的关键是召开更少的会议，让更少的人参会决策。研究还发现，对于可能影响公司未来的高风险决策，领导者需要鼓励员工进行实时、高质量的辩论，需要将非关键决策授权给有能力的员工和团队来做。研究进一步表明，缓慢决策最能将反应较慢的组织与反应较快的组织区分开。事实上，那些努力提高决策速度的公司，在盈利能力、运营弹性、组织健康及增长方面的表现，都远远优于其他公司。这就解释了为什么在疫情期间，许多高管和董事都报告称，他们的公司正在推进变革，以提高他们调整战略方向、制定和实施战略决策以及部署资源的速度。[21] 其他研究与麦肯锡的研究相呼应，15%的受访高管表示他们的组织为应对疫情"准备充分"了，而这些高管中认识到促进团队快速决策的重要性的人数是其他高管的两倍。[22]

构建和管理组织的最有效方法是什么？显然，数字时代的组织结构必须具备敏捷性，同时具有协作性、团队化、公开透明性、层级扁平化的特征。在一项调查中，74%的高管表示，转变为这种团队 / 网络化组织已经提高了组织绩效。[23] 然而，问题在于，许多敏捷设计主要关注绩效，而不是影响，特别是可持续性的影响。这就意味着要将可持续性融入组织结构的 DNA 中，而不是将其孤立为一个项目、一项企业倡议、一个部门或一个职位。在可持续性方面取得成功的公司，会专注于为不同的利益相关方提供有价值的发言权，使其可以参与治理和决策。例如，一家由员工共有和民主管理的合作社公司，会让员工利益相关方参加董事会会议，以确保满足他们经营、开展业务所在社区的经济、社会和文化需求。

我们如何在企业内部经营业务（经营核心业务的同时开展新业务）？ 在当今不断发生颠覆性变化的世界中，组织必须不断重塑自我，即在不放弃核心业务的情况下，为未来而试验，创造新业务。

我们必须知道如何不断调整投资，从而在正确的时间发展新业务。埃森哲的研究发现，对于一小部分公司，在推动现有业务持续转型的同时拓展新业务已成为新常态。这些"轮换高手"通过彻底改造其传统业务不断重塑自我，同时抓住新的商机。这种做法正在生效：64% 的"轮换高手"的销售额实现了两位数的增长（超过 10%），57% 的"轮换高手"的 EBITDA 也实现了相同的增长。[24] 其他企业也做过类似的研究，贝恩将这种做法称为"引擎 1；引擎 2"，德勤称其为"双元型领导"。《领导和颠覆：如何解决创新者窘境》（*Lead and Disrupt: How to Solve the Innovator's Dilemma*）一书称其为"双元型方法"。[25] 组织必须在组织设计中嵌入二元性结构，以兼顾核心业务和新业务。约翰·科特推荐的一种方法是创建一个双重操作系统以迎接未来，一个操作系统为可靠性和效率而构建，另一个操作系统为敏捷性和速度而构建。[26]

　　将这种二元性结构纳入组织设计的另一种方法，是创建一系列具有独特机制和工作方式的微型企业，以更好地支持每个引擎。海尔改进了这种方法。这家市值超 300 亿美元的中国家电制造商是世界最大的家电制造商，在全球拥有 75000 多名员工。一直以来，海尔 CEO 张瑞敏都将官僚主义视为一种竞争负累，他建立了一家公司，在这家公司，每个人都直接对客户负责（他将这一策略描述为"零距离"），每个员工都是企业家。他用一个由用户、发明家和合作伙伴组成的开放生态系统，取代了正式的等级制度。为了实现这个目标，海尔从只拥有几家单一业务的公司发展为拥有约 4000 家微型企业，其中大多数微型企业只有 10 ~ 15 名员工。由于微型企业可以自由形成和发展，几乎不受总部指挥，因此它们都采用共同的目标设定、内部承包合同和跨部门协调的方法。[27]

　　我们可以将海尔的不同业务视为模块，即基于明确定义的标准化接口，具有"即插即用"的离散功能。通过这种方式，企业作为平台运作，内部拥有多个自主业务，可以同时转变核心业务、扩展到相邻业务并发展新业务，甚至辅助功能也可以成为业务模块，与组织内外部的公司实现高效对接。

创建新业务和优化核心业务的成功取决于快速试验。这意味着要使用前所未有的大数据来不断检验和完善假设，并通过多种途径进行调查以得出更完善的结论。随着世界变得越来越不确定，组织正在创造多种可能的场景，并通过积极的实验来创造足够多的可能性。

可以肯定的是，根据《混沌》（*Everyday Chaos*）一书，"在反复无常的世界中，最好的策略可能是避免针对任何一种特定场景进行规划，并创造尽可能多的可能性。"[28] 一些公司似乎听从了这一建议：德勤发现，在疫情之前，23% 的组织关注未来的多种场景；在疫情期间，这一数字攀升至 47%。[29]

如何精心设计组织以适应未来的多种场景？一种方法是采用积极的思维实验，优先考虑正确的问题而不是正确的答案，并在行动与学习之间取得平衡。换句话说，为了更好地集中想法和行动，领导团队可能会尝试通过思维实验进行审议。正如美国麻省理工学院的研究人员在研究集体智慧时发现的那样，对话模式本身可能很重要。他们发现，小组对话越趋于均匀（即由单个个体主导的程度越低），该小组在综合智能测试中的得分就越高。美国麻省理工学院的研究人员还发现，将 AI 作为群体的成员，可以使人类的集体智慧进一步提高。[30]

平衡之道

在一个似乎已经过去的时代，即疫情暴发前，颠覆往往一段时间内只发生一次。在这种时代背景下，追求组织设计或重新设计以应对业务或经济变化可能会奏效，因为竞争动态是相对可预测的。当时，企业领导者还能做出经过深思熟虑的局部决策，只是这些决策通常只影响业务的特定部分。

但如今，要想实现增长，就需要刻意关注组织弹性：在组织设计中构建敏捷性和可持续性，同时树立企业能够在遥远的未来实现绩效目标的信心。事实上，公司需要符合不断发展的社会标准，并使用可持续的商业实践来扩大规模和推动增长。这说明可持续性已是一种必然的选择。

以 ESR 为例，它是亚太地区大型物流房地产平台之一，业务覆盖中国、日本、韩国、新加坡、澳大利亚和印度。该公司专注于可持续发展，通过绿色设计举措，开发和管理节能及资源节约型建筑。[31] 这不仅为租户和当地社区带来了长期利益，也为资本合作伙伴带来了价值。其他公司则通过构建合乎道德的、节能的供应链和合乎伦理的劳资关系等方式，来实现可持续性和敏捷性之间的平衡。

可持续发展组织将"绩效"一词扩展到了优化 ESG 结果以及财务结果等方面。由于组织对这些结果的相对重视程度，会随着时间的推移以及实现这些结果的方法而变化，因此没有敏捷性就没有可持续性。[32] 事实上，数字时代已经揭示了有效设计和其实施的敏捷性对组织可持续性的影响。

以巴塔哥尼亚为例，巴塔哥尼亚将其组织结构和设计与使命、敏捷性和可持续性相结合，采用扁平化组织模式，积极确保员工在决策和追求目标方面拥有更多自由。此外，在环境问题上的坚定立场使它成为许多公司羡慕的对象，这些公司都力图成为兼顾使命和利润的共益企业（B Corporations）。通过冒着牺牲利润的风险来追求使命，巴塔哥尼亚在道德和环境投资方面处于行业领先地位，同时它开辟了一条稳定的持续增长的道路：从 2008 年到 2015 年，巴塔哥尼亚的收入复合年均增长率为 14%，而在此期间利润飙升了 300%。从 2017 年到 2019 年，巴塔哥尼亚每年都会刷新销售记录，其中 2019 年的年收入接近 10 亿美元，高于 2015 年的 7.5 亿美元。[33] 它还为非营利组织贡献了年收入的 1%，这些非营利组织有助于自然环境保护，深受户外消费客户群喜爱。[34]

设计可持续发展的场所

渐渐地，组织设计涵盖了公司的"选址战略"内容，包括组织使用的建筑物和设备等实物资产。然而，由于未来的工作环境似乎是一个混合的工作场所，组织设计也越来越需要涵盖与远程工作相关的资产。疫情期间的研究表明，居家办公的人数可能是疫情前的 3 ～ 4 倍。这一变化将对城市经济、交通和企业的可持续性产生深远影响。[35]

因此，随着组织转向远程工作模式，公司需要了解员工进行数字化协作必须具备的关键能力，并应该根据员工体验实时调整。从广义上说，为了可持续发展，组织设计应该设法解决远程工作方面的问题，如将现有办公室改造成会议空间，员工只在需要协作时来办公室，或者每周在办公室集中办公一两天，其余时间都居家办公。

员工工作、学习、娱乐、饮食，甚至促进身心康复的室内空间（提供按摩和线下健康会诊等服务）也将影响组织设计的选择和决策。为什么？因为不健康的建筑环境会对员工的绩效和福祉产生巨大的影响，它们会损害员工的创造力、专注力和解决问题的能力，甚至会使员工生病，以多种方式危及组织的未来，包括使利润下降。一项又一项研究发现，如果人在舒适的条件下工作，绩效会显著提高。舒适的条件包括：通风率高，持久性有害化学物质很少，以及合适的湿度、照明和噪声控制。哈佛大学公共卫生学院的研究表明，建筑环境既可以让员工染病，也可以保护他们免受疾病侵害。该研究揭示了健康的建筑环境的九大基础，并展示了如何通过智能技术追踪其提出的"健康绩效指标"，以此提升公司绩效并创造经济价值。[36] 简单地说：健康的建筑环境是健康组织的一个维度。

为未来的发展重塑组织

早在初创阶段，你就为自己的企业制定了组织设计方案。现在，随着组织从初创阶段发展到成熟阶段，你的设计也需要进化，在企业生命周期越来越短的今天尤其如此。需要注意的是，在一项研究中，93% 的高管表示他们公司的生存状况受到了落后的运营模式的威胁。[37]

但是，被动的即兴发挥（正如我们在疫情期间看到的那样）与主动、持续的组织设计演变是有区别的。这里说的不是在重组后重新审视组织设计。事实上，领导者不应该将注意力集中在通过重组来扩大规模和推动增长上，而应该首先考虑并主动审视当前的组织设计如何与业务一起发展。这种组织设计演变通常需要以下三个能力。

- 快速获得新能力的能力；
- 从初创企业发展为成熟企业的能力；
- 培养持续变革的能力。

快速获得新能力的能力

组织往往缺少快速发展、扩张和增长所需的能力。有时这是一种很难获得的能力，比如创造性的想象力。在一篇关于数字设备公司倒闭的文章中，作者指出："当数字设备公司的工程师看到 Apple Ⅱ 时，第一个洞察就出现了。如果他们有足够的想象力，在那个灰褐色的塑料箱里他们本可以看到整个行业的消亡。"[38]

同样常见的问题是，有缺陷的商业模式和运营模式无法带来足够的利润。例如，家乐氏（Kellogg's）从健康即食谷物领域不断增长的细分市场中看到了自己的未来，并巧妙地收购了一家充满活力的有机新贵 Kashi（一家替代谷物和营养方便食品的制造商），但最终衰落于内部斗争。为了降低成本和提高利润率，家乐氏开始用转基因谷物生产 Kashi 巧克力棒，[39] 如今该公司再次面临类似的压力。

经历快速增长的公司必须建立一个敏捷和可持续的组织，旨在快速重新部署人才和资源，而不降低其他领域的运营能力。能力建设比以往任何时候都重要，包括从举办虚拟会议、高管培训，到专注于探讨如何领导变革的基础知识研讨会。研究表明，在疫情之前，59% 的组织表示能力建设对其组织的长期发展非常或极其重要；疫情暴发一年后，这一比例增加到了 78%。[40] 尽管公司面临着扩张和实现收入与利润增长的重大机会，但它们并不总是具备成功实现这一目标的组织能力。为什么？因为特定市场的外部干扰（如新法规、创新、客户绩效要求）会迅速降低当前业务和运营模式的可行性。考虑到这些挑战，组织设计必须能够应对环境冲击、经济冲击和传统的重组带来的颠覆性变化。

如何快速获得新能力？一种方法是开展组织设计，不仅针对组织，还针对与组织有共同利益的生态系统。组织可以与广泛的生态系统合作伙伴（包括学术机构、初创公司、商业联盟，甚至竞争对手）合作并进行组织设计，以快速获得新能力。此外，它们可以将组织模块化，并将其设计为可共享或出租的资产。以酒旅行业为例，爱彼迎、猫途鹰（TripAdvisor）和 Open Table 等就是集聚了大量产品或服务的提供商和潜在客户的平台市场。

从初创企业发展为成熟企业的能力

除了获得新能力，组织（尤其是初创公司）还需要培养能使它们更快成熟的能力。能够快速运作的组织设计可以成功扩展业务，实现业务增长。但是，随着业务增长，其复杂性和业务难度成倍增加，随之而来的是业务颠覆频率和颠覆程度增加，那种偶尔更改或更新组织设计的舒适概念已经过时。组织设计需要持续升级，而不是定期调整。更快、更不确定的市场和环境需要更灵活、更敏捷的组织。

培养持续变革的能力

为了不断发展，组织需要培养持续变革的能力。对于未来导向的组织，为了扩大规模和发展，它们的领导者不仅应该发起变革，还需要作为催化剂来推动变革。这种立场使公司能够采用综合的着眼于未来的方法来重新设计战略，使它们能够整合结构、人员、流程和激励措施，成为推动公司规模化和增长的杠杆支点。

我曾与一家技术公司的领导者合作，我称这家公司为PSO，它将这种推动变革的立场牢记于心。受新兴需求的推动，PSO需要重塑其全球性组织以打造一个面向未来的企业（在经历了一段时间的高管更替、一系列脱节的重组和停滞的转型后），在其战略方向上加倍努力。它还重新开展了一系列转型计划，这些计划将业务模式创新和规模发展联系起来，以实现收入增长。其他试图在全球扩张的企业也应该效仿PSO，让各级领导参与并调整思维方式和激励措施以强化新行为，这对执行大规模组织设计工作和发展公司业务大有帮助。

使用 AI 改变组织的设计

经济危机有力地促使组织推动更具适应性的设计，尤其是在过去的 5 年，AI 的进步也加速了这种变化。在一项研究中，广泛运用 AI 的受访者中有 95% 的人表示，他们的组织结构将因采用这些技术而发生变化；39% 的人表示 AI 将从根本上改变他们的组织结构。[41] 当被问及 AI 将如何改变他们的组织结构时，受访者（按顺序）列举了以下几个方面：更多持续学习、创建新业务部门、更多跨职能协作、更敏捷的工作方式以及更多基于团队的工作。

美国麻省理工学院集体智慧中心主任汤姆·马隆（Tom Malone）解释了 AI 将如何有效地改变业务层级结构。首先，管理结构可能变得更加僵化。他写道："AI 将帮助管理人员追踪下属的一切详细数据，这将使实施更严格的控制变得更容易，也更有吸引力。"但是，更深入的观察表明，情况更有可能相反。"那是因为当 AI 执行常规任务时，剩余的大部分非常规任务很可能在松散的'临时组织'中完成。这些临时组织中的人是灵活的，具有解决任何问题所需的技能组合。"[42] 因此，AI 实际上会减轻，而不是加深僵化。

AI 的另一个影响是树立"数据民主化"的概念，它使公司能够跨业务整合数据，并允许更多员工在需要时访问和理解数据。[43] 如果数据和工具随时可用，员工将从 AI 中提取真正的价值，因为他们将在 AI 的帮助下获取信息和被赋能做出最终决策，并根据这些决策采取行动。[44] 当公司利用 AI 在日益变化的环境中设计和优化组织时，公司就能释放科技的潜力，帮助公司业务不断适应市场。

让我们来看看，AI 几乎肯定会改变组织设计的一些具体方式。

组织将变得更具实验性

新的数据源和 AI 使组织能够实验和改变组织结构。随着数字和 AI 技术的进步，公司可以利用关键的组织数据，并将其转化为知识、洞察力和行动，例如实施新的行为举措或重新设计结构和流程，以创造可提升财务绩效的业务成果。想象一下一家消费品公司如何使用数据分析来识别延误工作的员工，从而将产品上市时间缩短了近一年。然后，该公司转而分析其他那些能够将想法和产品更好地推向市场的员工。

或者想想初创公司 Humanyze 是如何提供智能身份标识（ID）徽章来追踪整个办公室的员工行动，并向雇主报告员工在工作时间的互动和协作情况的数据的。通过种种方式，AI 可以提高预测能力，并将预测结果应用于团队协作和大规模创新。[45]

AI 对组织设计的影响的其他示例如下。

- **组织结构图上的 AI。**领导者开始将机器，而不仅仅是员工，视为劳动力人才。既然 AI 本质上是在"加入"劳动力队伍，那么将这种技术纳入组织设计本身就很有意义。
- **工作实际上是如何完成的。**领导者可以通过 AI 和新的数据源了解组织中的工作方式，而不是通过组织结构图了解。AI 可用来找到分散决策中的平衡点，将更多的决策权委托给一线员工，因为他们可以解决这些问题。但是，许多组织可能担心，将重大决策权过度授权给员工，会给员工太多自主权。AI 甚至对此提供了解决方案，以 Klick Health 的机器学习技术 Genome 为例，它可以协助雇主对自主权进行管理。Genome 会通过分析公司每个阶段的每个项目，授予那些始终表现出色、成功率高的人更多的职责。AI 会追踪公司做出的每个决定以及做出决定的背景条件。一个人越能证明自己判断力出色，系统就会灵活地给予其越大的决策权。[46] 这些因素消除了人为偏见和办公室政治因素，仅根据实绩和优点奖励员工。

- **超越基本场景建模**。以分析为基础，由技术赋能的实验和评估，使组织能够持续挖掘电子邮件和在线活动等非结构化数据，从而绘制真正互联和"实时"的组织视图，超越传统企业资源规划系统和人力资源数据库。组织设计是在一组成员之间创建有助于实现组织目标的交互模式，有助于成员之间加深理解和巩固关系。AI 改变了交互数据的颗粒度，并提升了分析它们的计算能力。因此，我们需要思考组织设计的新方法，将个人行为、互动与业务结果联系起来。

- **释放人才的生产力**。大规模使用 AI 创造的最大机遇，不是降低成本和提升效率（尽管它们也很棒），而是你可以释放人类的创造力。领导者需要一种以透明度、迭代和参与为核心的方法论。新的数据源、技术和 AI 可以提供帮助，让人们更容易获得所需信息，使他们能够测试、学习和迭代，并使他们能够联系彼此，形成自发组织的团队。

- **配置和指导团队**。随着团队网络成为敏捷组织的主要组成部分，组织还可以使用 AI 来辅助创建正确的团队组合，并指导团队成员提高绩效。例如，Saberr 有一个 AI 机器人，它可以通过对每个团队进行个性化的智能指导来提高团队的绩效。这是基于分析生产力、团队关系、角色和责任、目标和使命以及决策制定来实现的。

投资公司的领导者也在使用算法决策平台来提高生产力、减少管理错误并提高决策质量。例如，瑞·达利欧（Ray Dalio）的对冲基金桥水基金（Bridgewater）是全球顶级对冲基金，拥有 1500 亿美元资产。它开发的一种"机器人教练"，可以像私人定位系统一样提供决策指导。投资原则被转化为算法，然后自动指导员工互动和制订决策。[47]在接受《商业内幕》（*Business Insider*）的长篇采访时，达利欧旨在阐明他的公司为开创"创意精英管理"所做的努力。这一努力促使桥水基金创建了一个系统，在该系统中，员工可以在多个方面对彼此的可信度进行评分，并且每个人都可以看到评分。这些评分最终会被当作员工"可信度"评级的依据，而获得较高可信度评级的员工，在决策中会拥有更高的投票权重。达利欧告诉《商业内幕》，这就是公司如何实现以彻底的"真相"和"彻底的透明度"为根基的理想精英管理机制。[48]

还有众多投资机构和桥水基金一样，它们通过自动报告或可拖放的图形交互界面等快速洞察工具来实现更多增值分析。例如，简化流程和精简管理层级同步进行，最终，减少层级可以推动更智能、更快速的决策，提高组织内员工的敬业度，并加快组织的敏捷设计。

投资公司的独特需求

那些认为自己所处的商业环境极其混乱、多变的领导者，如在私募股权或风险投资行业的人可能会非常注重组织的敏捷性。足智多谋的被投企业 CEO 和管理团队在如今充满挑战的商业环境中茁壮成长。他们很清楚组织扩张所需的组织结构，并以此发挥他们的管理能力，平衡长期持有和短期价值创造之间的紧张关系。这种平衡需要新的、更灵活、可持续的组织结构，要比传统公司的响应速度快。这一逻辑适用于私募股权或风险投资公司对自身的管理，也适用于每一个在认真思考公司当前结构、流程和人员能力的被投企业。

具体来说，当被投企业管理团队所做的组织设计包含了下列六个关键因素时，它们更有可能获得更好的绩效。

- 明晰损益责任以及治理的简单规则和措施；
- 优化组织敏捷结构、敏捷文化和工作方式的实践；
- 激励跨团队协作的相互包容行为；
- 具有清晰客户界面的自动化或增强的端到端业务流程；
- 采用人机混合的机制，让人专注于更具附加价值的工作；
- 开放且灵活的人才库和组织生态系统，可实现资源的快速分配。

同样，许多组织的领导者同意，地球环境问题不能再被忽视，环境保护必须嵌入与公司的创新、绩效以及整体敏捷性和可持续性相关的所有决策之中。

正如本书前面所述，一个健康的组织价值不菲。可持续性扩展了关于组织健康的定义，它关注长期经济和品牌价值，而这些价值应该是由对环境和企业所在社区产生积极影响的战略来驱动的。

一些私募股权和风险投资公司，在其投资组合公司中推广环境管理，从那些对环境和社会友好的供应商处采购产品和服务，要求被投企业不管是在产品设计还是制造方式上都要更加注重环境管理。其他私募股权和风险投资公司则鼓励投资组合公司监控和衡量企业在可持续性和承担商业责任方面，以及 IT 实践方面取得的进展，并追踪由此产生的商业利益。

很明显，即使市场不确定性仍处于历史最高水平，增长仍是私募股权和风险投资领域的投资者、被投企业创始人、CEO 和商业领袖等角色关注的焦点。投资者、董事会和投资组合管理团队认识到，他们的组织设计必须与环境相匹配并保持一致，才能在数字经济中有持续竞争力。以全球私募股权投资机构华平投资（Warburg Pincus）为例，该公司与房地产和环境顾问建立关联，为能源审计、资本节能改进项目、绿色租赁和其他低成本节能等项目提供机会。因此，当公布一项投资时，快速的全新组织和治理设计就会减少组织感受到的更广泛的不确定性。因此，对投资者、董事会和投资组合管理团队来说，将组织设计作为一种管理工具来重新思考组织的结构、领导者角色和工作方式，并最终实现规模化和业绩增长，是至关重要的。他们应该投资于强大的组织映射 / 工作映射流程，定制人才选拔流程并合理调整人才和实物资产的配置，同时考虑敏捷性和可持续性。

但是，获得敏捷性并不是一次性的，相反，这是一个持续的过程，领导者要不断寻求最佳组织设计来满足企业规模化和增长的需求。因此，要在数字时代中取得成功，企业的组织模型或组织设计必须与其业务模型一样进行动态调整。正确的组织设计必须到位，并与价值创造计划和业务战略紧密结合，以便于有效落地执行。当达到这一标准时，可能产生很大影响。如今，高速增长的私营企业，与处在更加复杂的市场环境中的上市公司一样，面临着更为繁杂的组织挑战。鉴于高速增长的私营企业的独特需求，它们通常由风险投资或私募股权投资，变革的速度和加速度已经突飞猛进，而数字化需求让情况变得更加复杂。组织内部的官僚体系无法满足基于平台的业务、组织模型，以及"彻底的透明度"的要求。数字技术的进步开创了机器学习算法时代，这既需要协调多个复杂的专业领域，也需要根据市场、技术和地球环境的变化进行快速调整。机器学习算法时代还需要提高判断力和数据素养，以及对偏见和数据隐私问题有敏锐认识的领导者。

组织可以被设计成在适应数字时代的条件下不断繁殖的生态系统。高增长公司的组织设计应基于战略驱动的运营要求，从而产生整合的结构、人员、流程和激励决策。明智且能在这个充满挑战的环境中茁壮成长的 CEO 和管理团队，可以通过设计新的组织结构来实现这一目标，这些组织结构比传统的模拟信号时代的公司更敏捷、更可持续，并且响应速度更快。

在下一章中，我们将继续探讨可持续发展的主题，并着眼于培养组织健康的第六个要素：公司实践 EID 的程度。

组织制胜的**检查清单**

---

* 设计具有敏捷性和可持续性的组织，以在整个运营过程中推广环保和可持续的做法。

* 为了设计敏捷性，创建组织中心来管理敏捷性，采用更扁平的团队网络，并使用生态系统方法进行组织设计。此外，提高透明度，使一线员工能够适应不断变化的条件，为实验和协作进行设计，并为核心业务和新业务进行重新设计。

* 设计可持续发展的场所，为不同的利益相关方群体在治理和决策方面提供有价值的发言权，旨在实现三重底线（经济底线、环境底线、社会底线）所要求的结果，并将可持续性嵌入组织结构的 DNA 中，而不是将其孤立为一个项目、一项企业倡议、一个部门或一个职位。

* 进行组织审计，以此发现：组织设计与公司战略方向是否匹配；岗位职责和公司架构是否清晰灵活；个人或组织能力是否有重复或存在官僚主义；与数字化人才和心智模式相匹配的激励措施是否已设置妥当。

* 新的组织设计面临新的挑战，需要新的思维。确保组织持续演进，专注于获得新的能力，从初创企业发展为成熟企业的能力以及培养持续变革的能力。

* 利用数字技术进步从根本上颠覆常规业务，以适应市场，同时让数字化人才利用 AI 技术和分析能力，改变组织设计。

第六章

公平性、包容性和多元化：

有意识地创造组织的极度透明化与归属感

为了克服根深蒂固的传统做法，

打造一个公平的工作场所，让每个人都有归属感，

当今的组织不能再只做表面文章。

它们必须利用极度透明的方式来制定和实践策略，

以此满足新的社会需求，

并将尊重、同理心和公平融入组织结构。

到目前为止，大多数领导者都明白，至少在理论上，为了保持组织健康发展和繁荣，公司需要做到公平、包容和多元化。大多数领导者也都看到了不少支持这一观点的数据。例如，相比其他组织，包容性组织取得更好业务成果的可能性要高 8 倍，实现创新和敏捷的可能性要高 6 倍，达到或超过财务目标的可能性要高 2 倍。[1] 此外，组织越多元化，对净收入的积极影响就越大：拥护民族 / 种族多元化和包容性的公司，其业绩超越行业平均标准的可能性增加约 33.3%。当公司员工的性别更加多元化时，公司的收入比同行业的其他公司高 21%。[2]

尽管有支持 EID 做法的证据，但在 EID 问题上，无论是商业领域还是社会层面的各类组织基本上都没有很好的解决方案，以至于至今我们还处于反思之中。正如第一章所述，乔治·弗洛伊德于 2020 年被明尼阿波利斯一名警官杀害，引发了非洲裔美国人对过去和当前所受不公正待遇的大规模抗议。在数周的抗议活动后，各类企业开始对其 EID 现状做出实质性的更改。例如，摩根大通（JPMorgan Chase）承诺在 5 年内投入 300 亿美元用于促进种族平等。[3]同样，家得宝（Home Depot）、宝洁（P&G）和可口可乐公司等多元化的美国企业承诺投入数十亿美元，以支持团队员工队伍和公司所在社区的多元化。

无论这些承诺有多么值得称赞，要做到超越统计数据层面的真正的多元化，公司和投资者仍然面临着重大挑战。过时的政策，性别歧视，对文化、民族和种族的差异性对待以及组织障碍等，这些现象往往只是表面问题，还有更大的底层问题需要引起人们的关注。应对当今的挑战意味着通过"交叉性"

流派理论来解决 EID 问题，因为种族、阶级和性别等社会类别相互关联，任何类别中出现不公平问题都往往会进一步加剧任何个体或群体间已有的不公平。真正的变革需要对 EID 的三个维度有全方位的理解，它们共同构成了组织健康的第六个条件。当今的数字化公司需要有意识地孕育包容性文化，让所有员工都能茁壮成长并体验到归属感。

本章将介绍 EID 的确切含义，并进一步扩展该定义。我们将探讨将 EID 纳入工作场所会面临的广泛挑战，包括零工经济为何难以使员工感到真正的归属感。我们将触及为什么 EID 很重要这一主题，特别是对投资者如私募股权投资机构而言。我们也将回答为什么数字时代必然是一个极度透明的时代，然后再深入探讨 AI 解放 EID 的具体方式，以及公司如何开始此类转型。

让我们先仔细看看当今的组织是如何意识到自己正面临着一个强硬的"最后通牒"的：要么变得更加公平，要么面临消亡的风险。

ESG 中的"S"（社会）因素：社会问题是如何与 EID 交织在一起的

那么，我们是怎么走到这一步的呢？在过去的 5 年里，美国及欧洲发生的针对警察暴行、种族主义、性别歧视和对其他形式的偏见、歧视所进行的和平抗议都凸显了当今组织必须解决的三大问题（环境、社会和治理问题，或称 ESG 问题）中社会问题的重要性。EID 在组织议程中的重要性不断上升，并且有许多令人信服的理由促使人们创建更加公平、包容和多元化的组织。这些理由包括但不限于提高对工作场所公平性的认识，可以为各类公司提供使命感，或者可能吸引相关投资。

因此，我们今天会看到一些倡议，比如赛富时（Salesforce）在 2020 年宣布将投资 2 亿美元并发动员工投入 100 万小时的志愿服务，旨在与世界各地的组织合作，促进种族平等和公平。[4] 又比如，加州大学将 EID 纳入其自身作为雇主、资产管理者和股东的责任——这一举措通常被称为投资的"多元化回报"[5]，目的是在更大范围内产生影响。

　　然而，有效地塑造一个公平、包容和多元化的组织，一个超越性别、种族或简单的多元化人口统计指标的组织，比表面上看起来的要复杂得多。为什么？有三大原因。

　　第一个（可预见的）原因是，领导者必须处理各种新的、不断发展的身份类别，这些类别在任何组织中都变得越来越普遍。比如，组织必须确定在多大程度上公开承认其员工的身份可能不符合现有的种族分类。同样，仅按一个维度（如性别）对人进行分类也可能存在问题。比如，对女性领导者的关注，可能无法捕捉到交叉的维度和增加的偏见：比如，非洲裔女性领导者感到与亚裔女性领导者相比，自己被区别对待了。事实上，对交叉性理论这一新学科（综合考虑适用于一个人的所有特征，而不是孤立地考虑每个特征）认识越深，越能帮助领导者解决各种复杂的多元化问题。

　　另外，还有很多其他维度，一些可能被边缘化的群体通常没有得到关注。比如，神经多元化人群、护理员或残疾人群体等，不一而足。

　　鉴于当今所有这些领域以及更多领域的复杂性不断增加，企业高管和投资者在涉及 EID 问题时可能会感到束手无策。以加密货币平台 Coinbase 的 CEO 布赖恩·阿姆斯特朗（Brian Armstrong）为例，他的政策是不鼓励员工激进主义和在工作中讨论政治，这导致其 5% 的员工要么收到遣散费离职，要么以抗议离职。[6] 尽管如此，企业必须决定是否让组织适应这些社会文化的转变。企业需要认识到，这样做可能意味着放弃以前的政策和方法，转而采用更符合现代立场的新政策和新方法。

第二个原因是，领导者和员工被迫直面并讨论让他们感到不舒服的问题。如果公司的高管、董事会成员和投资者没有积极改善多年以来排他性的做法，那么他们也就无法回避社会对公开透明处理相关议题的要求，比如性别平等、薪酬透明，或少数族裔向上流动等，更不用说从中获益了。今天，在数字化、AI 优先的环境中运营的公司，必须制定公平和包容的实践方法，同时实现资产负债表内外人才库的多元化，比如雇用零工经济参与者，包括自由职业者、独立承包商和其他临时雇员。健康的公司将是那些能够认识到彻底（不是临时地）改变用工结构好处的公司，并以此增加业绩、创新和投资的可能性。

近年来的大量研究强调了多元化对投资结果的积极影响。例如，与其他投资团队相比，多元化投资团队的表现至少一样好，甚至更好。在包容性文化中运作的多元化领导团队促进了创新，而性别比例平衡的投资团队的净内部回报率比其他性别比例不平衡的团队高出 20%。[7] 正如私募股权投资机构 Blue Wolf Capital 的一位专注于组织问题的运营合伙人所指出的那样："除了数字指标，投资的价值往往还取决于公司的人力资本——具有特定心智模式的人可以决定投资组合公司的盈亏。"[8]

第三个原因是，越来越多的人，尤其是投资者会被问一个问题："你的意向投资企业中，与你交谈的不同创业者之间有多大的差异？"一家管理规模达 50 亿美元资产的风险投资公司正在使用数据挖掘和分析手段来主动解决差异不足的问题。这家专注于技术的风险投资公司使用数据建模工具和技术，不仅可以检查被投企业的多元化程度，还可以检查被投企业如何识别并投资潜在的由少数族裔或非洲裔创始人领导的公司。有趣的是，与此同时，它们正逐步开始尝试利用 AI 挖掘项目推介漏斗或交易来源，这些也有助于它们识别多元化的创业者。

为什么是 EID，而不是 DEI

　　组织可能是多元化的，但不具备包容性。事实上，仅靠多元化并不能保证组织具有包容性或公平性。多元化至关重要，但它只是"整个领域的冰山一角"，这是一位风险投资公司的多元化和包容性负责人与我分享的。这就是为什么我更喜欢以"E"开头的首字母缩写词 EID，代表"公平性"，促成了"包容性（I）和多元化（D）"。换句话说，当 E 成为重点时，"I"和"D"更有可能紧随其后被关注。

　　但是，我们怎么理解 EID，以及归属感（belonging，B）加入这个词组后形成的新术语——EID-B？让我们仔细看看 EID-B 的每个元素。

　　EID-B 中的"E"指公平性，包括一个组织为确保公平对待、机会均等以及信息和资源获取公平而采用的一组策略和实践方式。请不要将公平与平等混为一谈。平等旨在促进公平，但只有每个人都从同一条起跑线出发，需要同样的帮助，它才奏效。与其说要不分需求，对每个人都一视同仁（平等），不如说要根据人们的需求，以不同的方式对待他们（公平），这是一种更复杂或更公正的平等观。

　　例如，组织可以通过向有需要的弱势群体提供更多帮助来实现公平，以此最终实现平等。公平很重要。研究表明，员工如果感觉在工作场所受到公平对待，就会信任他们的雇主，享受他们的工作，并更加专注于他们的工作。[9]"E"还包括平等，比如，在职场上对一个群体（如女性群体）与另一群体（如男性群体）的特定指标（如薪酬）的统计措施进行比较，目标是保证指标平等（男女同工同酬）。在法律允许的范围内，如果做得好，绩效管理和薪酬体系有助于确保薪酬平等和晋升平等。

EID-B 中的"I"指包容性，涉及不同人群在组织中的受欢迎程度，以及包容性文化鼓励组织里所有人的贡献和参与程度。包容性文化使所有员工都能感受到支持和尊重，能够在每天的工作中展现真实的自我。"真实性"是包容性的主要元素，真实的包容性是迈向归属感的第一步。包容性还涉及组织对未来拟招募人才的吸引力和影响力，以及对品牌声誉的反映和影响。

EID-B 中的"D"指多元化，代表不同的身份和差异，包括可见的（如种族或性别）和潜在的、不可见的差异（如文化、宗教或思维方式）。出于法律、社会和经济等原因，对那些寻求业务扩张和发展的组织来说，创建多元化的员工队伍是必备的能力。第一，只有当组织的员工队伍构成能反映其经营所在社区的人口结构时，组织才能有效地了解和服务它们的客户。第二，长期以来的研究表明，多元化的观点可以激发创新、减少算法偏差，并为组织带来许多其他好处，如提高品牌声誉、减少员工流失、员工敬业度更高、更快地处理问题等。更重要的是，如前所述，多元化影响利润。当公司积极接纳包容性和种族多元化时，公司业绩超越行业平均水平的可能性会增加 33%。[10]

各种研究表明，人才（和文化）以及员工的归属感是企业在数字时代赢得竞争的重要考量标准。李维斯（Levi Strauss）的 CEO 奇普·伯格（Chip Bergh）表示："归根结底，最大的差异化因素将是你是否拥有最优秀的人才。因此，加大对人才的投入力度至关重要。而且，像贝莱德、富达资本这样的大型投资机构，它们会想知道公司在多元化和包容性方面做了什么，以及公司在推动员工敬业度方面做了什么。"[11]

最后，EID-B 中的"B"代表归属感，是 EID 在组织健康方面的重要补充。尽管我们一直在谈论多元化和包容性，但是，领导者往往无法认识到，某人隶属于某个组织并不意味着某人会有归属感。多元化和包容的组织可能培养不出某些员工的归属感，这通常会导致员工工作时心不在焉，以及提高员工流失率。简单地说：缺乏归属感的员工很可能觉得自己无法做出巨大贡献，难以发挥潜力（请参阅后面的专栏"CEO：贵公司是否让人有归属感"）。

员工队伍缺乏归属感的后果确实很严重。一项研究表明，44% 的受访员工在工作中感到被孤立，这导致他们的奉献度不高和敬业度降低。[12] 其他研究发现，归属感能使员工的工作绩效提高 56%，使员工的离职风险下降 50%。[13]

归属感是一种感觉，是一种比任何与 EID 相关的策略都强大得多的力量。归属感是人类的基本需求之一。如果多元化指的是公司员工统计中的数字，那么包容性就是一系列的心智模式和行为，让在工作场所中的人体验到是否被包容。而归属感是可以通过刻意打造组织文化让员工感受到且被强化的感觉。[14] 正如因创造术语"DIB"（多元化、包容性和归属感）而闻名的帕特·瓦多斯（Pat Wadors）所说："多元化和包容性可能抓住你的头脑，但归属感将抓住你的心。"[15]

CEO：贵公司是否让人有归属感

如果你现在是一个组织的 CEO，你可以通过问自己一些问题，了解组织的"归属感"水平：

* 尽管我的员工因其差异化而受到尊重，但他们是否真正敬业呢？
* 我的员工是否愿意分享新的观点和想法？

* 我的员工——跨越不同时区、地域、文化、背景等，是否彼此积极
  倾听并重视彼此的贡献？有些员工（无论有多与众不同）是否被冷
  落、忽视或被评头论足？
* 组织的领导者，从我的高层管理团队开始，是否让所有员工都感到
  连接和受到重视？他们是否不仅对大家一视同仁（包容），还会鼓
  励每个人参与到对话或任务中？

虽然 EID 是必要的，但还不够。正如哈佛商学院教授艾米·埃德蒙森指出的那样，要释放组织的全部潜力，就必须得到一种文化的支持，这种文化使所有团队成员都能充分发挥自己的作用，她将这种文化称为"心理安全"文化。埃德蒙森解释说："由于创新、创造力和碰撞产生的火花不可或缺，吸引和留住优秀人才至关重要。但如果没有人能说出自己的想法，那么这些人才有什么用呢？传统的'融入'和'顺应'文化在知识经济中注定失败。成功需要不断注入新思想、新挑战和批判性思维，人际氛围绝不能压抑、沉默、互相嘲笑或令人害怕。"[16]

赛富时提供了一个很好的例子，其展示了一家公司如何专注于打造真正有归属感的文化。这是一种自上而下的努力，包括支持那些并没有受到足够关注的社区。CEO 马克·贝尼奥夫（Marc Benioff）表示："我们都知道争取平等的斗争永远不会结束。我们有核心价值观的指引，同时，我们也很幸运地有'平等办公室'（Office of Equality）团队带领我们在原有的基础上进步。"[17]为此，贝尼奥夫任命托尼·普罗菲特（Tony Prophet）为新型 CEO——首席平等官（Chief Equality Officer）。用普罗菲特的话说，这个岗位的职责是"确保赛富时

的每个人无论在哪个方面都能得到尊重和公平对待"。[18]

在赛富时和硅谷其他公司担任高管的职业生涯中，普罗菲特还担任过人权和社会正义的倡导者。他的职业生涯始于通用汽车研究所合作项目（GM Institute Co-Op）的洗车房。从那时起，他便与工厂车间的小时工并肩奋斗。虽然这一经历让普罗菲特明白尽力完成工作的重要性，但他认为，这段经历最重要的收获是，让他做到了对组织各个级别人员的同情和尊重。他了解了如何有效地工作、做正确的事，以及如何进一步实现每个人在工作场所中的平等。实际上，那时他已经朝着今天担任的角色迈出了重要的一步。

在赛富时，普罗菲特致力于打造一个反映当地社区多元化的工作场所，促进所有人平等。他还领导了新的"技术的道德和人性化使用"（Ethical & Humane Use of Technology）计划，以确保赛富时开发的技术不仅能让公司客户取得成功，还能带来积极的社会变革，并改善世界各地人们的生活。[19]让我们来看看赛富时的平台是如何帮助 Experience Matters 的。Experience Matters 是一家非营利组织，专注于将经验丰富的成年人／退休人员的技能和才能与非营利组织的多元化需求匹配起来。赛富时帮助它创建了一个综合视图，使当地志愿者的技能与该社区组织的需求同步。[20]另一个推动积极变革的公司是摩根大通。为了激励私人投资者增加对某些组织或企业的投资，在摩根大通的种族平等计划中，涉及由非洲裔领导、非洲裔所有和为非洲裔服务的非营利组织和企业的股权投资，可以为其提供新兴市场税赋抵减（New Markets Tax Credit, NMTC），并向服务短缺的社区提供关于融资方式的建议。

并非所有公司（无论它们出于善意做出了怎样的努力）都能像赛富时那样，在提升 EID-B 方面大步前进。下面，我们开始研究可能出错的地方，你也许可以从中学到很多东西。

通往 EID 道路上的障碍

当一个组织的规模和复杂性都在增长时，以往简单易行的事往往会变得困难重重。公司的不同成熟度和增长速度会对组织健康提出不同的要求。这种老生常谈尤其适用于公司的 EID 水平：如果领导者迟迟不愿采取行动，组织可能会经历一系列间歇性危机，并面临严苛的监管要求和社会压力。

尽管如此，解决 EID 问题为时未晚，至少我们现在可以评估该问题并对其进行更正。正如詹姆斯·鲍德温（James Baldwin）所写："并非我们所面对的一切都可以被改变；但不直面它，什么都无法改变。"[21] 组织在数字时代扩大规模的同时，要注意提高团队的 EID-B 水平，提高 EID-B 水平的第一步是认识和面对问题。

在理想情况下，公司应该从一开始就将 EID 的原则和要求纳入组织，让其成为文化的一部分。尽管随着组织的成熟，公司内部的 EID 水平也必然会发生变化，但问题仍然存在：为什么一些公司能轻松制定明确的策略、推进稳健的实践和打造有归属感的文化，而另一些公司会遭遇或近或远的麻烦？解决方案的哪一部分可以通过策略和实践来优化？哪一部分的问题又可以通过行为视角来解决，尤其是通过董事会和最高管理层的心智模式和行为？

可以肯定的是，在公司寻求增长的同时普及 EID 实属不易。不过，正如成功的风险投资人本·霍洛维茨（Ben Horowitz）所说："如果你想建立一家有影响力的公司，那么你必须在某个时候扩大规模。所以，如果你想做一些重要的事情，你将不得不学习扩大组织规模的方式。"[22] 让我们来看看普及 EID 所面临的一些挑战，但并非所有挑战都有现成的解决方案。

- **EID 的硬性、软性挑战。**EID 问题会引起高层管理者和投资者焦虑的原因之一是，有的公司即使非常擅长管理 EID 的"硬性"方面，也可能忽视或低估其"软性"方面的因素。等公司意识到这些被遗漏因素的重要性时，往往为时已晚。软性方面包括心理安全和归属感（如前所述）。由于软性因素难以量化，因此经常被忽视。EID 的"硬性"方面类似于组织健康所必需的正式策略和实践，例如，构建硬性指标和目标，其中会涉及数据仪表盘、年度多元化报告，或供应商多元化和采购渠道的指标。通用汽车公司 CEO 玛丽·芭拉（Mary Barra）对她的直接下属使用"多元化记分卡"进行考核，并将记分卡结果与奖金挂钩，以确保他们认真负责。[23]

- **EID 的文化挑战。**将 EID 纳入组织文化，代表着一种重要的文化转型。虽然这样的转变可能会带来巨大的回报，但过程也可能是痛苦的，并且需要很长时间才能实现。因此，随着公司的成熟，公司必须踏上 EID 之旅，以适应其业务发展的逐渐成熟。换句话说，它们必须努力创造一种职场文化——对个人具有包容性，以及制定相关规章制度，确保不同的人都能被公平公正地对待。在实际操作中，健康的公司会将注意力集中在 EID 方面，比如提供策略、实践和能力建设（消除无意识偏见的培训）。它们也会将尽可能多的注意力投入应对 EID 软性方面的挑战上，例如创造一种员工感到心理安全和有归属感的文化。以软件公司 Rainforest QA 为例，该公司会对公司高管进行无意识偏见测试，鼓励他们在设计公司策略、规划和计划时将形式多样的偏见纳入考量。[24]

- **为什么提升多元化有时会干扰员工的日常工作。**一项针对金融服务公司的研究发现，在谋求增长战略的公司中，员工种族的多元化与更高的生产率相关；但在实施收缩战略的公司中，员工种族的多元化则与更低的生产率相关。[25] 在团队层面，另一项研究表明，工作性质不同，团队多元化对绩效的影响也不同。例如，多元化团队比非多元化团队更能认识到自己的偏见。[26] 该研究的结论是什么呢？多元化通常有利于需要创造性解决问题的活动，但可能会干扰日常任务的表现。[27] 这意味着什么呢？在 AI 优先的世界中，多元化更为重要，基于项目的工作变得越来越非常规、要求敏捷性、以判断为导向，并且通常由自发组织的团队完成。随着工作的迭代与复杂化，以及对敏捷性要求的提升，团队将越来越多地由跨越不同组织边界的、具有广泛背景和才能的人组成。例如，亚马逊在发现它的招聘算法有性别偏见之后，就取消了这个算法。[28] 再例如，"油管"推出了 iOS 操作系统的视频上传应用程序，用户通过该应用程序上传的视频中有 5% ~ 10% 是上下颠倒的，因为设计团队的成员几乎都是右利手。换句话说，设计团队没有考虑左利手用户使用手机的方式。

- **零工经济如何影响归属感。** 近年来，部落主义、两极分化和民粹主义的兴起导致许多员工转向工作场所寻找意义和团结。但与此同时出现的另类劳动力——零工、自由职业者、独立顾问等，让许多员工觉得他们根本不属于某个组织。裁员一旦发生，会进一步破坏员工与组织之间的心理契约。当然，我们中的许多人使用技术的方式也会导致自身产生孤立感，而零工工作通常围绕技术展开。许多人在疫情期间转换为远程工作，基本上相当于成为零工。一项研究表明，远程工作者普遍感到孤独、工作时间更长，导致其归属感减弱。

尽管没有简单的解决方案来应对这些将 EID-B 纳入组织的挑战，但领导者在探索公司的组织健康状况时仍需要考虑和权衡这些问题。

接下来，我们看看 EID 对私人投资公司的重要性。

为什么 EID
对风险投资和私募股权投资机构很重要

　　作为尽职调查的一部分，私募股权投资机构擅长发现和分析数据，比如支出、成本、EBITDA 和整体潜在市场。但是如何评估资产负债表上没有体现的另一个关键维度呢？换句话说，公司（包括董事会和管理团队）的多元化程度如何？由于上市公司的数量在过去 20 年中减少了近 50%，私募股权在塑造商业格局方面的重要性与日俱增，因此对私募股权投资组合公司中顶尖人才多元化程度的审查将会增加，这包括对董事会或管理团队人选的审查。

　　此外，未来 5 年交易竞争将加剧。由于私募股权现在是私人投资公司中扩张最快的资产类别——在过去 5 年中以 9.1% 的复合年均增长率增长[29]，许多私募股权投资机构面临着通过提高交易倍数和杠杆率来提高回报的压力。传统杠杆收购基金德太资本（TPG Capital）的人力资本合伙人本·霍尔兹默（Ben Holzemer）表示，由于不同的利益相关方面临着如此多的利害关系，"文化、多元化和包容性及团队效率等因素对成功至关重要"。[30] 解决 EID 问题是该公司的优先事项，霍尔兹默高度专注于与投资组合公司合作，以建立健康发展的业务并培养强大的领导团队。

　　在私募股权领域，众所周知，优秀的管理团队可以成就伟大的事业。更进一步说，多元化的管理团队可以成就非凡、促进创新。投资组合公司的业绩好坏，与一开始是否拥有合适的团队密切相关。面对如此多的风险，私募股权投资机构需要从早期就部署合适的多元化领导人才。正如我的一位同事（一位首席人力资源官，负责私募股权被投企业的人员事务）分享的那样："私募股权机构的领导者和董事会发现，多元化的领导团队最能推动最佳财务业绩的实现。因此，多元化和包容性真的很重要。"

风险投资公司也面临挑战。例如，创业数据库平台 Crunchbase 发现，从2020 年年初至 2020 年 8 月以来，非洲裔和拉丁裔创始人筹集了 23 亿美元的资金，仅占所有创始人获得的 873 亿美元资金总额的 2.6%。此外，在 5 年多的时间里，非洲裔和拉丁裔创始人获得的融资仅占资金总额的 2.4%，这一占比低得可怜。[31]

另一项研究关注早期投资者是否表现出性别偏见。研究人员使用美国股权众筹平台 AngelList 的专有数据集，观察投资者与拟融资初创公司之间私下的互动。他们发现，当女性创业者与男性创业者的条件明显类似时，男性投资者对女性创业者的兴趣较低。相反，女性投资者对女性创业者表现出更大的兴趣。有趣的是，男性投资者表现出兴趣的男性创业公司，其表现往往不及他们表现出兴趣的女性创业公司，这证明了性别偏见的存在。[32]

投资行业历来更强调财务回报，而忽视 EID 的传统已经开始被颠覆。前者与后者不再是权衡关系，相反，它们相互依存。如今，软银（SoftBank）、安德森·霍洛维茨（Andreessen Horowitz）等大型风险投资基金，以及凯雷（Carlyle）和黑石集团等精选私募基金向非洲裔和拉丁裔企业家投入了大量资金。与此同时，这些私募基金正在引入新的措施，在它们自己的员工队伍和它们拥有的公司中创造一个多元化和包容性的环境——所有这些都导致公司发生了翻天覆地的变化。让我们仔细看看一些公司正在发生的变化。

随着基金规模的增长，私募股权公司在全球范围内直接和间接雇用了数百万名员工，对主要的经济体产生了重大影响。这些公司不仅扮演着价值创造者的角色，还扮演了社会变革推动者的角色。比如，总部位于美国华盛顿特区的私募股权投资机构凯雷集团努力实施新的招聘政策，该政策要求在每个新职位的候选人中至少有一名候选人是非洲裔、拉丁裔、太平洋岛民或美洲原住民。凯雷集团投资的全部公司雇用了近 90 万名员工，这些公司承诺确保凯雷集团的所投企业董事会中，有 30% 的成员符合性别和种族多元化。[33] 此外，凯雷集团正在将多元化和包容性作为奖励、晋升评估和激励的核心部分。2021年，它开始要求员工设定与多元化和包容性相关的个人目标。正如原 CEO 李攃晟所说："在我们的业务中，一致性就是一切。当 EID 等重要问题成为某人职业发展和薪酬的一部分时，这些问题才能真正得到解决。"[34]

与此同时，另一家全球投资公司黑石集团强调了对包容性和多元化的承诺对自身及其投资组合（包括 200 多家公司）的重要性。该公司在多方面进行了努力，包括从传统非洲裔人学院和大学招聘，以提升其投资组合公司董事会的多元化水平。正如该公司私募股权全球负责人兼公司管理委员会成员乔·巴拉塔（Joe Baratta）所述，它还为服务不足的社区的人提供了就业机会。巴拉塔认为，作为商界的领导者，黑石集团有义务确保拥有不同背景和观点的人在各个层面都有代表，包括在其董事会中。他认为，倡导多元化不仅是正确的做法，还能让他们的公司变得更好。他将自己的信念总结为："投资组合公司的领导者每天都在做重要的决定，我们希望确保他们听取具有不同生活经历和观点的人的意见，从而做出更具包容性和深思熟虑的决策。"[35] 即使像高盛这样的机构投资者，在出售具有上市潜力的公司时，也提升了对退出方面多元化的要求。2020 年 2 月，这家投资银行宣布，任何公司除非拥有至少一名具备多元性的董事会成员，否则不会让其上市。[36]

随着公众对社会正义，以及实现多元化、公平性和包容性的认识的增加，透明化和归属感将对企业的领导方式及其估值变得更加重要。鉴于从事杠杆收购的风险投资和私募股权投资机构在扩大公司规模或退出方面取得的成功，该行业对公司（包括上市和私营）构成的塑造和实践方面产生了深远影响，在未来几十年将会产生连锁反应。

接下来，让我们看看各类透明化的公司是如何自然地塑造更高水平的 EID-B 的。

极端的透明化如何使 EID-B 成为可能

数字时代也是透明化的时代。组织可以获取的技术和数据越来越多,这有助于它们了解工作场所和客户的多元化水平,或企业在多大程度上受到公平性的影响等。这使得组织在面对如何发展的问题上能够做出更明智的选择和决定,从而形成一种良性循环:公司变得越开放和透明,就越负责任,而且对潜在的投资者、潜在的员工和客户就越有吸引力。

数字技术每天都在进步,从社交媒体分析、网页爬虫,到支出分析与可视化,人们能够开放地访问数据、获取信息和想法。财务数据、员工申诉、内部备忘录、环境灾难、产品弱点、国际抗议、丑闻、政策……无论是好消息,还是坏消息,只要知道去哪里找,所有人都可以看到。[37]美国联邦法令要求组织需让不同的利益相关方清楚地看到自己的构成,包括股东、客户、员工、合作伙伴和社会关系。因此,组织正在加紧努力,以透明的方式向公众和主要利益相关方披露有关其 EID 的实践和举措,以及员工队伍构成的信息。它们正在积极采取措施,坚持并增加组织内部信息的公开性和透明度。

以桥水基金创始人瑞·达利欧为例。达利欧制定了一系列原则,为桥水基金塑造了特别有效的透明化和归属感文化。这些原则包括采用极度求真、极度透明的做法,以及给员工提供有使命感的工作、培育有意义的关系。达利欧还把"从错误中学习"变成了一种文化准则。他通过鼓励员工公开批评彼此的想法和行为,包括他自己的想法和行为,在整个组织中传达并树立了这一准则。在 TED 演讲中,达利欧向观众展示了一封他从公司基层员工那里收到的工作邮件，其中描述了达利欧为内部会议做的准备有多么糟糕，以及它对会议中其他人产生的负面影响。达利欧将由此产生的文化描述为"努力通过极度透明，构建有使命感的工作和有使命感的关系"。[38]

赛富时也设定了一个引人注目的目标，即到 2023 年让"代表性不足的群体"占其美国公司员工数量的一半。该公司称该目标进展顺利，目前其美国公司员工队伍的 43% 符合"代表性不足"的标准，包括女性、非洲裔、拉丁裔、土著、多种族、残疾人和退伍军人等。赛富时为改善性别平等所做的努力意义重大：2015 年，CEO 马克·贝尼奥夫承诺要缩小男女员工之间的工资差距，并在次年花费约 300 万美元来应对收入不公的问题。从那时起，该公司已为解决性别和种族工资差异问题花费 1210 万美元。[39]

与此同时，许多科技公司，从苹果到脸书，都将女性员工数量纳入了它们的多元化统计数据之中。这个举措不仅限于科技公司。自 2021 年初以来，贝莱德和先锋集团（Vanguard Group）等投资管理公司一直在追踪其投资的上市公司中性别、民族和种族的多元化。贝莱德正在推动公司董事会的多元化，并发布其公司整体层面的种族构成数据。与此同时，基金公司先锋集团表示，它可能会对在多元化方面进展缓慢的公司的董事会投反对票。[40]

所有这些努力向我们展示了什么？在快节奏的数字时代，如果公司希望在 EID-B 方面实现其理想，那么组织健康将取决于极度的透明化。AI 将在帮助公司实现这些目标方面发挥更大的作用。

AI 如何实现透明化，从而推动 EID

AI、可穿戴设备、协作工具等数字技术的新进展，让人们可以最大限度地共享透明信息，这是前所未有的。反过来，它们也可以对人们的工作方式进行一系列改进——从团队的自发组织网络、资源的动态分配，到实时的知识共享及优化结果的动态工作设计。其他优势包括，由于彻底的坦诚和开放的正反馈循环，员工提高了对组织领导者的信任，公司也提高了快速适应未来发展动向的能力。

如今，新的数字技术也即将改变 EID。以 EID 自身的演变为例，过去它主要关注性别问题，随着时间的推移，它把焦点转移到了种族和民族上。针对职场中存在的歧视性做法与行为，社会正义行动和相关对话迅速展开，这让人们比以往任何时候都更加关注包容性，关注归属感的新趋势也随之出现。近期，AI 因其在减轻偏见，提高在 EID 方面的作用，已然成为焦点。不久之前，AI 又引入了许多新方法来解决以上问题，尤其是在科技领域。[41]

在不久的将来，AI 可能被用来确定公平的薪酬。印孚瑟斯（Infosys）公司正在探索根据员工的绩效和相较其他同事的薪酬水平，使用 AI 来决定何时给他们加薪的技术。该技术将排除偏见和个性特征，从而使薪酬分配更加公平。[42] 看看英特尔、易贝、摩根大通和推特是如何使用 AI 感知组件来分析大量书面数据，以改进 EID 工作的。AI 感知组件可以按性别和种族对公司的数据进行分类，使人力资源专业人员能够以独特的视角，了解某些少数群体在各种热点议题上的待遇，例如晋升、工作保障和招聘实践。试想一下这一工具的所有实际应用场景。现在，一个站出来声称组织存在偏见的人，能用数据来证明自己的说法了。用该工具可以找到阻碍女性员工发展的组织缺陷，并提出积极的组织变革建议，以便赋予女性员工权力、留住她们。AI 感知组件可用于分析绩效评估，例如，当主管反复使用"好"这个词形容员工时，它会被解释为消极而非积极的信号——这表明主管正在委婉地让员工做好接受批评的心理准备。[43]

无论组织选择何种数字技术来提高透明度，为了 EID 的一切进步，都必须从最高领导层开始执行。

从高层开始：
从投资者，到创始人，然后到董事会，再到执行团队

希望提高组织的 EID 水平的企业需要有更多不同的人群代表。他们不应仅存在于员工队伍中，还应存在于最高层中，也就是说，存在于董事会和高管团队中。

种族和性别多元化已成为一个热门话题，尤其是在高管继任方面。股东越来越频繁地向被投企业董事会和高管团队施压，以确保他们拥有全面的、正确的技能、观点和合适的任期来执行其战略。例如，在 2019 年年初，加利福尼亚州要求总部位于该州的所有公司在当年年底之前至少拥有一名女性董事（在某些情况下可能更多）。[44]

遵守政府法规自然重要，提升组织高管团队成员的多元化水平对公司发展而言也绝对是一件好事。高管团队在种族 / 文化多元化水平方面排名前 25% 的公司，有 33% 的可能拥有行业领先的盈利能力。[45] 另一项研究表明，在发达经济体和新兴经济体公司中，多元化水平高于平均水平的领导团队更善于推动创新和财务业绩，例如提高息税前利润率（EBIT margins）。[46] 其他研究表明，拥有多元化高管团队和董事会的公司创造了数倍于其他公司的股东价值。例如，推动多元化的组织的每股收益（EPS）增长率是其他组织的 3.9 倍。[47] 具有二元多元化（种族等先天多元化，以及技能和教育等后天多元化）的上市公司在一年内扩大市场份额的可能性比其他公司要高 45%。[48]

出于以上及其他诸多原因，所有涉及组织围绕 EID 的立场和做法的问题，

迟早会发生。因此，无论公司是否决定在此类问题上采取公开立场，其领导者在某个时候都需要回答和该组织公平性水平有关的问题。[49]归根结底，建立健康的组织——让员工、客户和公司运营所在的社区，都感受到真正的归属感，始于那些对公司设计负有最大责任的人，即处于最高层的人：投资者、创始人、董事会、最高管理层和执行团队。

优先考虑 EID 的实际步骤

可以肯定的是，确定 EID 政策的方向是很困难的，因为交叉性和许多其他因素会影响组织的公平性，而组织的公平性需要以个人和团队层面的归属感和心理安全感为基础。然而，随着时间的推移，一个成熟组织或 AI 优先的组织可以通过采取规范的方法来解决 EID 问题。这一方法始于一条严格的、基于事实和科学的基准线，从公司现有 EID 政策和实践的优劣势基础出发，建立行动计划和领导榜样。

正在飞速发展的公司，可以通过采取以下四个初步行动来关注 EID 的有效性。

- **第一，进行 EID 现状梳理。** 评估哪些做法有效、哪些无效，进行基于证据的 EID 审查，以了解公司看待人或事物的差异，以及与之互动的独特方式。坚实的事实和见解，将使高级管理人员和投资者有信心知道，他们在 EID 问题上的长处和短处。有时，仅仅提出正确的问题就可以让大家倾向于极度的透明化，这种倾向性可能会在几代人身上延续。借助对事实（如指标）和情绪（如心态和外部排名）的全面梳理，能够更容易地协调和实现大范围地、透明化地制订路线图和计划，有针对性地执行 EID 策略。
- **第二，制订行动计划来转变观念，确保包容性、透明化和人才体验公平性。** 制订一个清晰的框架和专题行动计划，其中包含一组透明的具体策

略、指标和投资回报率，重点关注 E、I 和 D 的每个领域，并将这些领域
与领导者和员工（及私募股权投资机构下属的全部被投企业）分享，在
某些情况下，随着公司规模的扩张，甚至可以与董事会分享。基于 EID
理念和价值观的一套通用的运营原则和实践方法，对一个组织来说至关
重要，并决定了组织在这些主题上的成败。通过推行一套通用的运营原
则和实践方法，或在文化转型的情况下采取一系列举措，公司可以统一
其业务和运营方式，应对单兵作战、脆弱的运营方式所带来的挑战。

- **第三，协调领导者以加强相互问责。** 要使董事会和最高管理层的领导者
  保持一致，以确保双方执行承诺，相互问责，并帮助多元化的员工队伍
  集中精力实现一套切实可行的共同目标。这套目标应该在整个组织内共
  享共通。它们有助于各级领导者和员工（包括资产负债表外人才）理解
  培养心理安全感和归属感文化的必要性。这是在数字时代构建公司、保
  证组织健康、赢得竞争的关键途径。组织健康需要整个组织，在 EID 政
  策和实践及心智模式和行为上保持一致；没有这种一致性，无论是 EID
  的软性方面，还是硬性方面，组织都将无法有效地采纳和实施。组织还
  应该在所有其他保证组织健康的基本要素中，定义和追踪 EID 的健康状
  况，同时强化领导者自身的承诺。领导者将直接成为 EID 的模范，并通
  过他们的行动继续加强企业的归属感文化。

- **第四，正确规划 EID 报告及发挥其洞察功能。** 为了了解真相，组织应该
  建立正确的 EID 分析。采用数据驱动的方法来确定需要改进的领域，并
  跟踪改进的进度。使用循证分析方法，例如语音识别软件、视频会议，
  或记录感受和整体情绪的应用程序，对每个公司员工（或一部分关键决
  策者）进行心理评估，识别造成偏见的原因，提供操作性强的建议。相

同的分析可用于跟踪变更或修正的过程。因为成功的 EID 政策和行动是建立在有效的变革管理、沟通战略及战术之上的，所以人们更容易被说服和接受它们。

在每个时代，公司当权者都宣称他们所面临的挑战是历史上最严峻的。在我们的时代也不例外。确实有确凿证据表明，公司从未见过比当下它们所面临的更具挑战性的商业环境：疫情造成的破坏、非洲裔和拉丁裔美国人的抗议和其引起的社会动荡、传统行业边界的瓦解，以及人类独特技能与 AI 的融合，不一而足。

许多公司正在进入一个新的交叉或反传统的商业环境，它们需要灵活的组织文化，以吸引数字时代快速变化的市场中形形色色的人。美国各地的收入不平等现象正在加剧，在某种程度上，全球范围内，高速增长的公司取得成功所需的多元化人才也越来越多地出现在总部或卫星办公室等地点。

公司能否继续吸引多元化的人才，并培养极度透明化和有归属感的文化，在这个数字时代的竞争中以必要的速度执行战略？该问题的答案在很大程度上取决于公司政策和实践的价值、董事会和管理层的领导层构成、激励与绩效（和结果）管理系统、治理方式、清晰的报告及对重要绩效指标的洞察。

可以肯定的是，AI 优先的组织需要许多正确的人一起做正确的事情，才能生存和发展。健全的 EID 政策和实践可以像一条贯穿所有这些正确的事情的主线，使公司能够实现愿景，履行对员工、股东和所在社区的承诺。

因此，关注 EID 问题是塑造组织健康的关键。正如我们将在下一章中看到的那样，它与当今塑造健康的组织所必需的最终条件——关注员工的健康和福祉密切相关。

组织制胜的**检查清单**

---

* 制定一个整体战略，不仅要解决多元化问题，还要解决公平性、包容性、归属感、心理安全和透明化的问题。

* 向公众和主要利益相关方披露关于 EID 实践和举措，以及员工队伍构成的透明信息，并为重要的 EID 绩效指标创建清晰的报告和解读。

* 避免对员工进行简单的二元分类，要接受交叉性原则。

* 利用 AI 等新的数字技术，优化工作场所的 EID；建立更大范围的信息访问权限和内部透明度；用 AI 对私募股权 / 风险投资公司进行投资识别和选择。

* 在高层注入 EID——确保董事会和高管团队多元化，有效地模拟 EID 的实施，并确保投资者不仅在自己的公司内做到多元化，而且能有效地在其投资组合公司中寻找、选择多元化的顶尖人才。

* 制订行动计划，随着业务的扩展和成熟，也要对 EID 进行相应的优化。

* 将 EID 指标和实践融入组织健康的每一个要素。

* 从 EID 审查开始，制定可与所有人共享的、统一的 EID 行动手册，并协调领导者以加强相互问责。

第七章

员工福祉：

拥抱被忽视的组织健康要素

随着领导者努力克服疫情等破坏因素带来的诸多挑战，
员工福祉正成为组织的关键优先事项之一。

企业高管经常忽视员工福祉上的举措，并认为这是人力资源部门的工作。但如今的企业领导者发现，如果员工在基本需求层面都谈不上健康，那么他们是无法适应或响应正在进行的组织变革的，要实施复杂的增长战略就更无从谈起。疫情将员工福祉的重要性置于首要和中心位置，而领先的公司正以前所未有的方式推动这一变化。

谈到员工福祉，我并不是指过去 10 年左右公司对员工"健康"（即身体健康）的关注。显而易见的是，员工福祉不仅包括身体健康，还包括心理、情感、财务、心灵健康和就业能力 / 职业发展。正如视频网站"油管"的首席心理健康顾问杰西卡·迪文托（Jessica DiVento）告诉我的那样："员工福祉是指一个人包括各方面在内的整体生活质量，涉及身体、心理、财务、社交、职业和心灵健康。"我们在拥抱数字时代新常态中发生的各种变化时，很容易忘记个人和社会需求层面上的基本要素。[1]但我们这样做是有风险的。没有什么因素比高度积极和高效的员工队伍更能影响组织在未来几年的健康发展。员工福祉是组织健康七个要素中的最后一个，可以说是所有要素中最容易被忽视的一个。但毫不夸张地说，员工整体的生活质量将成为未来组织成败的决定性因素。

许多商界领袖都已领会到员工福祉的重要性。自 21 世纪初期开始，员工福祉的优先级在组织议程中不断上升。关于员工福祉（以及幸福）的研究接连发表，证明该主题越来越受到关注。在疫情之前，只有 35% 的受访高层管理者或 HR 强烈同意组织有责任帮助自己的员工变得比入职时更好（精神上、身体上、财务上和关系上，并且有更强的目标感和良好的职业前景）。但在疫情期间，有整整 50% 的受访者对此表示同意。[2] 事实上，在疫情之前，员工福祉就成了公司发展最重要的趋势之一。在德勤 2020 年全球人力资本趋势研究中，80% 的受访者认为员工福祉对其组织的成功很重要或非常重要。[3]

疫情的影响进一步提升了员工福祉在组织议程中的重要性。为确保员工的健康和安全，各类公司协助员工进行远程办公，并实施远程和现场混合的工作安排。电信公司顺应需求推出了改善远程工作体验的产品，例如电信运营商 T-Mobile 推出了"随时随地工作"（Work from Anywhere，WFX）活动及其 5G 解决方案套件。[4] 同时，许多员工也表示现在更喜欢在家工作，无论全职还是兼职，因为日程安排更灵活，通勤时间更少，这提升了整体员工福祉。[5]

许多研究清晰地展示了公司强劲的业绩与员工福祉之间的联系，其中也包括身体健康（通常意味着健康、快乐的文化）。奥克兰大学（University of Auckland）和奥克兰理工大学（Auckland University of Technology）的研究人员发现，每周工作四天能让员工更快乐、压力更小、工作效率更高。[6] 微软也发现了类似的迹象，其"工作生活选择挑战赛"（Work Life Choice Challenge）实验表明，当生产力（它是衡量健康的福祉文化的指标）跃升 40% 时，绩效会得到显著提高。每周工作四天、减少经理和员工在开会和回复邮件上花费的时间等举措的协同效应带来了以上的回报。[7] 事实上，谷歌的研究表明，与那些生活与工作界限模糊的人相比，那些严格划分生活与工作的群体更幸福，并最终能从更高的满意度中获益。[8] 杰西卡·迪文托这样总结生产力和员工福祉之间的关系："对一家公司而言，努力改善员工福祉，实际上是一种对创造高效、可持续工作环境的投资。"

对于组织面临的员工福祉问题，没有立竿见影的解决方案。要打造健康、弹性的工作环境需要一个系统的组织健康计划——从瑜伽课和公司的健身房，再到休息室和有营养的午餐、零食等。但最重要的是创造一种有利于个人和组织福祉的文化。这就要求组织将对员工福祉的追求融入日常工作和员工体验中。这样做可以提高企业的生产力和业绩，形成一个良性循环。

反之亦然，公司若忽视员工福祉（这是不关注员工福祉改善的根本原因），员工的成长性就会大大降低。这不仅会使有些公司每年因生产力损失而浪费数十亿美元，还会让公司在"最佳雇主"评选上名落孙山。员工觉得福利不好的最主要后果是什么？是员工职业倦怠（burnout），这一结论已得到充分研究和记录[9]（参见下面的专栏"员工职业倦怠：福利不好的隐藏原因和后果"）。

员工职业倦怠：福利不好的隐藏后果

如今很多组织都面临着信任危机，即便实际上并非如此，组织的运作方式中也潜藏着这一问题。人们对传统组织的效力持怀疑态度，这些组织的设计和运作系统主要是为第二次工业革命而构建的。传统组织在提高员工参与度、减少员工离职率、提供使命感，以及增强员工身心健康方面的能力已经达到极限，这也威胁到了公司的业绩。正如斯坦福大学教授杰弗瑞·普费弗所说，超时工作、工作与家庭冲突以及经济不安全感正在悄悄摧毁员工的身心健康。这最终对组织健康有害。[10]

所有这些都表明员工职业倦怠的比例正在上升。甚至在疫情之前，即 2016 年至 2019 年，调查报告中有关这方面的数字就出现了激增。在疫情期间，尽管在 2020 年员工职业倦怠水平仍然很高，却发生了前所未有的重大转变：完全居家办公的员工比到现场工作的员工的职业倦怠水平要高得多，这可能是因为居家办公让人们难以将工作与生活分开。[11] 问题越来越严重：人力资源服务商克罗诺思和研究机构 Future Workplace 开展的员工敬业度系列调查表明，95% 的人力资源负责人承认职业倦怠正在导致员工流失。此外，46% 的人力资源主管认为，职业倦怠可以导致高达一半（准确来说，20% ~ 50%）的年度员工离职率。[12]

是什么导致了职业倦怠？一项针对 7 500 名全职员工的盖洛普（Gallup）调查发现了与之相关的五个具体的组织问题：

* 工作中的不公平待遇
* 难以承担的工作负荷
* 角色不明确
* 缺乏与管理者的沟通和来自他们支持
* 不合理的时间压力 [13]

职业倦怠也表现为压力下的身体反应。长期的倦怠可能导致新的或已有的慢性病恶化，这还会增加公司的医保成本，造成劳动力损失。在快速发展的行业工作，或在高速增长的公司就职，员工特别容易出现职业倦怠。令人毫不意外的是，在这种情况下，领导者往往会觉得当下要不惜一切代价专注于产品开发，回头再应对员工职业倦怠或福利缺失导致的问题。

在任何团队环境中，解决和预防职业倦怠都将取决于以下因素：员工自我照顾的程度，以及他们感受到归属感、影响力和认可感的程度。幸运的是，这些都是企业领导者和所有利益相关方可以在组织内部提升的。当将员工福祉融入运营模式设计时，员工个人可以更轻松、更自然地在日常工作中享受其带来的好处。

不过，通过了解阻碍员工福祉落实的因素，企业领导者、投资者、董事会和人力资源专业人员可以取得更好的收益，例如更高的生产力、保留人才和维持员工健康。他们可以通过采取本章介绍的三项主要行动来清除这些障碍、避免其潜在危害，让员工有更好的福利体验。首先，他们要更好地理解员工福祉的含义及其重要性。其次，他们要评估员工职业倦怠的直接成本和员工福祉带来的好处，让不可见的东西变得可见。最后，他们要采取措施重构组织的"心理契约"（联系员工与组织的底层心理纽带）。

员工福祉的含义及其重要性

员工福祉对不同的人有不同的含义，但正如之前提到的，它与健康不尽相同。它不是人力资源部门的额外工作，不是办公室健身房，也不是休息室水果篮里的免费水果，甚至不是良好的医疗保险套餐，尽管以上这些都很重要，而且肯定都能改善员工福祉的某些方面。但更重要的是，员工福祉涉及员工的心灵、心理、社交、财务和身体方面的需求。正如我们所看到的，如今这些需求本身也在不断演变。数字技术的变化及员工与雇主之间的心理契约（我们将在本章后面探讨）都在驱使个人和组织对员工福祉另眼相待。

因此，为了在竞争中脱颖而出，组织的任务是投资员工福祉并将其置于公司价值观的核心位置。组织系统的每个元素——文化、架构和工作方式等，都必须明确强化员工福祉方面的实践，这样才能提高生产力、改善业绩。如果领导者对此逻辑没有异议，那么他们就不能再简单地寄希望于人力资源部门的健康项目能带来更多的好结果。他们需要用一种新的方式取而代之。为了能最大程度改善员工福祉，他们需要实施广泛的组织变革，将员工福祉作为贯穿其他组织板块的主线。

那么，在实际操作中，将员工福祉融入企业的日常工作意味着什么？这意味着确保你的员工在个人健康的各个方面都能感受到支持的力量。

- **心理健康。**公司可以通过多种方式来凸显心理健康的优先级——从聘请内部顾问，到提供涵盖咨询和治疗的健康福利套餐。然而，最重要的也许是，你要鼓励你的员工划清工作和家庭生活的界限，这对情绪及心理健康等各方面都有好处。最高管理层可以在这方面以身作则。例如，他们可以举行沟通会，听取员工真实的观点、了解他们的实际情况。他们还可以持续举办倡导健康工作方式的活动来改变一些固有的偏见。当然，如果员工没有意识到，那么再伟大的计划也会被搁置，更不用说持续推进了。即使员工知道有这些心理健康项目，如果心存芥蒂，也不会使用。

- **心灵健康。**同样，高层领导者需要传达平衡工作和家庭生活的重要性，帮助员工找到生命的意义和目标，这些沟通自然会支持个人的心灵健康。波音（Boeing）和可口可乐等公司则做得更多，他们会为员工创造空间，让他们能够寻求心灵平静。[14]

- **身体健康。**当组织文化和领导实践中明确了工作与娱乐、家庭的界限时，员工可以更轻松地享受这一福利。此外，许多公司［如金普顿酒店（Kimpton Hotels）、耐克（Nike）和安德玛（Under Armour），不一而足］为员工提供设施齐全的健身房，使他们锻炼身体更加方便。

- **财务健康。**员工的个人财务问题会使本已艰难的工作雪上加霜。太阳信托银行（SunTrust Bank）就启动了一个在线计划，旨在改善员工的财务状况。它使用视频、教学模块和其他学习活动来增强员工对个人理财的信心。

以安泰保险（Aetna）为例，在推动公司进行变革时，公司前董事长、CEO兼总裁马克·贝托里尼（Mark Bertolini）深受其个人身心健康波动历程的影响。他遭遇了一场严重的滑雪事故，与后遗症进行着艰难的斗争，还要面对儿子身患癌症这一诊断结果。[15]他深信自己的员工都致力于组织的健康发展，他希望投我以桃，报之以李。因此，贝托里尼将员工福祉设置为安泰的一项紧急任务，同时他还积极提倡关注个人和组织福祉的文化。

最后，通过安泰的变革计划，贝托里尼拓展了员工福祉的范畴，让员工也能参与到理财能力这类话题的研讨会中。正如贝托里尼指出的那样，"你的财务状况会影响你每天所要承受的压力，并对你的健康产生影响。"[16]

可以肯定的是，贝托里尼的逻辑——将个人理财能力的成熟度等同于个人健康，指出了每个领导者都应该关注员工福祉的一个关键原因：它会影响员工绩效，进而影响公司的利润和竞争力。多项研究证实了这一点，其中包括员工健康公益组织 HERO（Employee Health Management Best Practices Scorecard）与全球人力资源咨询公司美世（Mercer）合作开展的研究。结合它们以及其他人的研究，研究者得出结论，全面的福祉战略和文化会对财务表现产生积极影响，"对员工健康和福祉的大力投资似乎是高绩效、管理良好的公司都会做的事情。积极的财务表现又会反过来继续强化这种投资的必要性，进一步培养嵌入组织精神的福祉战略和文化。"[17]

盖洛普也发现了良好的员工福祉会对财务表现产生积极影响：与心力交瘁的员工的健康成本相比，充满干劲的员工的健康成本低 41%。他们还发现，后者比前者的离职成本低 35%。[18] 此外，越来越多的证据表明，拥有员工福祉文化的组织比那些不重视这方面的组织更能适应变化并表现得更好。相比后者，在前者的组织中，员工更快乐，平均生产力高 31%，平均销售额高37%。[19]

此外，良好的员工福祉可以提升员工敬业度，帮助个人成长和提升敏捷性，而较差的员工福祉会阻碍这些目标的实现。员工福祉不仅仅是"有点重要"或"值得关注的好事"。正如一家高速成长的公司的首席人力资源官

（CHRO）与我分享的那样，"我们不能过分专注于业务。制订了员工福祉计划的公司生产效率更高，比没有该类计划的公司表现更好。员工福祉是美国企业必须关心和把握住的下一个重大机遇。"

所有这一切都表明，商业领袖应该像对待 EID 问题一样对待员工福祉，投入同等精力和资源设计并实施员工福祉。但这并不容易做到。例如，当今大多数对员工福祉的安排本质上是在组织层面的，敬业度和生产力的提升通常基于个人的责任感，且常见的健康计划往往关注的是个人的偏好和经验，忽视了员工在组织环境背景下身心健康的重要性。

这类健康计划的做法往往会忽视组织健康方面必要的系统性变革，而只有后者才能创造一个满足员工福祉的环境；在组织内部必须把创造这种环境放在首位，只有这样，员工才会感到有动力在个人层面上采取行动。例如，IBM 提供了在线教育资源（如韧性训练、正念社区）和保密支持计划（如虚拟或电话咨询），帮助其员工应对远程工作压力。IBM 和其他几家公司所做的努力是很好的例子，展示了雇主该怎么做才能有效地改善员工心理健康。[20] 这些项目成功的关键在于人们的参与。换句话说，关键在于人们如何了解这些项目，分配多少时间来参与，如何识别和解决个中障碍，以及如何评估其收益和影响的整体效果。

使不可见的变得可见

在确定了公司应该将投资重点放在员工福祉上之后，领导者就要开始采取相应措施来塑造相应的企业文化。

例如，马克·贝托里尼在评估安泰的情况时，发现组织问题中突出的一点——与许多其他公司一样，"医疗费用是最大的财务问题之一"。这让贝托里尼确信，创新的健康计划"不仅仅是'可有可无的'，它们对组织的成功至关重要"。是的，他想帮助员工提高身体健康水平，但他也想通过降低医疗保健成本、提高生产力和做出更好的组织决策来改善组织利润水平。[21]

要充分了解组织当前的状态，包括实施员工福祉的障碍，意味着要挖掘阻碍或促进员工福祉实施的关键因素。换句话说，领导者不仅要评估个人的想法和行为方式，还要挖掘原因。独立客观的组织分析可以帮助领导者确定组织的哪些地方存在严重问题，这些问题或将影响员工福祉，并最终阻碍组织战略上关键事项的落地。如果没有此类证据和基准数据，公司将很难找到根本原因，甚至有可能误入歧途。这就是为什么数据是有效规划和实施员工福祉计划的重要组成部分。

例如，一家高速增长的科技公司会定期衡量员工的福祉得分。公司领导者注意到这些分数下降后，很快就找到了其与休假员工人数的相关性，而休假员工人数也确实有所下降。这些有价值的信息表明，员工的假期不够、休息不充分，也会导致员工抑郁、焦虑，让职业倦怠的风险升高。

为了主动应对诸如假期不够、休息不充分的问题，领导者应该投资人力资本分析，例如在线抓取员工日程安排，以确定员工如何以及在哪里花费时间。

同样，可穿戴设备蕴含的生物识别技术也可以成为各级领导者收集员工福祉数据的新工具，并对与之相关的组织因素进行严格分析。随着新型数字技术的应用，组织可以跟踪现场和远程办公人员的生产力和福祉数据，领导者可以创建一种更全面、更可靠的方式，了解造成跨组织、跨层次问题的根本原因。数字技术的进步使我们能够不再局限于少数人的观点，尤其是高层管理团队的观点。

虽然这种方法可以为员工和组织带来巨大好处，但领导者应该注意要以负责任的方式收集数据。没有人愿意在工作场所受到监视。员工应当自愿选择是否使用数字平台来跟踪、管理和衡量他们的福祉数据，这可以通过将应用程序（如用于改善工作场所肥胖的减肥计划）集成到日常工作中来实现。[22] 为了保护隐私，个人数据只能提供给员工自己，汇总的匿名数据才能提供给经理和领导者。此类数据与移动设备、AI 等技术相结合，可以帮助改善员工福祉。更重要的是，基于个人的数据，AI 甚至可以充当私人教练，为每个人提出改善福祉的建议（请参阅表 7-1 "数字技术进步和 AI 如何释放员工福祉"）。

表 7-1　数字技术进步和 AI 如何释放员工福祉

福祉维度	数字技术进步和 AI 如何提供帮助
身体健康	乐活手环或苹果手表等各种可穿戴设备能监测员工在工作场所的身体健康和安全状况，总结规律并使用 AI 提出改进方法的建议。企业或个人应用程序也可以用于监测身体健康
情绪和心理健康	情感计算可以深入了解员工的情绪反应和模式，并就如何在个人或团队层面进行改进提出建议。此类程序包括基于 AI 的情绪检测功能，在设备上或通过云服务（如语音模式软件）实时识别员工或客户情绪的变化。使用 AI 指导人们行为的数字应用程序还可以提升员工韧性、心理健康水平等

福祉维度	数字技术进步和 AI 如何提供帮助
关系福利	从选择接受监测的员工那里收集的数据（如通过电子邮件、社交网站、嵌入式传感器收集）可以揭示交互中的关系模式。这使得 AI 可以向员工、经理和领导者提出改善互动方式的建议
财务状况	AI 和认知计算（如财务健康平台）现在具有成本效益和可扩展性，可以为员工提供完全定制的财务计划和个性化建议，这些计划会随着时间的推移变得更加智能和完善
就业福利	AI 增强型工作匹配平台可以分析来自多个招聘网站的在线劳动力市场信息，预测即将到来的工作和技能需求。然后，这些平台会建议员工可以发展哪些技能，使他们随着组织的发展变得更具有市场竞争力和就业能力；平台还能将他们与新机会（如项目、培训）相匹配，帮助他们发展相应的技能

此外，随着领导者基于整个员工队伍中的匿名和聚合数据来采取行动，他将开始了解员工行为及其随时间变化的方式，同时加强和优化健康的领导力和组织行为。通过采用这种客观和可量化的方法，领导者不再仅仅依靠主观分析，而是发现可以长期跟踪的关键指标。但这里的关键是确保负责任地使用数据来支持员工福祉，因此必须建立适当的法律保障措施，防止领导者恶意使用这些数据。

了解组织成本和收益

领导者还应考虑建立和维护与这些关键指标相关的规范和基准成本数据库，以便与行业实践和标准进行比较。梅奥诊所（Mayo Clinic）的研究人员开发了一个福利指数，用于从多个维度衡量医生、护士、医学生和其他医护人员的福祉。[23]

然而，大多数组织没有现成的、量化的成本，也不知道自己可能面临的福祉问题有多严重。很可能任何一家公司都在经历员工工作退缩（job withdrawal）及相关的生产力损失、员工对工作或组织的参与度降低、员工工作满意度下降、员工与他人产生冲突或干扰到同事工作。简单说来，国际疾病分类（ICD）将以下几种情况归类为职业倦怠[24]：疲劳／疲惫、对工作的愤世嫉俗／悲观情绪及工作效率降低。总之，对组织来说，失去富有成效的、全身心投入工作的员工的代价是高昂的。

仅在美国，每年在职业倦怠员工的心理和身体问题（有时是慢性的）的医疗保健上的支出就达到1250亿～1900亿美元。[25]但这只是职业倦怠最直接的影响，还有间接的影响。职业倦怠会影响员工的财务健康或关系健康（员工感到有联系和归属感的程度）：职业倦怠的员工积极寻找另一份工作的可能性是普通员工的2.6倍，请病假的可能性比普通员工高63%，去急诊室的可能性比普通员工高23%。[26]

美国心理学会估计，工作压力导致的效率降低会使所有公司每年共损失5.5亿个工作日。宝马试图通过更加关注生活方式和预防性保健来解决这一问题。宝马南非整车质量管理负责人迈克尔·祖尔（Michael Zuerl）表示："我们最宝贵的资产是我们的员工，是时候开始维护我们最宝贵的资产了。"为了将自己的信念付诸行动，祖尔和其他领导者要求员工试验一种基于心率变异性（heart rate variability）的分析工具，该工具揭示了生活方式与绩效之间的联系。这使宝马开始将新习惯和分析融入其文化。宝马在改善员工福祉方面的投资不仅对个人产生了积极影响，对团队和整个组织也产生了积极影响。[27]

虽然这个例子很值得关注，但它并没有揭示员工福祉对组织健康的真正影响。这是因为宝马采取的干预措施主要针对员工个人，而没有站在生态系统的角度，通过生态系统让员工采纳新行为并坚持下去。根据美国心理学会的数据，没有员工福祉系统的公司员工的离职率更高，生产率更低，医疗保健成本也更高。[28]

重构心理契约，使员工福祉成为组织的优先事项

当涉及组织的员工福祉时，领导者和其他利益相关方不能忽视心理契约，即员工和雇主默认的关于工作关系的共识。

从历史上看，心理契约基于一种简单的共识：作为员工尽忠职守的回报，组织将提供工作和财务上安全且稳定的保障，并在员工实现绩效目标时保证员工的职业发展。例如，Z 世代并不仅是简单地看重薪酬，更看重财务健康等方面的福祉，并将其视为雇主的责任。[29] 因此，组织需要利用员工福祉来吸引顶尖人才。但如今，由于商业环境波谲云诡，员工优先事项变化无常，该共识早已荡然无存。员工现在对组织的期望要高得多。具体来说，他们现在会追求工作与家庭生活之间的平衡，以及围绕身心健康的福祉（从配套的健身设施、按摩课程到冥想课程等）。最重要的是，如今的员工希望雇主帮助他们在需求不断变化的职场中跟上时代、保持韧性，找到工作的使命，并将员工福祉与工作相结合。如果雇主不这样做，可能会导致人才流失并影响企业的整体业绩。

在数字化环境下，随着员工的期望越来越高，公司领导者需要投资于更好的人力资源体验，更频繁地协调雇主与员工之间的交流。回想一下，自疫情以来，题为"做……是可以的"的健康宣言在谷歌、许多其他企业和政府机构中广为流传。这种对工作中"可以做什么"的宣言包括："寻求帮助""下班后不查看电子邮件"及"把家庭放在工作之前"。[30]

回到安泰的例子，贝托里尼从根本上接受了重构公司与员工心理契约的想法。对贝托里尼而言，这意味着在安泰推动一些基于正念的计划，比如瑜伽，

并鼓励员工养成更好的睡眠习惯。他采用了奖励制度，使员工可以通过使用乐活手环等方式记录睡眠时间。公司向记录了足量健康睡眠时间的安泰员工支付每年高达 500 美元的奖励。

最终，通过将员工福祉定为公司管理上的优先事项，将其融入安泰公司的战略和员工的日常工作，并重新定义个人和组织对员工福祉的责任，贝托里尼看到了自己的投资所产生的影响。[31] 这些举措不仅减轻了公司的压力，还将生产力每月提升了 69 分钟，创造了更大的利润，因为他们让员工"专注当下"（即不会因被忽视的健康问题而分心）并做出更好的决策。

这一切都表明，对现代企业来说，将员工福祉与公司的组织功能相结合，不仅是必要的，而且是必需的。可以肯定的是，向新的心理契约、向个人和组织福祉长期投资的转变已经发生。越来越多的组织正在从仅服务于股东的需求转变为满足所有利益相关方的需求，包括他们的员工、客户、所在社区和整个社会，领导者称之为"自觉资本主义"（conscious capitalism）、"社会企业"（social enterprise）、"负责任的商业行为"（responsible business），或者最常见的"利益相关者资本主义"（stakeholder capitalism）。

鉴于组织对员工福祉的关注越来越多、推动员工福祉建设的压力越来越大，它们可以采用一些原则来全面地指导工作，包括日常管理实践、工作时间调整、管理层行为调整、数据洞察，以及对工作本身的设计。以下是领导者在为组织制定新的心理契约时可以考虑的五项原则。

- **制定缓解压力和培养韧性的管理实践。**这意味着要在工作场所营造心理安全感，提供健全的福祉计划，并且通常还要致力于改善公司员工所居住的社区环境。[32]

- **考虑一周四天或更少的工作日。** 组织心理学家、沃顿商学院教授亚当·格兰特（Adam Grant）表示，疫情可能会缩短工作日。[33] 公司可能会考虑让员工每天工作时间延长一些，比如 10 小时，而将每周工作日减少为四天。[34]

- **支持员工保持健康，实现工作与生活平衡。** 这是组织文化的议题。塑造和支持平衡的最佳方式是让最高管理层在变革上言行一致，以此改善员工的健康水平、划清工作与生活的界限。[35] 放慢工作节奏和降低总体需求将对此有所帮助。然而，领导者有责任确定正确的基调和平衡标准，因为他们的员工有时难免要在繁忙时段加班。一定要让员工在繁忙时段放松一下，避免出现机能障碍。

- **衡量福利及其对业绩的影响。** 鼓励管理人员以新的方式评估绩效。大多数组织还没有开始衡量员工福祉对组织业绩的影响。即便它们这样做了，往往也只衡量了员工福祉对员工体验的影响。[36] 衡量其对组织业绩的影响有一个关键的作用：减少缺勤和提高员工留存率。

- **重新设计工作，让员工更好地控制他们的工作地点和方式。** 在工作设计时融入更多的灵活性，这样很快就能见到成效：员工的身心健康，以及管理个人生活和工作的能力都会得到改善。同时，公司本身也会受益于更高的工作满意度和更低的离职率。[37]

可量化的激励原则可以激励管理层和员工更好地思考和表现，同时也可以鼓励他们对有助于或阻碍福祉实施的条件进行管理。在一个健康的组织中，这些原则形成了一个相互支持的良性循环。

在如今这个变革的时代，为未来的工作创造一种新的心理契约，一种优化员工福祉的心理契约，是个人和组织福祉的核心。这需要制定策略和计划，释放人们的潜力，让人们得到成长，把人当作人而不仅仅是工作者来对待，并围绕人设计工作结构，包括工作和组织本身、技术、体验等，以此加强人的因素。一旦领导者更好地了解了如何追踪那些影响员工福祉的因素，他们就需要确认能改善结果的关键指标，例如员工生产力提升、公司盈利能力加强、客户满意度和员工留存率提高。[38]

组织制胜的**检查清单**

---

* 评估与员工福祉相关的成本和收益，并持续衡量员工福祉，以此揭示阻碍和促进员工
  福祉实施的根本原因和驱动因素。

* 明确定义心理契约，或个人和组织对员工福祉的责任范围。

* 将员工福祉融入运营模式设计，在日常工作中提高员工福祉水平。

* 致力于将改善员工福祉工作的各个方面作为管理层和决策层的优先事项。

* 使用新的数字技术来释放员工福祉，但一定要以负责任的方式实施，保护员工隐私并
  使员工受益。

GROW INTO

发展
组织制胜

A BETTER ORGANIZATION

——利用数字技术释放企业潜力，适应市场动荡，实现业务增长

第八章

加大数据资源投入，以数据引领团队：

利用前沿数字技术持续检查组织健康

多数业务战略不落地是因为领导者忽视了衡量和监测组织的健康状况。

本书的第二部分探讨了公司如何充分发挥数据的潜力，

投入更多资源确保企业价值增长。

这一切都始于持续地监测组织健康。

我们中的大多数人都亲身体验过，佩戴移动健康监测设备几乎可以立刻改变佩戴者的行为。我们都有这样一个朋友，在佩戴这类设备后会痴迷于"达成步数目标"。因此，我们可以认为，获得有关自己健康状况的特定数据会提高我们的健康意识，进而影响我们的选择，最终提升我们的生活质量和延长我们的寿命。

我们很少听说企业使用前沿的数据分析来诊断和管理组织的健康状况。到目前为止，很少有公司收集此类数据，并通过挖掘这种尚未开发的资源改变组织。从投资者的角度来看，未能获取和利用这样的数据就等于错过了眼前的机会，使高管的决策不得不依赖于直觉和猜测，而非事实。

具体而言，组织需要一组与其员工和日常业务相关的可靠数据，这样就能衡量在本书第一部分中所讨论的健康组织的七个要素（战略方向、文化、领导力、人才、组织设计、EID 以及员工福祉）。

考虑以下场景。你有一到两个潜在的投资标的，同时，你的量化工程师和专家团队正在搭建高级的财务模型和分析数据。你要谨慎行事，以免将此事泄露给标的公司的创始人或管理团队。因此，你聘请了专家，或一个组织尽职调查团队，专门用于识别和监测与组织健康相关的机会和风险，例如高管的决策实践或一段时间内员工的流失情况，以此评估员工忠诚度及由此延伸出来的管理能力。使用监测数据可以帮助你了解哪些业务领域或项目是应该优先考虑的，或者哪些是次要的，从而做出投资决策。

就像移动健康监测设备一样，你从组织健康检查中获得的洞见（如你的专家团队或量化工程师提供的数据）将为你提供量化的参考标准，以及实施组织再设计和变革的基础。这些洞见的形式多种多样。在最高的层面上，人力资本分析团队会提取与员工有关的数据，例如围绕员工对某些事件或策略的看法进行情感分析、对人才储备的规模和人才技能进行人口统计学分析，以及员工在办公室和远程工作的出勤情况。然后，团队会对结果进行初步分析，并开展与人力资源业务伙伴和其他团队的合作。例如，如果数据显示人才是一个问题，负责人才管理的人将被邀请一起参与结果分析并制定可行的解决方案。

在另一端，即最基本的层面，组织领导者会看到一个智能仪表盘，上面显示着一系列关键的公共数据。这些数据比直接从组织内部收集的数据要少一些，但仍有助于追踪组织文化的变化规律和总体趋势。作为补充，一个组织专家（很可能是具备心理学或行为科学背景，以及具备并购、人才管理、战略和组织咨询经验的人）将与领导者和员工面谈，做出定性的分析。

使用可靠的人员和组织数据凸显了以证据为基础的管理的重要性，无论是在领导者对关键决策进行辩论、达成共识、保持一致阶段，还是在企业转型或重组刚开始的阶段，只要拥有这样的数据和证据，领导者就可以拥有更强大的组织诊断和分析能力。这些能力使他们能够围绕 CEO 和管理团队共同的目标和关键结果，客观地对价值创造的举措进行排序，预测和衡量风险，以及实施未来的变革。此外，在数字经济中，CEO 和其他组织的领导者、交易人员、CPO 可以利用包括 AI 在内的新技术提升决策效果，进而提高公司的组织健康水平。

在本章中，我们将探讨组织健康与绩效之间的联系。我们将详细研究衡量组织健康所需的各个要素的指标，探索新的衡量方法及如何使用它们。此外，我们还将关注私募股权投资机构在衡量组织健康方面的领先做法，为其他类型的组织提供可以效仿的模型。

让我们首先来看一下，如今许多公司在评估组织效力时哪里做得不够好，以及组织应该采取的两项必要行动。

如今要采取的两项必要行动

我观察到许多公司对组织健康状况的深入分析非常不全面，尽管其至关重要。它们只对七个要素中的少数几个进行了系统的评估。公司评估通常涉及人才盘点，衡量员工在其工作方面的表现和潜力。然而，这类评估往往基于主观判断而非事实，导致评估无效且不公平。57% 的领导者认为大多数组织的绩效评估效果不佳；46% 的员工也认为对他们的评估没有客观数据支持。[1] 然而，大多数员工希望获得客观评估：82% 的员工表示，使用新技术收集可靠的、事实性的数据将有助于提高薪酬、晋升和绩效评估决策的公平性。[2]

谷歌是日常使用程序分析员工和组织数据的先锋之一。数据为组织健康的七个要素提供了强大的洞察力。这使得企业能够创建有针对性的员工策略。类似地，曾与我在一家快速增长的科技公司共事的一位高级人力资源管理者建议将组织健康检查从"可选项"改为"强制项"。因为这位管理者认识到保持季度业务审查（包括组织健康检查）节奏的重要价值，它能让高层管理团队在专注于战略执行的同时，正确激励员工、保持团队步调一致，最终推动业务发展。

这一切都意味着组织在当下需要采取两项至关重要的行动。第一，建立一个企业级的组织健康框架，包括一套共享的、一致的、全面的原则、实践方法和工具，以及相应的度量指标，供全公司使用。该框架要能定义公司在哪些方面做得好，在哪些方面做得不太好。建立一个框架类似于决定你的移动健康监测设备将衡量什么指标（心率还是消耗卡路里），以及相应的健康得分。在我合作过或观察过的公司中，大约有一半已经开始构建企业级的组织健康框架。它们将其用于业务运营或关键的转折点，例如并购、转型或高管交接时。

第二，组织需要在人才数据分析和新兴技术方面进行投资，如 AI 等，以此评估和改善整个组织的健康状况。如今的公司所面对的数据量之大是前所未有的，而 AI 分析等新兴技术将有助于快速地、规模化地挖掘这些数据。这些工具和技术可以快速地提取关键信息，从而大大提高组织健康的相关决策的准确性。数据分析人员可以是领导团队和组织问题专家的组合，他们可以在各个方面做出更明智的决策，从高管继任和员工晋升，再到 EID 倡议，乃至企业转型。

简而言之，通过采用数字进行技术分析，投资者和高层管理团队能从大数据中找到规律、形成洞见，从而就其组织健康状况或特定的收购做出更好的、基于证据的决策。

数据、绩效和组织健康

基于数据的研究揭示了组织健康和公司绩效之间的显著联系。麦肯锡的一项研究显示，那些不注重组织健康的企业原本可以向股东提供比同行高 3 倍的总回报。[3] 其他研究人员还发现，具有适应性文化（组织健康的一个要素）的组织比那些具有更严格文化的组织表现得更好。在适应性文化中，管理者关注所有相关方（特别是客户），能够承担适当的风险，且能在必要时发起变革。[4] 另外，杜克大学和哥伦比亚大学的研究人员发现，超过一半的高管认为企业文化是公司价值创造的前三大驱动因素之一。尽管 92% 的高管认为，如果企业文化得到改善，他们公司的价值将会增加，但只有 16% 的高管认为他们的企业文化达到了应有的水平。[5] 麻省理工学院的长期大规模研究也证实了这一点，它表明敏捷企业的收入增长速度比非敏捷企业快 37%，利润比非敏捷企业高 30%。[6] 同样，另一项研究表明，敏捷企业实现持续高于平均水平盈利的可能性是非敏捷企业的 7 倍。[7]

在这个以 AI 为先的快速变革的时代，敏捷性对企业来说比以往任何时候都重要。企业管理者和投资人都需要保证他们正在管理和投资的组织及其文化是敏捷的，这样才能迅速适应新的市场环境、解锁新的业务价值。然而，在当今的时代背景下，解锁该价值的关键不仅仅在于财务回报。相反，在日常运营和投资管理中，领导者需要对组织健康和财务回报一视同仁。简而言之，要实现对公司的投资回报就需要尽可能有效地管理组织健康的基本要素，跟踪其影响，并分析各个要素对整个企业的影响（请参阅下面的专栏"HealthCo 案例：

如何通过组织健康检查开启复苏计划"）。

HealthCo 案例：如何通过组织健康检查开启复苏计划

"我们完全没有为未来做好准备"，这是一个残酷的结论，但这正是 HealthCo 公司的许多领导者和董事会成员所担心的。这也是他们的投资者对这家在软件行业中快速增长的公司的看法。此外，公司的 CPO 刚刚向会议小组展示的组织健康评估结果也证实了这一点。

事实上，与其所属投资公司旗下的其他被投同行相比，数据暴露出 HealthCo 公司存在的重大缺陷。公司收集的数据来自多个可靠的第三方，突显了该公司在 EID 方面遭遇的困境，以及闭塞的企业文化。CPO 和她的分析团队组织了一场讨论，内容不再是单独讨论组织中的某个元素。相反，数据显示，该组织的所有组织健康要素相互作用，彼此影响。

对公司的高层管理人员和投资者来说，在未来的道路上，公司势必要直面巨大的变革，为此他们将努力设想该如何重构组织以适应未来。挖掘数据后，他们很快发现一个更严重、更棘手的问题：公司管理层对规模化的追求是否最终损害了公司的组织健康？这种单一的目标是否实际上加剧了其营收下降和组织功能失调的问题？

可以肯定的是，这家公司经历了快速增长，特别是在成熟度和规模上。高管的关注点可能过于单一，导致一些问题被忽视了。具体而言，对盈利增长的追求揭示了其在企业文化上存在的缺陷（即过度强调竞争而非合作），以及在运营模式上决策缓慢的问题。

幸运的是，全面的组织健康数据让管理团队清晰地看到了组织的真实面貌。有了证明隐患存在的具体证据，高管和投资者得以开始剖析这些具体问题。面对现实后，团队看到了一些希望。他们现在能够确定 HealthCo 需要进行变革的方面，其中就包括短视的招聘和晋升政策，它们直接导致了不公平、闭塞的企业文化。然而，这只是变革过程中的诸多关键问题之一，这个问题在公司追求快速增长的单一目标时被忽视了。最终，投资团队和管理团队成功地进行了必要的重大变革，提高了公司的效率，并带领公司走向未来。

要解锁组织健康检查的潜在价值，公司必须考虑两个关键因素：（1）衡量对象，包括构建自己独特的分析框架，涵盖最重要的业务领域；（2）衡量方法，这需要使用数字化的技术手段。

衡量对象：捕捉组织健康的关键要素

许多公司都可以从建立完整的组织健康检查流程中获益。这是一个对组织及其全体员工在所有要素上进行系统检查的过程，一些公司称之为"人力资本或组织分析"。它可以帮助企业基于事实做出决策，制定明确的战略方向，选择和培养领导者来塑造企业文化、设计组织、吸引和雇用合适的多元化人才，同时释放他们的潜力，并最终执行公司的战略。

全面的组织健康检查不仅可以帮助商业领袖更好地确定投资和选择优先事项，而且对私募股权投资机构有极大帮助。如今，这些公司越来越发现，变革和战略执行所需的领导能力（如战略思维、复杂问题解决或从经验中学习）都将涉及 AI 的应用。正如海德思哲咨询（Heidrick Consulting）纽约办事处的负责人兼私募股权业务成员艾米莉·阿姆杜勒（Emily Amdurer）与我分享的那样："一些私募股权投资机构正在将 AI 和高级分析应用于它们的人才评估实践。这使投资者能够更快地了解被投企业领导者的敏捷能力和应对不确定性的能力，并在预测其投资组合中哪些公司的领导者在不同情况下能发挥领导作用的过程中扮演着非常重要的角色。它们将要面对各种情形，包括引领增长、进入新市场、整合收购及在全新架构（如公司拆分等）下带领团队等。与传统的面试实践相比，这些应用 AI 的方法不那么突兀且更省时，其分析结果会为投资者提供有关关键人才和发展决策的信息。"正如一家头部的中型私募股权基金的人力资本运营合伙人与我分享的那样，"使用数字技术（如社交媒体监听工具）有巨大的价值。私募股权投资机构是数据爱好者，它们用数据衡量一切。因此，如果真有一个能够促进人力资本度量、数据化和分析发展的环境，那一定是私募股权行业"。换句话说，随着私募机构对组织事务关注度的不断增加，高级数据分析的作用将越来越显著。

此外，基于不同行业的交易量，定期进行组织健康检查能让组织利用先进的分析技术，改善组织尽职调查和绩效措施，并将组织要素、价值创造计划和整体战略紧密结合。要做到这一点，管理者必须首先确定他们想要评估的内容（请参阅表 8-1"衡量对象"，其中列举了公司可以获取的指标类型和潜在信息来源）。

表 8-1　衡量对象

组织健康要素	衡量内容	传统数据来源	由 AI 挖掘的新兴数字化来源
交易前：探索发现和尽职调查。在这个阶段，重点主要放在公共数据来源上，重点关注创始人 / 管理团队、企业文化和人才方面的尽职调查			
创始人 / 管理团队	• 创始团队的背景 • 团队的完整性 • 公司团队与主要竞争对手团队的比较 • 公司愿景	• 口碑 • 个人社交网络 • 创始人面谈 • 心理测评（仅限尽职调查阶段）	• 在线档案（如领英），包括创始人曾经工作的公司、就读的学校、认识的人，创始人是否有成功的创业经历，团队中有多少拥有博士学位的人员等 • 社交媒体上的客户和员工评论 • 专利注册信息 • 学术出版物 • 开源项目 • 公司网页 • 博客和文章 • 书面或口头沟通（如会议纪要、演讲或媒体采访） • 视频面试分析（如 HireVue、Retorio，仅限尽职调查阶段）
文化	• 员工敬业度 • 敏捷性 • 执行力 • 创新性 • 业绩 • 客户关注度 • 包容性 • 信任和尊重 • 员工对公司使命的承诺及对愿景 / 战略的认同	• 员工敬业度和其他员工调查（仅限尽职调查阶段，组织提供信息的情况下） • 面试和口碑	• 社交媒体（如 Glassdoor） • 关于公司价值观的公开数据

组织健康要素	衡量内容	传统数据来源	由AI挖掘的新兴数字化来源
人才	• 招聘能力 • 吸引和留住顶级人才 • 与竞争对手相比的人才素质 • 技能和技能缺口	• 审查吸引和留住人才的数据（仅限尽职调查阶段）	• 招聘职位信息 • 将组织内（或组织外）人才和技能的流动情况、人才质量与竞争对手从社交媒体、媒体文章和其他来源（如专利、学术引文、开源编码网站）中获得的相比较

交易后：在交易完成后，持续评估组织健康的七个要素至关重要，还要挖掘新的数字技术的潜力，收集丰富的内部数据

| 战略方向 | • 由使命感驱动，除了盈利，承诺在社会和环境方面发挥良好作用（即承诺利益相关方资本主义 / ESG 目标）
• 产品市场匹配性
• 战略和愿景的明确性，包括清晰的价值创造驱动因素
• 差异化竞争
• 采用数据驱动的方法来制定战略
• 关键绩效指标（KPI） | • 基于收集的各种数据（如财务、客户和市场的数据），只进行员工分析 | • 利用公共数据对组织的价值创造和响应的指标进行文本分析，来判断该组织在多大程度上是由使命感驱动的
• AI 可以分析组织的 KPI（反映其战略的一方面）是否正确，确定其优先级，并利用以下数据产生最优的效果：
＊ 财务和客户数据
＊ 需求和市场数据
＊ 竞争对手数据
＊ 推文情感分析、地理标签 |
| 文化 | • 员工敬业度
• 信任度和透明度
• 协作
• 创新性
• 敏捷性 | • 员工敬业度和其他员工调查 | • 内部邮件和聊天记录的情感与敬业度分析
• 从公司数字应用程序（如日历、电子邮件、社交媒体）分析工作执行效率 |

续表

组织健康要素	衡量内容	传统数据来源	由AI挖掘的新兴数字化来源
	• 数据和 AI 驱动 • 员工对公司使命的承诺及对愿景 / 战略的认同 • 微型文化的数量和类型		• 通过社交网络分析和企业数字通信工具抓取的信息分析协作和信息共享的程度 • 商业会议的音频分析（如正面或负面词语的出现情况） • Glassdoor 或其他外部社交媒体上关于雇主的评论
领导力	• 个人领导特质： * 包容性领导（倾听员工、客户心声和关注外部趋势） * 关注战略优先事项 * 敏捷决策 * 借助算法的洞察力进行判断 * 学习导向 * 能够跨界合作 • 集体 / 组织领导特质： * 领导层的实力 * 存在跨职能的高层管理团队	• 心理测评 • 面试和观察	• 通过数字沟通工具度量与员工、客户和专业问题解决者的交流和沟通程度 • 通过工作场景下数字应用程序产生的数据，挖掘各项活动的时间分配情况 • 用视频和音频分析、推断学习导向等特质 • 社交网络和协作分析（通过数字应用程序发现协作模式） • 潜在继任者的技能和素质，以及每个关键职位的潜在继任者数量，这些都可以从项目、结果或经验等数据中推断出来
人才	• 技能供应和未来技能缺口 • 关键岗位的顶尖人才，以及吸引和留住他们的能力 • 确定并量化组织中最重要的职位的价值	• 系统数据（如招聘和留职数字） • 员工敬业度和其他员工调查	• 通过工作场景下的工具或项目推断技能 • 通过工作应用程序确定团队沟通的质量和类型，团队目标一致情况和最佳的团队构成 • 从领英等网站推断人才和技能迁移到组织内外的情况 • 数字平台上的团队沟通数据

组织健康要素	衡量内容	传统数据来源	由AI挖掘的新兴数字化来源
组织设计	• 将高绩效人员频繁地调动到最关键的优先战略事项中 • 员工体验 • 团队表现 • 清晰的权责 • 决策速度、信息共享和工作流程的效率 • 快速调动员工应对不断变化的需求 • 授权和自治 • 组织内部及其各个部分之间的有效互动 • 为实现更好的业绩，组织如何高效地获取必要的资源 • 减少组织拖延（即各种低效事项的累积效应，包括不必要的内部互动、无效或不重要的会议，以及不必要的线上沟通等） • 社交和组织网络	• 组织架构图 • 员工调查	• 分析数字平台的信息和工作流程 • 通过对公司电子邮件、社交媒体、联系人目录和其他数据源的文本分析，进行组织网络分析；或通过像Humanyze这样的可穿戴设备获取的数据，对包括员工在公司、部门、地理位置、业务线和职能部门之间，或仅在团队内部的连接情况和影响力进行分析 • 通过日历和工作应用程序确定管理层参与所有交易和掌握工作细节的程度 • 通过日历数据、电子邮件使用时间量等方式度量会议数量和与会者数量 • 与结果相关的项目和决策数据 • 企业社交图谱，绘制员工、组织外部人员和工作相关对象（如事件、任务、活动和内容）之间的工作场所连接情况
EID	• 归属感 • 包容性 • 微歧视或基于无意识偏见的行为	• 从信息系统中获取人口统计学层面的多元化数据 • 员工调查	• 通过书面或口头沟通（如会议纪要、演讲或媒体采访）来检测微歧视行为或对归属感和包容性的情感表达

续表

组织健康要素	衡量内容	传统数据来源	由AI挖掘的新兴数字化来源
	• 人口统计学层面的多元化 • 认知或思维多样性（如学习风格）		• 通过数字沟通工具来确定团队中的认知多样性，包括个性、信仰和价值观 • 根据工作职责和表现（基于实际工作分析）制定薪酬标准，而非根据职称
员工福利	• 情感/心理健康（如快乐、没有烦恼等） • 身体健康 • 关系健康（如包容性和归属感） • 使命健康（即感觉人生有意义和目标） • 就业健康（即拥有或发展能力以保证就业） • 财务健康	• 员工调查 • 信息系统数据（如旷工记录）	• 情感计算（如对邮件、社交媒体上的情感表达进行文本分析） • 使用可穿戴设备和环境传感器以跟踪运动情况和健康状况 • 工作时间统计（包括使用工作应用程序之外的时间）

如何衡量：利用新的数字技术

组织健康决定企业成败，但传统的衡量组织健康的方式不尽如人意。从员工问卷和调查中收集的自我报告数据往往不可靠：人们经常就其信仰和价值观提供社会可接受的答案（如偏向正面的），而不是反映他们真实感受和行为的答案。[8]

然而如今，有很多新方法可以用来评估组织健康状况，这些方法更容易、更有效。由多维数据构成的常规组织检查，包括结构化数据（即员工意见调查或离职面谈）和非结构化数据（即基于时间表抓取的团队内部和跨团队的协作信息），扩大了可以衡量组织健康的数据范畴。例如，金融科技初创公司 QuantCube Technology 会分析客户评论和社交媒体留言，并以此为基础开发了预测价格变动和经济增长等事件的指标。[9]此类数据有助于公司了解增长的关键时刻，使领导者能够预测其组织规模和员工构成的变化，从而做出更好的决策。在私募股权投资机构中，这些数据可以帮助投资者和被投企业领导者更准确地了解潜在标的，进而在交易前的筛选和尽职调查阶段提供更精准的信息。

事实上，AI 为评估公司的健康状况提供了强大的分析能力。如今，组织的领导者可以利用新的数据和技术评估团队动态。例如，可以记录和抓取团队互动视频并保存为多种格式，然后使用智能视频分析技术和 NLP 技术对其进行分析，以识别和描绘团队的属性，从而评估团队动态的整体质量。或者可以使用 NLP 技术和文本分析及机器学习模型来绘制企业家或员工的心理画像。巴克莱银行所做的一项研究表明，大致上有两种不同类型的企业家：A 型具有创造性、组织能力强、具有高度竞争力、情绪稳定，既非外向型又非内向型；B 型则是传统型、自发型、团队协作型、情绪化的，同样既非外向型又非内向型。这些属性可以通过从社交媒体资料（脸书、推特、领英）中抓取文本数据和解析图像 / 视频来分析获取。然后，董事会或其他决策团队可以绘制特定企业家的心理画像，并使用监督学习功能评估他们在不同情境下的能力。此类心理画像可用于支持交易来源、交易选择、交易结构、投后增值和退出等决策的制定。[10]然而，值得注意的是，即便商业和投资负责人可以用数字技术来评估组织健康状况，从而获得巨大价值，但他们仍须保持谨慎。有关该主题的更多信息，请参阅下面的专栏"负责任地开发和使用数字技术"。

负责任地开发和使用数字技术

当然，新的数据来源和新技术并非没有缺点。负责任地使用 AI 和其他数字技术意味着需要建立这样一种能力：确保尊重个人隐私并保证数据挖掘工作对所有人都有利。例如，像伦理 AI 与机器学习研究所（Institute for Ethical AI & Machine Learning）等组织制定的原则就可以被其他公司采纳。为了保护公司员工的数据，领导者可以采取的重要措施就是将隐私和风险框架嵌入数字系统，这样所有利益相关方都可以通过软件工具清晰地看到哪些数据正在被收集、存储和使用。[11]

当然，数字技术本身可能出现的伦理问题，特别是种族和性别偏见问题，是可以解决的。在涉及 AI 时，确保算法不带有偏见至关重要。在过去 10 多年里，不少此类偏见被曝光。例如，由于嵌入面部和语音识别系统的 AI 是由欧洲裔男性开发的，这些系统被证明存在一定偏见。微软和亚马逊都不得不放弃某些 AI 程序，因为它们的算法在招聘（在亚马逊的案例中）和贷款风险评分（在微软的一种金融服务算法的案例中）等方面严重偏向欧洲裔男性。

然而，AI 中的偏见问题不仅局限于歧视个人，也会损害企业本身。"问题不仅在于我们由于算法中的偏见而无法获得晋升……它还影响了更广泛的领域，"纽约大学 AI 研究所的研究科学家兼联合创始人梅雷迪思·惠特克（Meredith Whittaker）表示，"在这些

（不那么多元化的）环境中创造的产品反映了这些文化，这对数十亿人产生了影响。"[12]

除了培训和雇用更多不同族裔和性别的技术人员来开发 AI 算法（这代表向公平转变的时代已经到来），还有其他一些解决方案正在出现。根据 2021 年一篇题为《抵制 AI 中的算法偏差》（*Fighting Algorithmic Bias in Artificial Intelligence*）的文章，研究人员正在利用物理学来使他们的 AI 程序更准确、更可靠。例如，IBM 托马斯·沃森研究中心的首席研究员帕耶·达斯（Payel Das）表示，她的团队正在开发机器学习算法，预计能使未来的科学发现的可行性提升百倍。她的团队通过将数据和物理学原理的学习纳入程序来实现这点。"我们经常借助已有的科学或其他形式的知识（例如基于物理学的原理）来增强、指导或验证 AI 模型，使 AI 系统更加稳健、高效、可解释和可靠。"达斯说，通过使用这种物理学驱动的学习，"人们可以在准确性、可靠性和归纳偏差方面交叉验证 AI 模型。"[13]

私募股权投资机构如何在衡量组织健康方面处于领先地位

如今，私募股权投资机构正处在算力和科技进步最激动人心的时代。或许只有极少数其他类型的组织能够像私募股权投资机构一样，深刻理解评估组织健康对被投企业（无论是杠杆收购、风险投资还是成长型投资）成功的关键性。私募股权投资机构可以在交易前、投资组合管理和退出阶段，精准高效地使用数字工具。

因此，私募股权投资机构不仅为所投企业的高速发展提供了许多经验教训，也为更好地衡量和管理组织的健康水平提供了很多启示。可以肯定的是，各种组织现在都具备了前所未有的能力来收集更多、更好的组织健康数据。数据分析和 AI 等其他技术以惊人的速度发展，提高了数据分析的准确性，让专业人士得以更加精准地改善组织健康。

对私募股权投资机构来说，评估拟投公司的健康状况意义重大。无论是为初创公司和其他非上市公司提供财务支持，还是服务私有化的上市公司，私募股权投资机构能否取得声誉和财务成功，都取决于能否增加其所投企业的价值。这意味着它们更倾向也更注重进行积极的资产管理，依靠评估和监控组织的健康状况，来寻找新方法提升业绩，从而提高内部收益率（Internal Rate of Return，IRR）。通过应用先进的分析技术，投资者可以避免在价值链上的某个环节做出错误决策，提高投资绩效。

私募股权投资机构在组织健康检查方面处于领先地位的另一个原因是，它们的典型做法——培养以数据和事实为导向的心智模式，使投资者能够从它们执行的交易中获得更大的价值。正如 CapitalG（前身为谷歌资本）的普通合伙人莱拉·斯特迪（Laela Sturdy）所说："成长阶段的企业需要数据和直觉。为了确定最佳的下一步行动，你需要提出正确的问题，并以正确的方式解读数据。"

化学工业企业 Crystal 是一家知名私募股权投资机构的被投企业。该企业通过利用基于数据的洞察，比竞争对手更快地发展业务，在获得新业务的同时留住现有客户，保持快速增长。[14] 这些洞察的来源——社交网络分析，就一家化工企业而言是挺出人意料的。这说明各行各业的公司都可以做同样的事情。

Crystal 通过分布在印度尼西亚的销售和技术团队为客户提供服务。为了更好地了解客户需求以提升客户忠诚度，该公司采用了一种名为 TrustView 的关系分析平台来揭示其最优秀员工的社交业务网络。这将补充现有的解决方案（IBM Notes 和 Domino），分析员工与外部客户之间的沟通模式，而这些信息原本是被隐藏的。使用这些程序，管理层现在可以根据报告、可视化工具和仪表板（如 Tableau）做出数据驱动的决策，帮助领导者通过内部和外部各方之间沟通的强度、频率和速度来查看和理解组织数据，使公司能够轻松识别其业务网络中的关键员工。最终，Crystal 对 TrustView 的投资使危机客户关系识别速度提高了 60%，客户留存率提高了 30%，新客户代表的流程熟悉速度提高了 75%。

私募股权投资机构的投后服务小组的专家团队可以采用这种类型的组织分析程序。这些团队成员本质上是组织健康方面的专家：他们的工作是评估标的资产，就像他们评估任何其他投资一样——将结果与组织健康的基本条件联系起来，这样有助于确定和推动变革。

同样，谷歌、脸书和许多其他上市公司正在做更广泛的部署，以更深入地挖掘商业价值。例如，它们正在构建敏捷的组织顾问团队，增加更专业的数据科学专业知识，衡量和分析组织健康等关键无形资产。接下来，我们将继续研究私募股权投资机构提供的有用的模型，并研究它们在两个关键的投资决策节点上，是如何跟踪组织的健康状况的。

私募股权投资机构：交易前后的衡量内容

在一项研究中，49% 的私募专业人士认为 AI 和数据分析等数字创新将在 5 年内增加投资回报，22% 的受访者表示他们已经实现这一点。[15] 事实上，此类创新使得投资团队能够在前期了解其人才、领导力、文化和组织设计的成本、构成和结构。对于某些交易，要获得所需信息，私募股权投资机构需要提前投资高级数据分析、AI 能力以及汇报工具。如果交易继续下去，私募股权投资机构将重点关注组织健康，并进行更深入的审查。鉴于此，让我们看看组织健康检查在投资决策的两个阶段中的作用：交易前的组织风险管理和交易后的投后服务。

交易前：组织风险管理

在私募股权领域，在交易完成之前，对目标公司进行严谨的尽职调查被认为与进行财务和法律的尽职调查同等重要，甚至前者可能比后者更加关键。充分使用高级分析工具的私募股权投资机构正在从速度、智能和组织敏捷这三个方面获益。

尽职调查工作通常用于评估有形资产，例如财务报表、市场份额、规模经济、产品和服务等。然而，此类做法忽视了一点——对领导力、人才、组织、文化、员工福祉以及多元化和包容性等无形资产也要进行严格的批判性审查。由于组织健康涉及硬性和软性要素，尽职调查需要同时覆盖目标投资公司组织健康的定量和定性分析。这包括"可见的"因素，例如组织架构、公司治理、办公室的布局、高管薪酬等。另外，还包括组织行为的要素，例如心态、价值观和情绪，这些要素不那么"显而易见"，却也会影响公司的运作。

然而，尽职调查中最重要的是评估高层管理团队的运作效率（对创业公司来说，则是评估创始团队的质量）以及组织培养的文化类型。以谷歌母公司字母表公司的风险投资部门 GV（之前叫作 Google Ventures）为例，它们使用量化的算法来帮助公司做出投资决策。成立于 2009 年的 Google Ventures 是字母表公司的风险投资基金，投资医疗保健、机器人、交通运输、网络安全、农业等领域的前沿技术。该公司严重依赖数据（事实上，它可以访问世界上最广泛的数据集）和云计算基础设施来收集和解析学术文献中的数据、有关初创公司及其创始人（包括他们过去的经验）的公开信息，以及其他数据源，通过使用算法确定不同交易类型的关键因素。[16]

类似地，来自旧金山的 SignalFire 被称为"世界上最量化的基金"，是"唯一一个提供数据平台给被投企业使用的风险投资公司"。其运营的核心是名为 Beacon 的数据平台，其功能类似于初创行业的彭博终端。SignalFire 的 CEO 克里斯·法梅尔（Chris Farmer）将其描述为"专有的迷你谷歌"，为风险投资的整个价值链提供动力——从交易发起，到识别和选择正确的投资；从有限合伙人和普通合伙人之间的交易协议，到投后服务。Beacon 能够利用数以百万计的数据源实时跟踪超过 600 万家公司的业绩，这些数据源包括学术出版物、专利注册、开源信息、监管备案、公司网站、销售数据、应用程序商店排名等。表现优异或值得注意的公司会在仪表板上被标记，SignalFire 能比传统风险投资公司更早地看到企业信息。[17]

交易前：及早发现目标公司

像 SignalFire 和 Google Ventures 的例子中描述的数据评估，或在本章中表题为"衡量对象"的表 8-1 中反映的那样，数据分析可以帮助私募股权投资机构尽早发现潜在的投资机会。正如一位交易高管所说："先拿下交易很重要。"假设一家投资公司从以前劳动力密集型的数据分析（与兼并收购有关）转向 AI 驱动的分析，就能以更快的速度审阅和监测关键的数据点。在高级数据分析的支持下，这家投资管理公司可以通过采购公共数据（从专利成果及其引源，到体现客户反馈、员工敬业度和企业文化的社交媒体），持续监测超过 25 个潜在收购标的。这样做的好处是：借助 AI 和大数据推荐对标企业或潜在收购标的，可以大大提升交易速度和投资准确性。

在一项针对私募股权投资机构的调查中，受访者表示他们最想在其业务中使用机器学习，以提高他们发现和执行交易的能力。[18] 一些组织已经开始利用 AI 算法，如 EQTPartner 旗下的风险投资部门 EQT Ventures。它使用一种名为 MotherBrain 的专有 AI 算法，以识别其他人可能忽略的、被低估的创始人，并在早期支持他们。MotherBrain 使用 40 种数据来源（包括创始人的简历）帮助公司发现潜在的目标企业。到目前为止，它已直接促成该公司全部已投 50 家初创公司中 7 家的投资。MotherBrain 甚至可以通过生成通知来帮助风险投资专业人士准备会议，通知中会包含过去与某个人互动的摘要。[19]

中国私募股权投资机构——中科招商投资管理集团的美国风险投资部门 Hone Capital 也使用专有数据驱动的智能平台来寻找和选择交易。它根据过去 10 年从 Crunchbase、PitchBook 和 Mattermark 等不同来源获取的 30 000 多笔交易记录的数据库创建了自己的机器学习模型。在探索每笔交易的大约 400 个特征后，它确定了种子交易中能高度预测未来成功的 20 个特征，包括创始团队的背景（不同的大学）和投资合作伙伴的专业领域等。[20]

风险投资基金一直在尝试使用复杂的数据和分析来帮助它们识别交易。以早期风险投资公司 Bloomberg Beta 为例，它聚焦于未来工作领域的发展。这家投资公司由彭博有限合伙企业全资支持。该公司与哈斯商学院（Haas Business School）、人才数据公司 People.Co 和股权众筹平台 AngelList 合作，创建了能够预测"未来创始人"（Future Founders）的算法。"未来创始人"是一份名单，列出了在科技行业工作的人，他们很可能在未来创立自己的公司。在确定了有潜力在未来改写游戏规则的人之后，相比其他风险投资公司需要花费数月乃至数年与他们建立关系，该公司可以直接与他们联系，从而获得巨大的竞争优势。[21]

在另一个例子中，Bloomberg Beta 与交易情报公司 Mattermark 合作，"建立自己的未来创始人数据库"。Mattermark 确定了成功的公司创始人最有可能走上的职业道路，并创建了一个由 150 万人组成的人才库，这些人才虽然还未创业，但与科技创业公司只有一到两度的分隔。教育水平、前东家、资历、地域和年龄被识别为个人创业最显著的预测因素。该项目旨在寻找创业道路上不常见的规律，因为如果规律很明显，其他公司就会发现它们。Bloomberg Beta 从数据库中确定了 350 名潜在创始人的候选人名单，并邀请他们参加在纽约和旧金山举办的活动，与他们进行交流。该研究最初预测的未来创始人中有 8 人确实创办了自己的公司。[22]

利用数据来评估人才，而不是仅凭意见或直觉评估，可以帮助经理们摆脱刻板印象和误解的影响。例如，Bloomberg Beta 预测的许多未来企业家都挑战了人们对创业者的刻板印象：40% 的人年龄在 40 岁以上，有些人根本没有任何技术经验。[23]

交易后：持续不断地衡量，收集趋势线数据

交易完成后，投资机构应定期评估和监测组织健康的各个方面，以获取趋势线数据。数字技术的进步使投资机构领导者及其投资组合公司的管理者能够加快决策速度，帮助初创团队遵循既定的时间表甚至提前完成工作。以下是一些公司的例子，展示了交易完成后衡量各种组织健康要素的新方法。

- **战略方向**。总部位于圣地亚哥的投资公司 Labx Ventures 强化了其"创投科学资本"（Venture Science Capital）的价值主张，将科学、算法和规则引擎置于中心位置。该公司将"创投科学"（Venture Science）描述为"一个全新的、多学科的领域，它使用有效的科学方法对商业实践和结果进行客观和独立的分析。该领域使用高级分析、模式识别、预测算法、信息科学、AI 和机器学习来发现证据和发展理论，研究商业、风险、企业、资本以及它们如何影响初创公司和新兴成长型公司。Venture Science 研究企业的核心战略，以及选择、制定、评估和执行交易的方式和原因"。该公司声称它是最早接受双盲测试的公司之一，有项学术研究显示其评估工具在预测成功退出方面的准确率超过 90%。[24] 该工具不仅可以评估一家公司的战略方向、核心能力、风险和许多其他参数，还可以改善和加速其"创投实验室"（Venture Lab）的成果产出。
- **文化**。新兴的创业公司 KeenCorp 拥有一个由先进的分析工具和 AI 提供支持的索引，可以帮助公司监控内部电子邮件和聊天（以汇总形式，不针对个人），以此检查工作场所发生的事情，并衡量企业文化和员工敬业度。该功能还能标记潜在问题，例如，如果发现某个业务条线上的女性

员工工作敬业度下降，则该条线上的男性员工可能存在性骚扰的问题。[25]
与此同时，通用电气（GE）开发了一款企业文化应用程序，它基于公司
的数据科学家和 HR 领导团队构建的算法，使公司能够聚焦那些影响运
营模式的要素，以提高其运营响应速度和灵活性，从而更好地向客户交
付成果。[26]通过分析相关的时间使用数据，公司发现管理人员的一些关
键行为影响着员工的参与度和留存率，例如管理者与员工的一对一会议、
员工被授权的水平和工作是否能够在组织中平均分配等。[27]

- **领导力。**海德思哲的敏捷管理解决方案（Agile Leader Potential，ALP）
是同类产品中第一个通过视频分析和 AI 技术评估领导力的 AI 产品。[28]
在 HireVue 技术的支持下，ALP 使用最先进的游戏和智慧型视讯来培养
对成功领导力至关重要的能力，制定评估特质的可量化、可扩展的客观
指标。海德思哲的研究表明，敏捷行为与领导潜力相关。ALP 将数字技
术应用于领导潜力的心理和认知度量，通过创造一种有吸引力的体验，
衡量那些与敏捷性相关的特征。该公司对领导潜力的属性定义如下。

思维敏锐：解决复杂问题、进行逻辑思考和制定有效解决方案的能力。

好学不倦：倾向于寻求新的体验、学习机会和替代性思维方式。

内心坚韧：能追求成就、自律和保持专注。

敏捷社交：能有效平衡自信果断与对他人的同理心。

- **人才。**桑迪·奥格（前联合利华人力资源主管和黑石集团运营合伙人）
和他的公司提供了评估关键角色和角色价值的分析方法。该方法对每个
关键角色的具体贡献进行了量化，使领导者能够确定价值热点，即在人

才价值的层次结构中，这些角色的重要性。确定价值热点后，分析工具就会量化每个关键角色应该做出的具体贡献。对投资者和投资组合公司的管理团队来说，与之相关的是，这些分析工具为每个关键角色分配了一个数字，该数字基于期望从该关键角色身上获得的价值（例如，50 亿美元的 EBITDA 乘倍数）来分配相应的份额。这样做的好处巨大，因为分析有助于确定价值创造（value-creating）角色的优先级，使这些角色100% 获得他们创造的目标价值，而价值支持（value-enabling）角色应该根据领导者或团队正在处理的风险价值，获得一定的价值百分比。这些数字用起来很方便，因为它们让投资机构的领导层和投资组合公司的管理团队清楚地了解公司的风险价值有多大。[29]

- **组织设计**。医疗保健营销机构 Klick Health 的机器学习技术——"基因组"（Genome），可帮助雇主管理自主权。Genome 分析公司中的所有项目在各个阶段的情况，为全程表现一致的员工赋予更高的级别。该 AI分析公司做出的每个决策及其背景。个人越能证明自己的判断能力，系统就越会赋予他更大的裁量权，让他做更重要的决定。这一技术消除了偏见和政治因素，并根据人们的优点来奖励他们。[30]另一个例子是OrgMapper，它帮助客户看到传统组织结构以外的东西，让他们跨越公司、部门和地理位置，跨越业务和职能部门，或是仅在团队内部看到非正式组织、工作上的联系和影响。[31]

- **EID**。投资管理公司使用 CompIQ 开发的 AI 工具来帮助评估和设计薪酬体系，消除性别薪酬差异。它不像传统的做法那样依赖职位名称来衡量薪酬，而是广泛收集数据，根据职责和绩效来衡量。其目的是帮助公司设置符合同一行业其他公司的工资标准。工作地点、资历和绩效评估等数据经过多种 AI 算法分析后，会为每个员工生成有薪资范围的市场行情。性别、种族和年龄等分类不会被输入公式中，因此算法在做出决策时不会"考虑"这些因素。CompIQ 不依赖职位名称来评估薪酬的公平性，而是审查员工职责，这样能找出企业面对薪酬差异问题时经常遗漏的议题。[32] 与此同时，百事可乐和欧莱雅等公司使用 AI 技术来帮助识别过去招聘决策中的偏见。例如，通过分析招聘记录，可以揭示公司是否偏爱肤色较浅的候选人。[33]

- **员工福祉。**第一地平线（First Horizon National Corporation）是一家控股公司，旗下有第一田纳西银行（First Tennessee Bank）和其他财富管理与资本市场子公司。它使用 Ultimate Software ——一款基于 AI 的软件来衡量员工情绪并确定表现最佳的员工。该软件使用 NLP 技术并自动区分 100 多种情绪，例如困惑、热情和沮丧。以前，至少需要一个多月才能收到员工的年度调查数据，管理团队还需要花几个月分析其结果。现在，AI 驱动的软件会在调查结束后的第二天提供分析结果，并帮助第一地平线在数据之间建立关联，然后相应地调整培训和管理计划。AI 平台也被用于小型员工反馈场景，例如离职面谈和个人绩效评估。[34] 与此同时，日立（Hitachi）公司为其员工提供装有传感器的智能徽章，这些传感器全天每秒收集 50 次关于他们的数据——包括他们坐着、走路、点头、打字和说话的时间。然后，AI 工具会使用这些数据来提供提高他们幸福感的方法，例如在会议上主动发言，或者把早上的时间花在与其他人的讨论而不是案头工作上。通过检查员工幸福感的波动，日立的管理人员可以调整时间表以提高生产力和员工的幸福感。例如，一家使用日立系统数据的测试公司发现，呼叫中心的工作人员在休息时间进行热烈的交谈时最开心。

因此，他们想出了让员工同时休息的办法，使得生产力飙升。最终，公司中使用 AI 工具更多的部门，其员工更快乐，销售额也更高。在一项测试中，他们取得了超过下一季度目标订单量 11% 的业绩。[35]

尽管这些例子主要反映的是目前私募股权行业在管理投资组合公司方面的做法，但每个组织都可以从这些前沿做法中学习，并利用这些数据和新兴技术，来衡量和监测组织健康的七个要素。

借助数据专家加强组织能力

如前所述，使用移动健康监测设备通常能帮助改善个人健康状况。但如果监测设备收集的初始数据不理想，你可能会聘请私人教练对其进行改进。正如聘请私人教练帮助你一样，将数据交到管理团队手中却不教会他们使用方法就得不偿失了。这就是为什么我鼓励公司创建一个由深入研究人力资本的专家组成的小型内部团队，帮助管理者解释收集到的有关组织健康状况的所有数据，并帮助管理者采取行动。这个团队的经验和专业知识可以帮助领导者：

- 为关键价值驱动因素制定组织健康记分卡；
- 发现组织健康的差距和机会，并与管理层或交易团队分享洞见；
- 制定组织战略以应对这些差距和机会，从而提高生产力、整体业务绩效和价值创造的水平；
- 编纂标准化的、可复用的组织实践方法，制定组织行动手册，说明如何在公司或私募股权投资机构的所投企业中系统地部署关键组织实践；
- 根据整体健康战略评分，组织保留对管理团队和交易团队的追责权力。

激活一个由组织健康专家构成的小组（例如私募股权投资机构中的CPO、上市企业或私企里核心的组织绩效专家），并使其与公司高管或投资专业人士配合，只有这样做才能帮助企业提升运营能力。对组织健康的财务投资只有在咨询顾问的帮助下才能起作用，包括真正优化组织并落地相应的结果。

例如，一家总部位于香港的另类投资和咨询公司拥有一支由来自不同行业的前高管和 CEO 组成的驻场创业团队，以促进被投企业的成长。该组织还拥有相关职能的专家，可以在被投企业无法投入足够资源的领域（例如人力资源和组织健康）为投资组合公司提供支持。依照对组织健康状况的持续评估，这些顾问引导被投企业识别它们可以采取的具体行动，释放组织潜力，达成绩效目标，实现增长。

基于数据分析的洞察还可以帮助领导者消除员工互动中的偏见，实现数据建模，帮助组织执行和改进运营。通过整合高层领导者或管理团队的文化特征、书面或口头沟通记录（如会议记录、演讲或媒体采访）等数据，组织绩效团队或 CPO 可以减少偏见，识别组织健康和行为根源的驱动因素，并在执行交易或绩效改进计划之前，标记出符合预定模式的问题（即管理决策）。

正如健康从业者通过诊断人的身体、精神和情感状态来改善患者的状况一样，采用类似方法的公司可以回答有关组织健康的重要问题。通过定期让组织决策者关注组织健康的每个组成部分，领导者将找到症结所在。例如，哪些举措会推动组织业绩的大幅提升？在兼并、重组或出售之后，需要利用哪些组织工具才能使公司取得最好的业绩？组织中的哪些关键角色会对业务产生不成比例的影响，如果这些关键角色空缺由表现不佳的人员担任，将使业务面临哪些更大的风险？哪些做法可以释放全体员工的全部潜力，使其达成最佳绩效目标？

数字技术进步正在从根本上改变我们衡量、监测和释放组织健康的能力。在私募股权行业，90% 的私募股权投资机构预计 AI 将对该行业产生变革性影响。[36] 对于风险投资公司，AI 工具和技术的使用将提高基金的回报，并有助于降低与基金投资组合管理、被投企业，以及合伙人关系相关的各种风险。这些工具还可以提高私募股权投资机构的运营效率，增加绩效激励，提供清晰的基金策略，缩短基金的平均生命周期，减少网络偏见、相似性偏见和性别偏见。[37]AI 在私募股权行业中最具变革性的应用之一将是能更有效地评估组织的健康状况，从而提供指导实际操作的实时洞察，帮助组织扩大规模和促进发展。尽管私募股权行业引领了这一变革，但每个组织都可以从中吸取经验，并利用数据和技术取得业绩突破。此外，我和我的同事预计，在未来 5 年中，AI 工具将有重大的突破，那时将需要私募股权投资机构和其他组织具备全新的数据和分析能力。

在下一章中，我们将探讨一个组织如何从简单地捕捉和衡量数据，转变为以 AI 为先，以谷歌为例，这家公司在所有业务中都会以不同的方式分析数据。

组织制胜的**检查清单**

---

* 建立并共享一个企业级框架，该框架根据一套共享的原则、实践方法、工具及其附带的措施和指标来定义良好的组织健康水平。

* 投资人才分析和 AI 等新技术，才能更准确、更快速地评估组织的健康状况。

* 对于处于交易前阶段的私募股权投资机构，在寻找和筛选潜在交易者并进行尽职调查时，可使用新的数据源和 AI 来评估组织健康状况和高层管理人员的素质。

* 对处于交易后阶段的组织和私募股权投资机构，可使用新的数据源和 AI 持续监测组织健康的各个方面，找出差距和机会，并确定公司行动的优先级。

* 确保管理团队和交易团队对组织健康记分卡负责。

* 私募股权投资机构需要制定组织行动手册，说明如何在投资组合公司中或整个投资组合中系统地部署关键组织实践。

第九章

AI 优先，组织健康第一：

以不同方式思考组织

在本书中，我们看到了 AI 如何释放组织健康的潜力，

为我们提供更有效的、实时的、持续的监测方式。

AI 正引领着组织变革，它提供了崭新的机会，重新定义未来工作和劳动力，

而不仅仅是优化过去所做的一切。

这需要我们以全新的方式

思考组织如何处理战略、领导力、人才、文化、组织设计等，

也就是，组织健康的所有要素。

AI 正在重新定义商业模式，改变客户体验，并使组织能够根据不断变化的环境进行转型。但如果没有一个健康的组织，AI 的潜力将永远无法全部释放。组织健康对扩展和实现 AI 的价值至关重要，AI 优先的组织（以机器学习等数字技术为主导来抓取和挖掘数据，并最终训练算法不断改进）通过采用独特的方法来处理组织健康的每个要素，也为成功奠定了基础。

亚马逊、谷歌和脸书是 AI 优先的例子，它们快速地实现了规模化，并成功管理了快节奏的增长。它们减少了对"硬资产"（如机器或设施）的依赖，转而专注于组织健康的关键无形资产，并利用 AI 充分发挥其潜在的影响力。随着过去几年 AI 的迅速普及，这些公司已经为适应 AI 世界重塑了他们的人才和组织实践。例如，将 AI 学习算法应用于匹配潜在员工与空缺职位，使招聘人员能够更快地筛选申请并填补职位空缺。

认真对待 AI 优先的不仅仅是亚马逊、谷歌和脸书，大多数组织现在也处于向 AI 优先过渡的早期阶段，并取得了不同程度的成功。尽管 75% 的受访企业领导者认为，如果他们无法广泛应用 AI，他们的业务将在 5 年内衰落，但只有 8% 的公司真正应用了 AI 的核心功能。[1]大多数公司只是做些试点，或仅在单个业务流程中应用 AI。[2]

在本章中，我们将探索公司如何提升使用 AI 的比例，并从简单的数据抓取和分析出发，发展为 AI 优先的组织。这些组织在它们所做的一切事情中，都会以不同的方式分析数据。让我们先来看看一家金融机构是如何发展到 AI 优先的。

盛宝银行案例

2016年，时任瑞士盛宝银行（Saxo Bank）CEO的帕特里克·亨格（Patrick Hunger）领导该银行进行了技术改革。盛宝银行不仅着手采用机器人流程自动化（Robotic Process Automation，RPA）来提高效率，解放人类去创造更大的附加值，还开发了各类 AI 和机器学习项目来创造新的价值。这项工作主要聚焦三个关键领域：基于 AI 的信息检索、预测分析及个性化营销。总体来说，该银行将这些举措称为"机器人技术"。

但亨格也意识到，银行数字化计划的成功将取决于一些关键原则，如下所述。[3]

- **自上而下。**领导者需要精通机器人技术，这样他们才能创造令人信服的机器人技术愿景和引领这趟旅程，并阐明其对企业战略的重要性。换句话说，领导者必须授权机器人技术引领者，让他们成为日常工作中的变革推动者。
- **打破组织壁垒。**许多公司在自己的业务和 IT 团队之间制造了文化鸿沟，但是，机器人技术要求这些团队尽可能紧密地合作，以确保它们跟上并加快业务发展的步伐。正如亨格所认为的那样，"公司的组织设计得多聪明并不那么重要。创造组织思维共识和价值的是'人际交易'；所有这些都以一个扎根于文化的集体商业目标为指导。"盛宝银行当时的数据主管帕布·文卡特斯（Prabhu Venkatesh）进一步强调了这一点，并解释说：

"我们有一个双向协作模型，技术和业务团队可以自由交流想法和信息。技术团队知道什么是可能实现的，而业务团队知道什么是有用的——神奇的产品就诞生在这个交叉点上。"IT 团队和业务团队作为公司的两个平等团队，要确保持续的对话和明确的协调，这是为打破部门孤岛所做出的至关重要的努力，因而机器学习和 AI 开发团队被设计为业务组织的一个组成部分，以弥合鸿沟。盛宝银行大数据和 AI 主管克里斯蒂安·巴斯克·黑达尔（Christian Busk Hededal）解释说："我们的目标是成为一个数据驱动的组织，让技术和业务之间紧密结合。"

- **将数据展示给广泛的利益相关方。**帕布·文卡特斯指出，机器人技术的一个重要能力就是将数据和关键绩效指标展示给更广泛的利益相关方群体。换句话说，即在帮助每一位员工在决策中变得更加以数据为导向的同时，牢记大局。这不仅仅是一组宣言，更是实践的原则。听起来似乎无关紧要，但公开透明地展示执行数据会在不同团队之间制造共识，让每个人了解公司正在发生的事情，以及大家的工作会如何影响公司的业绩。在无形中产生的积极影响是创造了一种结果导向的文化，在这种文化中，人们会主动对可见的问题采取行动，而不是依赖流程去解决问题。

- **建立机器人技术变革引擎。**通过建立强大的治理体系，盛宝银行的领导者可以根据预期的商业价值更有效地推动机器人解决方案的落地，并不断研究使企业从机器人技术中受益的新方法。这需要挑战现状，克服因机器人技术而变得过时的组织和流程障碍。最后，盛宝银行需要为运营经理提供实用的方法和工具，以便日常管理由人和机器组成的混合劳动力。盛宝银行制订了一项计划，来缓解管理人员和员工在应对任何变化时所产生的焦虑情绪：在早期就与人力资源部门密切合作，就人力资源的重新部署提供建议。

- **确保人机融合。**领导者的角色是有意识地将组织设计为一个通过包容而不是隔离来充分发挥潜力的有机体。对盛宝银行来说，人机协作意义重大，它不仅仅是当下流行的说辞，更是一套逻辑体系。在该体系之下，创新和业绩在人机生态系统中最能蓬勃发展。帕特里克·亨格指出："当我们说我们本质上是一家科技公司时，我们的意思是科技是将人类技能付诸实践的主要工具。科技增强了我们的组织能力，让其不再受限于企业规模。"虽然有些人将数字化手段（尤其是 AI）视为机器与人类之间的矛盾[4]，但其他人则认为科技以前所未有的方式帮助我们展现了人性。这是一种提升组织健康的工具。这种以智能运营模型为核心的组织，将成为公司内提升个人和团队绩效的中流砥柱，使人机协作的新方法得以生根发芽。因此，组织进化的最大机会不仅仅是重新设计工作或部署自动化工具，还有从根本上重新思考"智能运营模型的架构"，为企业、团队和个人创造新的价值来源。[5]

此外，在疫情期间，随着数字化客户体验建设的深入，盛宝银行基于 AI 工具的全部价值变得更加清晰，在释放人类潜力方面尤为明显。由于消费者待在家里，或至少远离实体银行分支机构，该银行基于 AI 的工具帮助员工以他们意想不到的方式预测和满足快速变化的客户需求和偏好。最终，该银行的员工变得善于学习、不断努力，这也意味着银行能够以更快、更敏捷和更准确的方式做出响应。它可以全年、全天候地不断学习、扩张和运营。

什么让 AI 优先的公司与众不同

2017 年 3 月，字母表公司和谷歌的 CEO 孙达尔·皮柴（Sundar Pichai）宣布公司正在转变为 AI 优先的组织。随后，该公司发布了一系列 AI 应用的场景，包括开发用于优化机器学习的专用芯片、更广泛地使用基于人工神经网络的机器学习方法（深度学习），例如癌症研究；还包括在尽可能多的设备上安装谷歌的 AI 驱动助手。简而言之，皮柴表示公司正在从"搜索和组织世界信息转向 AI 和机器学习"。该宣告是公司愿景的战略性转变。同月，微软也宣布其打算从"移动优先"和"云优先"转变为"AI 优先"。[6]

如前所述，许多组织，不仅仅是那三四个大公司，现在也在转型（或试图转型）为 AI 优先，[7]即使是中小型企业也不再忽视 AI。AI 驱动的软件将用于制定更好的决策，机器学习工具将有助于预测结果。未来我们将见证机器在多项任务上，以更具成本效益的方式超越人类。

但 AI 优先的真正含义是什么？ AI 优先不仅是利用分析（或决策）的力量来加强人机协作，它更是基于 AI 重塑未来组织，防止 AI 只被用作优化组织的工具。换句话说，这不仅是为了更好、更便宜或更快地做同样的事情，也是为了开展新的活动，创造更多价值。

当前全球的数字经济（有时被称为"互联网经济"）比历史上其他任何时期都更需要组织的一致性、敏捷性和智能化。组织需要将 AI 嵌入组织运作的各个方面，使其成为组织 DNA 的一部分，以便有效释放公司的全部潜力。在早些年或不那么动荡的商业环境中，CEO 或高层管理团队可能单独负责开发组织的全部潜力。然而，如今，组织的基本要素必须协调一致，作为一个整体同步行动。

采用和普及 AI 的障碍，以及消除障碍的关键

在前面的章节中，我们探讨了使用 AI 来衡量组织健康状况。现在，我们来探讨一项新的研究成果，该研究显示，84% 的企业高管认为他们需要使用 AI 来实现目标增长，76% 的高管表示他们正在努力解决如何在整个企业中普及 AI 的问题。[8]

同样，另一项研究显示，众多不同的组织认为，在采用 AI 的主要障碍中，近一半与组织健康相关（见图 9-1）。该研究发表在《麻省理工学院斯隆管理评论》上，将受访者分成四个类型：先驱者（了解并采用 AI 的组织）、调查者（了解 AI 但未完成试点的组织）、实验者（在没有深入了解技术的情况下，试验 AI 的组织）和被动者（不了解也没有采用 AI 的组织）。[9]

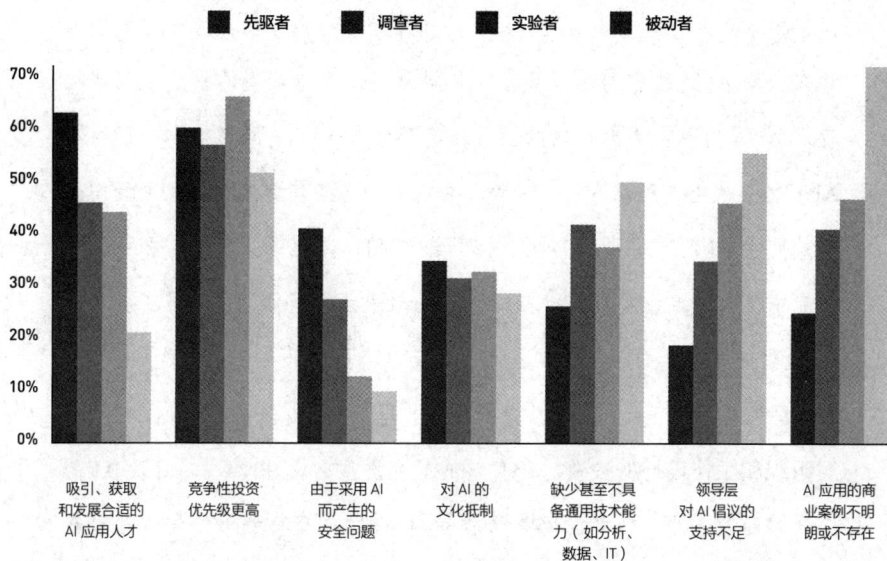

资料来源: Michael Chui and Bryce Hall, "How High-Performing Companies Develop and Scale AI," *Harvard Business Review*, March 19, 2020.

图 9-1　采用 AI 的主要障碍

四项投资

那么，公司如何才能清除障碍并成功挖掘 AI 的价值呢？根据麻省理工学院的研究成果，我认为可以总结为对组织健康的四个特定要素的高度聚焦。具体来说，成功采用 AI 和其他数字技术的公司在以下四个维度表现出色，我把它们看作四项投资。

- **对战略和决策的投资**。麦肯锡的一项研究表明，大多数受访者表示他们的公司已经从 AI 中获得了价值，与其他公司相比，规模更大、收入更高、成本更低。这并非运气使然，公司制定业务战略、实施战略的能力和在应用 AI 过程中的变革管理，共同影响了变革实现的程度。那些在普及 AI 方面取得更大成功的公司更有可能有一组关键动作，包括协调 AI 和业务战略，而每六种关键动作中有五种与组织健康相关。更倾向于有效使用 AI 的公司更容易在全公司普及 AI、实现商业价值。在另一项研究中，来自高绩效公司的 36% 的受访者表示，他们的一线员工会使用 AI 提供的实时反馈来做日常决策，而其他公司中只有 8% 的受访者会这样做。[10]

- **对组织和工作设计的投资。** 麦肯锡的研究发现，近 90% 成功普及 AI 的公司将超过一半的分析预算用于推动对 AI 的采用，例如工作流程重新设计、沟通和培训；其他公司中只有 23% 倾注了类似的资源。[11] 在普及 AI 方面做得最好的公司在变革和推动采用 AI 的项目（工作流程重新设计、沟通、培训）上花费的资金或预算与它们在技术本身上花费的一样多。[12]

- **对人才的投资。** 麦肯锡的研究发现，成功在组织内部采用 AI 的公司在人才和流程方面的投资与在技术方面的一样多。一项对 1 000 家公司的调查发现，只有 8% 的受访公司参与了此类实践，使得 AI 的普及得以实现。[13] 无数研究呼应了这些发现。《麻省理工学院斯隆管理评论》和德勤数字（Deloitte Digital）在《科技谬论：人如何成为数字化转型的真正关键》(*The Technology Fallacy: How People Are the Real Key to Digital Transformation*) 一书中发表的联合研究提供了令人信服的证据，表明数字成熟度更多地与人和组织变革有关，而不是与其所使用的特定技术有关。[14]

- **对风险缓解和认知提升的投资。** 公司处理风险的方式（即质量保证审计或合规培训）在很大程度上决定了权责。同样，组织学习的方式（通过使用知识和协作平台）通常定义了公司文化。采用 AI 确实存在很大的风险，因为 AI 通常以大量数据（例如搜索习惯或视频通话记录小时数）为基础，滥用这些数据是非法的。因此，没有任何公司愿意冒险在未经允许、未向员工全面说明数据用途的情况下，收集和使用数据。根据欧盟通用数据保护条例（General Data Protection Regulation，GDPR），在违反条例的情况下，罚款最高可达 2 000 万欧元，或公司主体在全球营业额的 4%。违规或滥用的潜在司法成本可能超过成交价格，如果发现问题，公司估值将会降低，因为应对 GDPR 监管的成本很高。因此，交易团队必须仔细审查采用 AI 技术是否合规或是否存在重大责任风险。同样，CEO 和董事会必须建立治理和监督机构，以确保公司负责任地采用 AI。

麻省理工学院和波士顿咨询公司的一项联合研究发现，很少有公司拥有能开发出系统性和在全公司范围内完整采用 AI 的能力。但拥有这种能力的公司有明显的模式。该研究表明，要想释放 AI 的真正力量，需要在整个企业中普及它。然而，在试图扩大 AI 的应用规模时，许多公司遇到了一个挑战：启动试点很容易，但扩大规模很难，因为 AI 在抓取数据并从中学习时，会不断变化。看似孤立的案例会相互作用并纠缠在一起。为了克服普及 AI 所带来的挑战和痛点，我的观察和研究表明，组织必须转变它的结构、人员管理实践方式及产品和技术平台（即机器架构）。[15] 它们还必须转变学习方式，对 AI 推广能力和项目进行投资，帮助员工学习如何使用智能计算机并培养员工在数字时代的新技能。99% 的组织表示它们希望在 2020 年开始转型，并且几乎所有组织都报告存在重大技能缺口，因此高层管理者将培养新技能视为能够推动业务成功的首要人才投资。员工的工作能力有限、缺乏应对未来竞争所需的技能，被视为转型（尤其是数字化转型）失败的主要原因。[16]

现在我们已经了解组织健康的哪些要素值得投资，让我们进一步探讨如何塑造每个要素以释放 AI 的潜力。

如何使用 AI 投资组织健康

正如我之前指出的，AI 优先的组织之所以与众不同，是因为它们是独具人性的（请参阅表 9-1 "AI 优先的组织本质上是以人为本的"）。

表 9-1   AI 优先的组织本质上是以人为本的

受工业时代启发的传统组织	AI 优先的组织
工人执行大部分工作	AI 带走了人们工作中"沉闷、危险和肮脏"的部分，让他们专注于人类独有的能力，比如判断力和同理心
工作由狭义的、规定的任务组成，不考虑释放人性	AI 让人们有更多的空间和时间来释放人性，从而实现更好地自我反省、学习提升、社交联系、自主管理等
工作和组织是稳定的	AI 支持动态问题识别、处理和团队合作，从而创造更流畅、以人为本的工作

同样，这些组织也采用了以人为本的方法来处理我们刚刚讨论的四个投资要素——战略和决策、组织和工作设计、人才、风险缓解和认知提升。让我们依次看一下这些要素。

对战略和决策的投资

首先，公司领导者在对 AI 进行投资之前，他们应该能够回答"为什么要使用 AI"。到底是出于什么目的？是为了降低成本、提高运营和组织效率、扩大组织影响力和进入新市场、提高敏捷性和响应能力以满足不断变化的利益相关方需求，还是创造新的客户体验或商业模式，还是以上所有？无论意图如何，使用 AI 的方法都有无数种。那么，组织如何决定重点关注什么？

要成功拓展 AI 的应用场景，首先要定义价值对公司意味着什么；然后根据相关战略目标，评估 AI 的各种应用并确定其优先级。从 AI 中获益最多的公司，将其 AI 战略与公司更广泛的战略相结合的可能性，是其他公司的 2.5 倍；它们拥有清晰的、跨业务领域的企业级用例路线图的可能性，也是其他公司的近 4 倍。[17] 以健身器材和媒体公司佩洛顿（Peloton）为例。Peloton 使用分析技术和 AI 等大量数字化手段，不仅从根本上改变了公司提供的产品，还改变了 Peloton 的运营方式。

》 使用 AI 建模并探索未来战略的可能

我们正面临这样一个未来，智能计算机将帮助我们模拟和设计新的战略。在马丁·里维斯（Martin Reeves）和上田大智（Daichi Ueda）发表于《哈佛商业评论》的文章《设计出能设计战略的机器》（*Designing the Machines That Will Design Strategy*）中，作者论证了他们称为"集成战略计算机"（integrated strategy machine）的优点，即"科技和人性谋略的集合"和"协同行动制定和执行商业战略"。正如他们解释的那样：

> （集成战略计算机）包括一系列概念上和分析性的操作，包括问题
> 定义、信号处理、模式识别、抽象和概念化、分析和预测。其关键功能
> 之一是重构，即反复重新定义问题以实现更深入的洞察。在这台机器中，
> 人性和科技必须以协同的方式发挥各自的特定作用。

AI 已经被广泛用于模拟政府和企业的决策制定。[18] 例如，亚马逊代表了部署集成战略计算机的最前沿技术水平。它拥有至少 21 个数据科学系统，包括多个供应链优化系统、库存和销售预测系统、利润优化系统和推荐引擎系统。这些系统彼此紧密相连，并与人类战略家紧密相连，形成了一套运转良好的系统。例如，如果销售预测系统检测到某项商品的受欢迎程度正在增加，它会在系统中触发一系列事件：

- 更新库存预测，使供应链系统优化其仓库中的库存数量；
- 推荐引擎推送更多商品，导致销售预测增加；
- 利润优化系统调整定价，再次更新销售预测。

其他交互发生在下游。虽然其中许多操作是自动发生的，但人类在设计实验和审查数据方面发挥着至关重要的作用，并以此继续学习和改进机器的设计。[19]

对组织和工作设计的投资

为 AI 设计组织架构。构建强大的人机合作伙伴关系始于优化人机组织架构。那些已经布置完整 AI 能力的公司都有明显的特征，其中之一就体现在它们的组织架构上。在人机协作的环境中，公司的组织架构必须针对二者进行优化。这在实践中是什么样子的呢？公司应在总部集中配置 AI 技术、数据治理、平台决策和网络安全方面的专业能力。它们还可以做一些事情，例如为 AI、招聘和培训制订标准和实践计划。它们还必须分别定义数据科学家在总部和业务部门的职责。为了开发 AI 的实际用例，跨职能团队和相应数据集的访问权限，都应集中在业务部门。而对任何由 AI 支撑的行动，都应以分散的方式进行管理，无论是在车间、市集，还是在现场。[20]

为了避免组织内团队间的隔阂和潜在沟通障碍的出现，以及减少机器学习专家与公司其他人之间的分歧，公司应该更加慎重地考虑它们的组织和工作设计。在推广 AI 方面取得巨大成功的公司正在鼓励建立跨职能团队，业务人员、分析人员、IT 人员和运营人员齐心协力，实现特定的目标。一项研究发现，普及 AI 的组织在业务部门建立跨职能团队的可能性是其他组织的 2 倍。这些团队会将不同的观点汇集在一起，并在构建、部署和监控新的 AI 功能时，征求一线员工的意见。[21]

但是公司也应该有一种中心化的能力。研究表明，成功采用 AI 的公司拥有中心化能力的可能性是同行的 3 倍。[22] 事实上，巴西公司 CI&T 的首席数字化推广官卢克·珀森（Lucas Persona）认为，最能实现商业创新的是那些让数据科学团队与其他员工并肩战斗的组织。这意味着数据科学团队不应被视为幕后操控人员。

一家亚太地区的零售商通过投资AI优化存储空间和库存安排，即从工作设计中受益。一个跨职能的执行团队帮助它打破了商品推销员和买家之间的隔阂，前者决定商品如何在商店中展示，后者决定商品所影响的范围。以前，每个小组都是独立工作的，买家根据他们认为合适的方式修改AI推荐。这导致库存与可用空间不匹配。通过邀请两个团队合作开发AI工具，共同创建了一个更有效的模型，该零售商为买家提供了一系列加权选项，让他们可以根据商品推销员的意见选择最佳组合。在这个工作完成后，每个应用该工具的产品类别的毛利率增加了4%～7%。[23]

将AI融入每项工作和每个团队。AI作为一位数字队友，成了我们的新同事。AI优先的组织知道，要利用AI的潜力，就要将其融入工作流程，帮助人们以新的方式完成工作，实现取长补短。但AI不仅仅能提高个人的业绩，AI最强大的潜力需要通过将其注入团队来释放。它既可以是为决策提供信息的队友，也可以是团队效率的增强器，比如，作为安排日程和会议的机器人，或作为数字助理转录会议记录，以此提升团队协作能力和生产力。不过，随着AI与更多的团队一起工作，各个团队也将开始认识和理解机器学习的局限性。出于这个原因，组织中的不同业务团队必须告知数据科学团队，它们在检索数据或实施机器学习模型时遇到的各种挑战。[24] 简而言之，应鼓励整个组织的所有团队熟练掌握AI技术。每个团队和每个员工都可以通过人机协作创造更大的价值，并思考解决公司核心问题的方法。

与员工合作，将AI融入组织设计，而不只是将AI扔给他们。同样，根据AI创造的新的可能性，重新想象、改造工作，包括提升敏捷性、授权员工，以及在工作中创造更大使命等。有效扩展AI应用场景的组织正在改变它们的决策方式。自上而下的决策越来越少，相反，一线团队有越来越大的权力利用自身判断和算法来做出决策，以此改进决策方式。[25] 换句话说，这就是授权员工共同创造并试验最合适的工作地点和工作方式。一旦组织确定了人与 AI 协同工作的流程，领导者应确保所有利益相关方从一开始就一起工作和试验。这可能意味着团队要尽早聘请工作设计师和数据专家进行协作，同时还要让他们参与日常工作。他们不仅要评估和衡量生产力，还要在不同类型的团队中，评估团队合作的质量，例如，产品和项目管理软件公司 Asana、员工管理平台 Lattice 公司和电动滑板车品牌 Unu Motors 等公司应用了 AI 时间管理平台 Clockwise 来优化会议时间。[26]

对人才的投资

AI 优先的组织所需的人才类型。除了需要 AI 应用和分析人才，组织还需要投资创造新角色，以授权和监控 AI 增强人类的能力。正如保罗·多尔蒂（Paul Daugherty）和 H. 詹姆斯·威尔逊（H. James Wilson）在他们的书《机器与人：埃森哲论新 AI》（*Human + Machine: Reimagining Work in the Age of AI*）中指出的那样，组织需要培训师来教 AI 如何通过观察和纠正组织内人员的行为来执行任务，需要讲解员向非技术人员解释 AI 内部运作的逻辑，以及需要管理员确保 AI 按预期运行，处理各种紧急或意外事件。[27] 因此，许多公司中出现了新的头衔，例如 AI 伦理学家、首席 AI 官、AI 商业分析师、首席数据科学家、AI 质量保证经理等。

除了特定的角色，AI 优先的组织还需要在帮助所有员工学习如何有效地使用智能计算机来完成工作方面进行投资，使员工成为精通数据和 AI 的人。但也许最重要的是，随着 AI 让员工专注于人类最擅长的事情，我们人类独有的能力，例如感知能力、创造力、情商、适应能力、团队合作等，将变得非常宝贵。无数研究表明，此类能力将是 AI 优先的组织中最需要的技能。很少有组织知道如何精心培养它们——如何衡量、发展、使用和奖励这些能力。然而，这些极为人性化的能力将在人才技能的半衰期不断缩短的世界中持续存在，并帮助员工不断学习和适应环境——尤其是在 AI 优先的组织中（请参阅下面的专栏"安森如何转型为 AI 优先的企业"）。

安森如何转型为 AI 优先的企业

　　AI 优先的组织会在适当的时间和地点做出及时、有效和持续的改变，从而实现更好的业绩。以安森为例，其高级副总裁兼 CDO 拉杰夫·罗南基（Rajeev Ronanki）带领公司从传统的健康保险提供商成功转型为数字化 AI 优先的企业。[28] 在罗南基的带领下，安森从以下四个维度的战略方向中受益：立足未来、小试牛刀、领导参与和人才动员。

* **立足未来**。罗南基以使命宣言的形式制订了总体计划，为支持安森后续的数字化转型奠定了基础。罗南基描绘的医疗保健新愿景，采用了先进的数字技术和 AI 优先的心智模式。第一步，安森建立了一个基于平台的 AI 引擎，使公司能够从收集数据开始，发展到挖掘可操作的洞见。这意味着自动化、更高效的流程，以及不断的改进。

* **小试牛刀**。罗南基研究了 AI 如何影响业务结果，然后将相关、可行的用例连接起来，取得小规模实验反馈。从流程的角度切入，应用 AI 和机器学习，安森已经能够部署下一代技术，显著改善客户体验。

* **领导参与**。要充分发挥 AI 的潜力，需要得到公司全面的支持，这意味着让所有利益相关方一起参与构想积极的业务成果。为了启动安森的数字化转型，各业务部门的合作伙伴会被要求主动思考公司如何利用 AI 重新设计、重新构想，重新实施核心业务流程。基于这些反馈，公司专注于自动化数据处理，在能够对业务产生最大影响的地方应用 AI，以便更高效地为客户提供服务。安森构建了对这一概念的检验，即重点关注提供最大客户价值的应用程序，并在其中采用敏捷方法，推动流程进入实际生产。

* **人才动员**。为了在全公司范围内实现布局 AI 的愿景，罗南基知道他必须不断夯实安森的人才基础。因此，安森创建了一个结构化的 AI 培训计划——安森 AI，以此吸引熟练的技术人员并培养公司内部的人才。该计划的目的是通过建立一种促进 AI 应用落地的创新文化来留住人才。

AI 优先的组织需要新的人才实践。AI 优先组织的特点是网络型团队、易变性、保持实验和学习的心智模式、跨学科工作项目、更大的自主权和授权，以及对人类能力的关注。因此，这些组织摒弃了那些根植于工业时代的标准做法，重新创造了它们的人才实践。云存储公司 Compose 和提供编码课程的公司 One Month 等组织不再根据教育水平和经验进行招聘，而是根据潜力、能力、技能、与团队和文化的契合度，以及成就进行招聘。它们不是根据主管每年提交一次的个人绩效来评估和奖励员工，而是根据不同员工的敬业度、合作能力、潜力和未来所需技能等，更频繁地评估和奖励员工。它们正在采用更灵活的工作设计，利用内部人才市场将人员持续匹配到短期项目和角色（而不是工作）上。它们正在开发新的方法来帮助员工不断学习，将学习设计到工作中，而不是让员工离开工作岗位去接受培训。

当然，AI 本身就可以帮助组织重塑更适合 AI 时代的人才实践。73%的美国 CEO 和首席人力资源官计划在未来 3 年内改善人才管理。[29] 思可信（MobileIron）首席人力资源官贾里德·卢卡斯（Jared Lucas）表示，AI 将为首席人力资源官提供保留和培养最优秀人才所需的洞察力。他解释说，"我预测，AI 将推动更有效的内部流动和内部候选人的识别，让公司能够更好地挖掘内部人才来填补关键职位"，并且"我预测 AI 将成为各类公司筛选候选人的必备工具，因为大家都需要以更快的速度找到更高质量的候选人"。[30]

采用 AI 还意味着要帮助人们学习如何有效地"与机器交朋友"，并为他们配备 AI 教练以释放自己的潜力。以一家电信供应商为例，其呼叫中心推出了一项新的基于 AI 的客户留存计划。该公司在投资 AI 模型开发的同时，帮助员工向使用新工具过渡。他们不再仅仅只对取消服务的客户做出反应，而是会主动联系有流失风险的客户，向他们提供由 AI 生成的、他们可能会接受的新的报价建议。员工会接受销售工作所需的技能培训和现场辅导，教练和经理们会接听员工的电话，并给予个性化的反馈，不断更新培训材料和通话脚本。通过不断调整，这项新计划使得客户流失率降低了 10％。[31]

对风险缓解和认知提升的投资

合规是基本要求。在推行 AI 的过程中回避道德问题方面，公司遵循所采取的标准和行为准则仅仅是一个开始。除了遵守这些基本的合规要求，AI 优先的组织将 AI 道德和责任放在首位，使其成为每个人的工作准则。AI 优先的组织会创造新的角色来协调整个员工队伍。致力于使用 AI 进行扩张的公司，比其他公司更有可能拥有明确的 AI 数据战略、围绕数据隐私保护的措施，以及针对关键数据的相关决策，定义明确的治理流程。例如，油田服务公司斯伦贝谢（Schlumberger）在使用 AI 算法和高级分析来改进运营和工作流程（包括对工作人员的视频分析）方面有明确的数据隐私规则。该公司会先对视频数据进行匿名化汇总，再进行总体趋势分析，并允许个人私下查看自己的生产力数据，从而改善绩效。[32] 成功的公司还拥有清晰的数据所有权结构，业务部门拥有业务相关的数据，并对其生成的数据质量负责。[33] 从治理的角度来看（想想 ESG 中的"G"），公司应该在出现问题时启用风险框架和应急计划。公司应设置明确的决策流程，确定谁对 AI 做出的决策负责，并定义管理方法，以在必要时帮助 AI 升级。

简而言之，负责任的 AI 治理取决于整个高层管理团队和董事会。澳大利亚电信公司（Telstra）负责转型和员工事务的集团主管亚历克斯·巴德诺赫（Alex Badenoch）解释说："技术变化如此之快，可能会产生各种意想不到的后果，因此我们需要花时间就问题本身、可能性和风险，对最高管理层和董事会开展培训。"[34] 许多组织设立了伦理审查委员会，这些组织不仅会利用该委员会中多元化的见解，还会与外部专家、伦理学家和其他专家合作，主动解决AI 可能带来的任何意外后果。

不要只是"学习 AI"，还要用 AI 学习。如前所述，成功推广 AI 使用还意味着打造学习型文化和转变组织的思维方式。员工从厌恶风险、只有在有完美答案的情况下才会采取行动，转变为更加敏捷、愿意尝试、从失败中快速恢复、高效学习，并迅速推出项目或产品。[35]AI 优先的组织不仅仅依靠算法来做决策，它们仍旧重视人类的判断，将 AI 用作决策制定和快速学习的方式。为了加速采纳，领导者经常将 AI 计划与最初可能阻碍其推行的文化价值观结合起来。例如，在一家非常重视关系业务的金融机构中，领导者强调用 AI 增强与客户联系的能力。该银行为客户经理制作了一本小册子，展示了将专业的知识技能与 AI 结合后，为客户量身定制的产品是如何改善客户体验，并增加银行收入和利润的。推广 AI 使用的计划还包括开展一场员工竞赛，旨在通过使用新工具推动销售转化。CEO 的月度通讯也会用于展示竞赛获胜者的成就。[36]

在推广 AI 方面，领导力、EID 和员工福祉也可以发挥作用。研究表明，在预测领导者的工作效率方面，好奇心、外向性和情绪稳定性等个人特质的重要性是智商的 2 倍。许多研究一致表明，公司需要重新思考在数字时代，成功的领导力意味着什么。在这个数字时代，AI 的使用将在公司的运营方式中变得更加突出，诸如果断、权威性、个人领域的专业知识和对任务的专注等品质变得不那么重要了。与此同时，谦逊、适应性、有远见和敬业等特质将越来越多地定义敏捷领导力。[37]

在谈到 EID 问题时，AI 可以再次发挥重要作用。事实上，研究表明，组织中的人甚至可以开始将 AI 程序和设备视为团队中的"多元化"成员。[38]在组织心理学中，由不同类型的思想家组成的团队可以改善结果或创造斯科特·佩奇（Scott Page）所说的"多元化红利"，这意味着异质化团队在解决问题、做出预测和制定解决方案方面的表现优于同质化团队。其他研究表明，与多元化低于平均水平的组织相比，多元化高于平均水平的组织从创新中获得的收入占总收入的比例更高，前者为 26%，后者为 45%，这说明多元化也转化成了更强劲的财务表现。[39] 随着 AI 为团队带来自己的"思考"方式，人类和 AI 的结合可以产生的多元化红利将超过仅由人类组成的团队（无论其多元化程度如何）所产生的红利。[40]

因此，虽然大数据和机器学习为企业及其员工提供了令人兴奋的机会，但如果公司及其领导者不处理潜藏在他们周围的偏见，失败的风险就会增加。换句话说，多元化及其所有形式是确保公司从 AI 中获得最佳商业价值的最佳方式。

与此同时，人们随时随地都在谈论人机协作的价值。但是，如何与我们的数字同事建立富有成效的、令人满意的、健康的关系却少人问津。这就是组织健康的关键要素之一——员工福祉发挥作用的地方。在人机协作的世界中，我们必须重新思考员工福祉，以应对数字时代工作的新动态。世界各地的员工工作时间越来越长，各公司也加大了对技术的投资，各国的国内生产总值在上升，但生产率几乎保持不变。问题在于，数字技术尚未对人类完成工作的能力进行优化。领导者必须找到吸引和留住最优秀人才的方法，采取负责任的行动，避免损害员工福祉，并最大限度地发挥技术投资的商业潜力。在起步阶段，可以制定一个以 AI 为先的战略，综合考虑运营模型中的每个部分，激发和鼓励每个个体采用数字先进技术来促进组织健康的建设。

领导 AI 优先的组织是一项艰巨的工作。正如本章所强调的，与过去的实体机构相比，组织如今的运作更像平台和生态系统。我们可以将组织结构视为一半是人，一半是机器。组织的健康状况也是如此。正如快速扩张和增长的公司的 CEO 们反复向市场展示的那样，今天 AI 优先的组织需要以新的方式重塑组织要素，并培养组织敏捷性，通过 AI 赋能组织健康。换句话说，AI 重新定义了组织健康的构成，同时改变了实现组织健康的方式。这些都是极具挑战性的任务。但是，完成这些任务也意味着，AI 会使像西班牙 BBVA 银行这样的传统公司转型为数字时代最成功的金融服务机构之一。[41]

随着公司重新思考它们的竞争战略和组织优势以实现 AI 优先，企业领导者发现他们必须善于监督和管理各种紧张关系：在实验项目和固有习惯之间、在自动化和体力劳动之间、在分析和判断之间、在用户（或客户）和股东之间、在挑战者思维模式和固定型思维模式之间、在类似零工的远程工作员工和现场办公的员工之间。随着组织效力的范式转变为 AI 优先的模式，能否管理好由此产生的多重压力将在很大程度上取决于公司的健康状况。

亚马逊、脸书和谷歌等公司已经证明，它们可以在快速运转的同时扩展新业务。但对非数字原生的组织来说，要从模拟转向数字，它们必须利用 AI 的力量来释放组织健康的潜能。这将使它们在疫情过后更好地调整，以适应激烈变化、动荡和混乱的商业环境。

最终，为了通过 AI 进步释放组织健康的潜能，领导者应该专注于投资本章讨论的所有四个组织健康要素——战略、组织和工作设计、人才、风险缓解和认知提升，同时注意它们对领导力、EID 和员工福祉的影响。有效的 AI 优先组织的领导者会适应变革，并帮助整个公司变得敏捷。最终，他们会知道如何释放公司的全部潜力，这取决于公司的健康状况。

接下来将开启本书的第三部分：领导组织制胜——寻求投资优化的领导者的首要任务。

组织制胜的**检查清单**

---

* 使用 AI 不仅可以优化过去所做的事情，还可以重塑组织，使其更加以人为本，并为企业、团队和个人创造全新的价值来源。

* 承诺将尽可能多的 AI 预算用于变革和使用 AI 本身。

* 重塑组织要素以适应 AI 优先组织的目标，同时使用 AI 释放组织健康潜能并重新定义实现方法。

* 投资重塑战略和决策制定——包括使 AI 与业务战略保持一致，授权一线员工在日常决策制定中借助 AI 的洞察力，以及使用 AI 建模，发现未来战略的可能。

* 负责任地投资 AI，并让整个高层管理团队和董事会对 AI 治理承担责任。

* 在 AI 领域创建一个拥有深厚专业知识的复合团队，并在业务部门创建跨职能团队，开发 AI 用例以实现特定成果。

* 将 AI 融入每项工作和每个团队，授权员工共同创造、寻找最合适的工作地点和工作方式，并帮助员工不仅"学习 AI"，而且"用 AI 学习"。

* 投资人才，不仅要投资 AI 应用和分析人才，以及监控 AI 赋能人类的新角色，还要为提升全体员工的工作能力和新技能投资。

* 重新定义人才实践，AI 优先组织的特点是网络型团队、易变性、保持实验和学习的心智模式、跨学科工作项目、更大的自主权和授权，以及对人类能力的关注。

* 重新定义员工福祉和 EID 的范围，将 AI 也包括在内——帮助员工与数字同事建立富有成效、令人满意的健康关系，借助 AI 来补充多元化的观点、减少偏见。

3

LEAD

领导

组织制胜

A BETTER ORGANIZATION

——为实现投资最优化，领导者的优先事项

第十章

投资者和董事会：

规划私募股权和风险投资所投企业的
优先事项

董事会和投资者有着相同的终极目标：

提供监督和指导，帮助组织及其利益相关方蓬勃发展。

现在的董事会不再只关注监管合规，投资者也不再只是被动的资本提供者。

如今，二者真正的关注焦点是提升组织健康，

并将其视作实现最佳业绩的关键杠杆。

在本书的第一部分和第二部分中，我们研究了为什么组织健康很重要，以及领导者如何通过正确的组织设计实现快速增长，即通过使用 AI 来衡量和改善组织健康状况。现在，我们将进入本书的第三部分，探讨我们的第三块基石：跨关键领导岗位的合作，以此设计和构建更好的组织，并回答一个重要问题——如何做才能用好数字技术和组织健康关键要素，来释放组织最大的潜力？

因此，在本章，我们会探讨投资者和董事会的视角。在第十一章中，我们将介绍 CPO 的概念，并深入探讨这个新领导角色在培育组织健康方面的任务。最后，我们在第三部分的结尾呼吁 CEO 采取行动，更加熟练地掌握变革语言。

让我们以一个故事来引出本章的主题，这个故事说明董事会和投资者不再把企业治理视为对行为和合规性问题的简单监督。相反，如今的企业治理要求他们必须更深入地参与监督、改善组织健康状况，并利用数字技术来实现这一过程。

InsurCo 案例：
一个董事会是如何促进公司快速增长的

在一家快速增长的保险科技公司（以下称为 InsurCo）的首席战略官（Chief Strategy Officer，CSO）走马上任时，该公司刚刚获得了 2.5 亿美元的投资，以帮助其实现下一个阶段的规模扩张。尽管 InsurCo 认为公司的业务创新能力、驾驭市场波动的能力和盈利性增长等能力很强大，但新 CSO 看到了很多可以提高业务竞争力的机会。因此，她的首要行动之一是对公司的组织健康状况进行审查，她在董事会和 CEO 的全力支持下完成了这项工作。审查涉及与高管的访谈，对现有战略文件、员工敬业度及客户数据的检查。

审查的主要发现是，InsurCo 对其使命及对客户和员工的整体价值缺乏清晰的了解。经过进一步探索，新 CSO 发现公司的领导力、沟通和人力资源职能中存在一些潜在的缺陷，以及员工队伍明显缺乏多元化。这些问题导致公司愿景不落地、员工协作不紧密的氛围加重。

考虑到这些发现，新 CSO 会见了董事会成员、公司投资者和 InsurCo 的创始人 /CEO，阐明了公司未来的愿景。他们想知道，5 年后的 InsurCo 应该是什么样的？现在或在不久的将来，他们需要做什么来实现 5 年后的目标？他们都承认变化将是永恒的：过去 5 年，整个保险业在产品线、客户期望，以及新进入者（如 InsurCo）方面，发生了翻天覆地的变化。然而，这些人也知道，机遇已经成熟，增长、提效和产生影响的时机已经到来，InsurCo 决心在 AI 优先的背景下拥抱颠覆性变革。

最终，董事会就四项原则达成一致。首先，创始人 /CEO 和投资者需要深刻转变他们对商业模式的看法。InsurCo 需要在保险科技行业的所有细分市场中建立自己的地位，进入其原本未涉足的领域，并通过扶植新领域来提高收入。它需要提高所有细分市场的产品价格竞争力、建立合作伙伴关系生态系统，以确保增长。其次，InsurCo 需要被客户和股东视为数字时代领先的保险科技公司，为创新树立标杆。再次，它需要在速度和敏捷性方面展开竞争，比竞争对手更快地响应新的市场变化。最后，它需要准备好进入一个由业务部门主导，但由董事会引领的组织增长和规模扩张的新时代。

董事会和最高管理层一致认为，要做出这些转变，需要对组织健康状况的极度关注。他们知道，要吸引人才和创新，InsurCo 需要更加多元化的员工队伍。决策过程中的授权、简化和去中心化对于提高速度和敏捷性至关重要。所有这些都需要 InsurCo 大幅提高其组织健康水平，将其置于新策略执行和规模扩大的核心地位。

董事会批准了一项新战略，其中包含公司领导者将采取的关键行动。首先，他们清楚地阐明了 InsurCo 的新愿景，涉及公司使命、对客户和员工的价值，并公布了一份概述其 5 年增长目标的文件。其次，他们提高了对推动新愿景所需的人力资源结构和系统的要求，涉及文化、领导力、员工体验、人力资源运营模式和劳动力多元化等方面。最后，为确保对新愿景的高度关注，CSO 与其他高层管理人员合作，确定了当前与 InsurCo 所述战略方向不符的项目和行为，例如列出一份"停止"清单，其中包括强化信息孤岛的动作和烦琐的流程交接。

作为新战略的成果，InsurCo 的商业和产品线同比增长近 32%。此外，董事会还成立了一个委员会，直接监督人员和组织相关计划。这一关键行为帮助

InsurCo 从运营方式不成熟的初创公司，转变为具有敏捷性和灵活性的成长阶段公司。最后，在董事会的支持下，CSO 起草了一份招股说明书，用来说服新一轮投资者提供额外的资金，帮助 InsurCo 平台实现现代化并实现企业内部的数字创新。

公司治理的变化及其重要性

曾经被认为是公司可持续竞争优势的因素，例如突破性产品或创新，或者独特的客户体验，现在几乎无法保证公司业绩增长。正如 InsurCo 的案例所示，如果不集中关注维持组织及其所有利益相关方长期健康所需的要素，公司将无法有效地竞争。数字化和 AI 是衡量与改进这些所需要素的关键。成功的运营模式设计越来越多地建立在 AI 和数字资产上，通过吸纳必要的任务，迅速扩大规模和开展运营。

这就是为什么在各行业中，无论是上市公司、私营企业，还是投资人实控的公司，董事会治理公司的方式都在改变。随着 AI 时代的到来，数字技术的进步正在重新定义一切，如今的董事会专注于数字化转型投资。然而，重要的是，他们在这样做的同时，不能忽视增长所需的组织要素，例如清晰的运营模式和组织架构，以及快速寻找和聘用最优秀人才的招聘引擎。

同样，董事会和投资者都需要认识到 ESG 标准和合规性对其组织的扩展和增长计划至关重要。换句话说，他们必须考虑：在美国，组织如何影响地方、州、联邦各级的环境、社会和政府机构，并与之互动？为了努力应对持续的颠覆性变化和为全部利益相关方创造价值，企业必须在所有 ESG 领域变得更加透明。

同样重要的是，在未来 3 ~ 5 年内，新法规将重新定义初创公司和私募股权所投企业的董事会和投资者的角色。美国证券交易委员会将要求企业披露有关组织健康情况的重要信息，这类信息的披露程度类似美国证券交易委员会一直以来都要求企业披露的财务和法律事项，将涉及多个维度的指标，包括员工敬业度、继任计划、高管薪酬和激励、保护人权的行动、劳动力的构成及劳动力的技能和能力、健康和安全情况以及生产力等。然而，如今大多数董事会并不报告此类指标，即使是世界 100 强公司也不会报告多元化和薪酬以外的内容。[1]

这一切都表明，对公司治理的要求正在转变，董事会成员需要更加适应颠覆性变革和敏捷性，并在改善组织健康战略这一方面，提高监督和影响的能力。

治理和监督的关键作用

高速增长和规模扩张不仅对执行团队工作的各个方面都有直接影响，对公司治理和投资者监督也不例外。在这样的变革和增长时期，良好的治理、投资者的监督和专注的董事会可以提供关键价值——帮助组织塑造道德或文化，并从其他公司的可靠经验中获得见解。相反，缺乏良好的治理会破坏组织的价值（请参阅下面的专栏"治理不善会导致组织健康状况恶化"）。

治理不善会导致组织健康状况恶化

如果公司的董事会和投资者准备不足，甚至毫无治理方面的意识，公司就不可能应对市场的潮起潮落，更不用说利用它们了。一些因缺乏治理导致问题的示例，彰显了良好治理的重要性。

在数字时代，董事会必须能够主动监督。换句话说，追求 AI 并不是没有风险的。从有偏见的算法，到侵犯数据隐私，再到 AI 在没有足够的人工投入或监督的情况下做出的糟糕决定，足以证明 AI 的风险很多，例如"脸书与剑桥分析"（Facebook-Cambridge Analytica）数据泄露丑闻。英国咨询公司剑桥分析（Cambridge Analytica）在未经用户同意的情况下收集和使用了数百万脸书用户

的数据，主要将其用于政治广告。另外，摩根大通银行在发现其特别行动部门的成员开始监控该行高级管理人员后，罢免了其特别行动负责人。尽管作为密切关注潜在不诚实交易者的一种手段，该行批准了最初的监控，但数据收集失控，该行高级管理人员的数据也被收集了，引发了一场内部丑闻。

提倡讲道德、负责任地使用数据和分析手段，并避免 AI 的负面影响，需要董事会引导其公司管理团队利用组织健康来应对 AI 风险，并从 ESG 和利益相关者资本主义的角度出发，确保 AI 为所有人创造价值。具体而言，这意味着董事会需要采取保障措施，减少算法偏差、阻止技术相关的不法手段，减少对员工就业的影响，并落实数据隐私方面的保护措施，尤其是那些敏感数据。

随着"独角兽"（成立不超过 10 年，市值超过 10 亿美元的公司）的崛起，风险投资所投企业的治理问题越发突出。同时，一些赫赫有名的被投企业也遇到了公司治理问题。飞速发展的健康科技公司塞拉诺斯（Theranos）就是如此，当其创始人伊丽莎白·霍姆斯（Elizabeth Holmes）从事非法和破坏性活动、欺诈投资者，造成了严重的文化和道德失范时，该公司失去了人心。在举报人的帮助下，《华尔街日报》调查记者约翰·卡雷鲁（John Carreyrou）曝光了这一事件。[2] 除了非法行为，卡雷鲁还描述了一系列会阻碍组织健康发展的管理和领导实践。例如，不鼓励团队和职能部门之间的协作，这会严重阻碍创新。同时，董事会成员对公司产品的技术了解不足是有问题的。美国证券交易委员会对霍姆斯的欺诈罪提起了诉讼。除了被禁止在 10 年内担任任何上市公司的高级职员或董事，她还为此事付出了 50 万美元的罚金并归还她的数百万股股份，此外她还放弃了她在公司的投票控制权。霍姆斯和公司前首席运营官拉梅什·巴尔瓦尼（自称"桑尼"）因涉嫌欺诈罪而受到起诉，这些事件最终使公司的地位从科技"独角兽"（估值高达 90 亿美元）一落千丈，沦为濒临破产的公司。那些投资者在哪里呢？他们缺位了。正如一位记者所指出的那样，投资者没有要求公司提供由合格的会计师事务所签署的经审计的利润表、资产负债表和现金流量表。

　　简而言之，良好的公司治理（及伦理型领导）是有好处的，对上市公司和私营企业都是如此，对私募股权所投企业的公司治理而言尤其如此。为什么？因为公司的声誉和治理会转化为更高的市盈率和其他关键指标。[3] 经济合作与发展组织（the Organisation for Economic Co-operation and Development, OECD）的一份报告证实了这一点，并得出结论：良好的公司治理有助于提高投资者信心、降低资金成本，并吸引更稳定的资金来源。[4] 董事会在监督增长和规模化战略时，如果考虑组织的基本要素与其整体绩效之间的相互作用，就会增加公司成功的概率。

　　私募股权所投企业的董事会与上市公司董事会的不同之处在于，前者能主动参与到公司的日常运营中，就像一个高效执行管理团队一样运作。（请参阅下面的专栏"私募股权所投企业董事会的优势")麦肯锡公司进行的一项研究记录了私募股权投资机构积极参与指导业务所获得的收益。该研究发现："虽然 75% 的私募股权投资机构的表现并不比股市表现好，但排名前 25% 的机构表现相当不错，并且持续优于股市。"排名前 25% 的机构成功的秘诀是什么？它们不是以低于市场的价格购买资产，也不是在风口市场或行业中。相反，真正的价值来源是公司本身的出色表现，这要归功于私募股权投资机构积极参与所投企业的实际业务，花时间提升董事会效率，并确保相比上市公司和私募股权行业内的竞争对手，它会更直接和更积极地实施公司治理。[5] 例如，私募股权投资机构对组织事项积极参与监督的公司，在创新和收入增长方面的表现要比私募股权投资机构对组织健康情况参与度低的同行好 10%。这些表现较差的公司在疫情期间的收入至少下降了 5%。[6]

私募股权所投企业董事会的优势

尽管董事会对所有公司的价值创造都至关重要，但需要注意的是，上市公司和私营企业的董事会与私募股权投资机构所投企业的董事会之间存在显著差异。这里无法详述个中细节，但让我们看一下最明显的区别：私募股权所投企业董事会的基本构成和决策事项与上市公司董事会不同。例如，由于前者是私有制的，董事会要应对的合规义务较少。董事会规模通常较小，且通常由外部成员（如相似公司的前任经理）和私募股权投资机构的专业人士组成，负责被投企业的投后服务（团队一般都会有基金经理，或由他领导，即"交易合伙人或负责人"）。与在上市公司董事会任职的董事不同，私募股权所投企业的董事面临着非常高的经济风险。[7]

让我们进一步探讨。私募股权投资机构的治理风格在很大程度上依赖于一个模式，即实控人的激励与被投企业管理者步调一致。这意味着什么？首先，私募股权投资带来了更高的运营效率，部分原因是，短暂且紧张的如"高压锅"般的基金管理周期会倒逼积极的治理。其次，规模较小且激励效果更好的私募股权所投企业的董事会更有可能关注并购、批准新产品线等战略，并做出更好的决策。最后，私募股权所投企业的董事会比管理层更有可能做出提高运营绩效的艰难决定，例如批准裁员、剥离表现不佳的部门，甚至更换高管。[8]

为了实现价值创造计划中的关键绩效指标，公司常常会实施与此激进目标相关联的重大激励措施。以私募股权投资机构的合伙人为例，为了主张投资者溢价，私募股权投资机构的合伙人会说，被投企业的成功不是因为改善了战略定位，也不是因为提高了运营效率，而是因为卓越的治理。同时，私营企业的所有权结构改善了公司治理，但上市公司薄弱的治理和监督损害了公司的价值。总之，这可能会推动董事会和所有其他相关方从被投企业中成功退出。在初创公司的背景下，被投企业的董事会通常在某轮融资期间成立。他们会作为一个活跃的、管理型团队运作，协助公司创始人 / CEO 和管理团队与市场建立联系，提供他们所需的专业知识，助其推出创新产品或服务。

我们也知道，对于一家处于早期阶段的公司，因为是对公司创始人投资，他们的愿景和产品将变得更加关键，而战略方向、目标、领导力和人才必须成为董事会关注的重点。在风险投资所投企业中尤其如此。为什么？因为创始人通常没有成熟的管理能力。因此，早期创业公司可能会选择董事会来填补经验缺口。事实上，在 AI 优先的时代，董事会的专业知识对被投企业管理团队争夺顶尖人才来说将变得更加重要。

在项目退出前阶段（无论是首次公开募股、收购还是买断），新成立的公司收购目标公司（或有时收购其资产）时，组织的所有要素都很重要。即使在后期融资阶段，董事会也是公司治理不可或缺的一部分。它对组织事务的决策相当于对私募股权基金股东和被投企业管理团队的一些成员提出建议。

私募股权所投企业的董事会对公司运营往往会亲力亲为。它们通常也与投资者密切合作，共同引导公司朝着增长的方向发展。当私募股权所投企业的董事会基于公司的发展阶段、地理位置、股东组合，以及与投资或持有期相关的其他压力，考虑他们可能需要哪些组织维度来帮助管理层积极发展时，他们会认识到，在公司治理方面永远不存在一种放之四海皆准的通用模式。换句话说，一些适用于亚洲的后期阶段独角兽的治理方式，不同于位于爱尔兰都柏林的快速增长的共享出行初创公司。

换句话说，组织管理强大的公司，业绩更好。董事会和投资者都知道，拥有一个"健康"或"有效"的组织至关重要。组织议题曾经可能只占用他们一小部分的时间和精力，现在他们要配置资源、安排任务来优化组织效力，组织议题成了议程中的核心焦点。如今的董事会可能会在无形问题（如人才和文化）和有形问题（如运营和财务）之间平衡精力。事实上，无形资产现在可能占公司价值的52%。[9]再加上行业领袖和监管机构对披露 ESG 指标的要求越来越高，这也促使董事会将组织健康作为未来长期发展的首要任务。

此外，董事会和投资者都知道，ESG 表现不能再与财务业绩分开讨论了。从广义上看，在与规模化、增长和多元化相关的所有董事会监督和风险管理决策中，都必须对组织健康（包括 ESG）加以考虑。曾经可有可无的事情现在逐渐成为主流，成为董事会议程上重要的组成部分。然而，大多数董事会成员，无论是上市公司的还是私募股权所投企业的，现在才开始思考这对他们意味着什么、如何有效地领导以建立更好的组织，以及他们的投资者如何与公司管理团队合作来完善这些要素。

首先，董事会和投资者需要提出以下问题。

- 应如何评估组织的健康状况，以了解它可以在何处、如何为公司创造新价值？
- 如何将该价值转化为切实可行的目标和关键结果，然后简单有效地传达给所有主要利益相关方？
- 在确定执行组织健康监测的最佳方式时，哪些可量化的指标将变得越来越重要？
- 董事会如何将 ESG 顺利整合到他们的组织健康和薪酬战略中？

- 平衡长期健康与短期财务压力的最佳治理实践是什么，尤其是在投资期缩短或所有权限缩小的情况下？

- 董事会如何才能及时了解正在发生的事情，以便感知并响应内外部市场中的微弱信号？

请注意，当涉及私募股权所投企业时，它们的治理方式通常具有明显的内在优势，正如该领域一位著名学者指出的，"公司就像'仆人'，他们只侍奉一位'主人'"。[10] 换句话说，董事会与管理团队的亲力亲为和积极参与将不同股东的诉求对齐：只有一个主要利益相关方需要参与，那就是私募股权投资机构，公司的几个交易合伙人通常将取得董事会席位，甚至可能担任董事会主席。这有助于加强与私募股权投资人的直接关系，并确保在必要时快速发挥作用、立即纠偏路线。或许正是由于这一优势，如今许多上市公司在私募股权投资机构的帮助下进行了私有化，私募股权投资机构会购买、改造并将其纳入投资组合。[11]

这些发展和其他相关情况对董事会和投资者在监督组织健康方面的作用意味着什么，以及最重要的是什么？在讨论投资者之前，让我们先看看它们对董事会的影响。

董事会：最重要的是什么

尽管传统董事会的工作重点是监督薪酬和继任计划，但毫无疑问，今天的董事会必须作为"公司决策控制系统的制高点"[12]来运作。通过建立和维护对组织人力资本的有效监督，即本书中讨论过的组织健康七个要素：明确的战略方向，强大的适应性文化，敏捷的领导力，顶尖的智慧型人才，灵活的组织设计，公平性和包容性实践下的多元化员工队伍，员工的福祉水平。这些主题正在从一个有时间限制的议程项目转变为一组更有力的讨论主题，它们都旨在推动那些关于创新速度、规模化，以及成长和超越同行能力的战略和投资决策。

那么，在理想情况下，董事会和投资者会提供支持并和创始人、CEO、管理团队共同努力，一起提升组织健康状况，并提高组织成功的概率。具体而言，私募股权所投企业的董事会真正的增值服务将体现在董事会的积极参与，以及落实下述事项的能力上。

- 在尽职调查期间，审查重大组织议题，以降低风险或创造价值。
- 投资 AI 引导业务战略和运营，从而获得充足的、符合投资理念的回报。
- 帮助 CEO 建立一种新型的管理纪律——积极监测和应对 ESG 风险的纪律。
- 监督人才和文化，发现创造价值和降低风险的机会，例如将最优秀的人才与能发挥其最大价值的任务相匹配。

- 监督企业以负责任、合乎道德的方式使用客户和员工数据及 AI。

董事会谈论组织健康并监督组织

董事会越来越重视组织健康并使用新的指标来讨论它。随着其重要性的提升，董事会也在使用新的方式来监督它。

一些上市公司已经明确了董事会对组织健康相关事宜的监管职责。例如，韦莱韬悦（Willis Towers Watson）2019 年 8 月的一项研究发现，近 40% 的标准普尔 500 指数公司已重新命名负责薪酬管理的委员会，以此更好地反映其扩大的职责范围，包括过去在董事会层面没有监督到的事项，例如组织文化、EID、敬业度、人才管理和最高管理层以下的继任计划。[13] 一家跨国公司最近扩大了其提名 / 治理委员会的职责范围，其中包括对人力资本问题的额外监督。根据这一扩大的职责范围，这家跨国公司的董事会更名为"提名、治理和管理发展委员会"。作为扩大的职责范围的一部分，该委员会积极寻求并期望公司首席人才官在董事会会议上定期更新人才和组织问题，包括继任计划，以及公司最关键角色的 EID 指标。

同样，消费品公司纽威品牌（Newell Brands）扩大了其"薪酬委员会"的职责范围，并对其进行重新命名。通过新名字"组织发展和薪酬委员会"，董事会展示了从人力资本管理向业务职能的转变，并承担了更大的责任。同时，随着这种转变，董事会优化了组织要素，包括多元化计划、人才管理战略、领导层继任和企业文化。其他公司也已开始把对组织健康的监督置于提名 / 治理委员会内，将继任计划扩展到包括对员工敬业度、员工发展以及多元化和包容性等问题的监督上。

这种对组织健康监督的演变让一些公司开始对 CHRO 与 CFO 一视同仁地加大重视。走在前列的公司希望 CEO、CFO 和 CHRO（一些领先的从业者称之为"金三角"或 G-3[14]）紧密合作，调整战略、财务资本和人力资本。这与毕马威的"董事会领导力"（KPMG Board Leadership）研究一致，其中罗素 3000 指数（Russell 3000 Growth Index）中的一些公司增加了具备丰富人力资源专业知识的董事。在服务的 198 个董事会的 169 名现任或前任 CHRO 中，近一半是在过去 3 年中增加的。[15] 史宾沙管理顾问公司（Spencer Stuart）的另一项调查结果显示，在所有接受调查的董事会成员中，有 24% 的人表示，他们为董事会带来了人力资本管理的专业知识。[16]

同样，如今的董事会更有可能积极主动地与 CHRO 互动，与其单独沟通，并且许多（86%）董事至少每季度会与 CHRO 定期互动，从他们那里获取可操作的反馈。此外，CHRO 拥有更切实的战略性视角，有助于通过高管薪酬以外的透明化指标为董事会的监督提供信息。尽管已经有一些进步，但我认为，在 AI 优先的世界中，人类自身处于组织发展战略的前沿和中心，对组织健康的监督应该是全体董事会的责任，而不仅仅是董事会中某个委员会的。现在是时候让组织健康在董事会中占有一席之地了。

在私募股权投资的背景下，进行公司治理远不止是一种信托责任（fiduciary responsibility），更是公司主要的工作。正如我们将在下一节中看到的那样，它与推动增长所必需的角色——投资者，有着密切的联系。投资者治理是硬币的另一面。

投资者：最重要的是什么

为了最大限度地发挥组织健康的潜力以实现增长和规模化的可能，私募股权所投企业的董事会可以与投资方合作，提供监督和指导。事实上，风险投资和私募股权所投企业具有其他公司所没有的独特优势。因为资本会有一个明确的持有期，投资方需要在一定时间内实现某笔投资的内部回报率（IRR）或盈利，所以，私募股权所投企业的董事会及其投资方必须加倍努力，思考关键问题，如人才、股权、包容性、多元化或 ESG 标准等。他们必须能够将数字化手段转化为公司价值创造方面的优势，例如更高的运营效率。

尽管董事会和投资者有着相同的目标，但投资者的视角存在一些独特之处。例如，在采用成长型股权投资和杠杆收购的情况下，公司可能会上市。因此，在 IPO 或收购之前，尽早建立健康的组织和推动 ESG 实践大有裨益。是什么让处于成长阶段的公司如此与众不同？ CapitalG 的普通合伙人莱拉·斯特迪是这样描述的："初创企业要竭尽全力地找到有效的方法，而成熟企业知道什么是有效的并会做出相应的调整。处于成长阶段的公司正好位于二者之间。"[17]

为了更深入地了解普通合伙人对组织健康的关注是如何演变的，我采访了几家头部公司的普通合伙人和运营合伙人。运营合伙人加入被投企业参与战略和运营决策，而普通合伙人是投资行业的专业人士，负责投资决策。普通合伙人和运营合伙人确保交易能让所有参与者获得利益，包括有限合伙人，他们虽然参与投资但并不涉足基金或公司日常经营。

普通合伙人和运营合伙人告诉我，他们在组织健康相关议题方面的经验与市场发展和学术前沿步调一致。大多数普通合伙人认为，如果让他们选择一件事并把它做对，那就是组织健康，而且会从创始人开始推行它。"创业公司所做的事情非常困难。因此，那些能够生存下来、获得发展资本，并最终成长为大公司的创业公司必须做很多正确的事情，而组织健康绝对是最重要的。"一位与我交谈过的普通合伙人指出。普通合伙人和有限合伙人都认识到，对公司的投资就是对人的投资，且要从创始人开始。那么，这具体来说是什么意思？

首先，如果创始人／创业者能够表现出杰出的领导力、清晰的愿景和良好的沟通能力，他们更有可能获得融资。这些不仅是令人钦佩的品质，对公司业绩和未来融资也至关重要。

其次，投资者更有可能支持团队稳固、文化繁荣的公司。随着与组织相关的数据量不断增加，投资者往往会审查对企业文化至关重要的各个方面和相关指标，特别是当它可以提升员工体验，以及推动人才引进、发展和留存时。这些组织层面的洞见往往会影响资本的配置，帮助企业建立高绩效的包容性团队，塑造令人信服的价值主张和企业文化。

再次，投资者会非常冷静地确定优先事项。投资者的类型不同（如天使投资人、养老基金或风险投资机构），资金的用途也有所不同。关于不同类型投资者的差异，研究表明，家族办公室、成长型股权基金和杠杆收购基金对盈利能力的重视程度高于天使投资基金和风险投资基金。反过来，风险投资基金更关注公司的收入增长和商业模式。[18] 打造出色的产品、制定差异化的销售和上市战略，都需要在竞争激烈的环境中确定优先次序、制定出色的组织健康战略。

最后，投资者的部分附加值来自改善公司治理和积极监督。这通常意味着，如果创始人或 CEO 无法实现公司增长或无法实施有效的人力资本战略，则会被投资者换掉。投资者希望被投企业的董事会知方向、懂管理、能担责，积极参与公司的价值创造过程。

私募股权和其他机构投资者的优先事项

风险投资和私募股权所投企业及其董事会，均无法逃避每个上市公司都会遭遇的问题。但正如之前提到的，风险投资和私募股权所投企业相比上市公司有一个明显的优势：这些被投企业必须首先高度关注自身组织的健康状况。除了完成提高运营效率的任务，它们还必须能够将数字化进一步转化为一种在人才、文化、EID 和 ESG 等领域为公司创造价值的能力。接下来，让我们更深入地探讨投资者治理是如何提高公司价值的。

第一，风险投资和私募股权所投企业有权在其投资组合公司中寻找和配置顶尖人才（尽管风险投资不能像私募股权公司那样雇用或解雇员工）。正如我们在整本书中所探讨的那样，招募和留住顶尖人才，尤其是多元化的顶尖人才，是有代价的。无论今天还是未来，公司的执行团队（即在董事会任职同时经营公司的人）本身就是一种竞争优势。要找到合适的人，就要付出努力，对董事会成员尤其如此。投资者领导层和被投企业管理团队需要对高管的招募同样用心，这个过程就像大型的大学橄榄球队从高中招募人才来组建球队一样。私募股权和风险投资拥有的优势之一是丰富的社会网络和关系，它们可以从中发现、招募和配置各种顶尖人才。通过其在公司的所有权和实际经营权，私募股权可以产生持久的影响，因为它们正在重塑公司管理制度、高层管理人员和董事会。即使私募股权投资机构仅持有一家所投企业的股份 3 ~ 5 年，其中的一些变化，尤其是其灌输的多元化和公平性的做法，也可能会在其退出之后仍旧延续。正如凯雷集团包容性和多元化主管卡拉·海兰德与我分享的那样，"通过分析我们投资组合中美国公司过去 3 年平均收益的增长数据，我们发现拥有多元化董事会的公司实现增长的速度比其他公司快 5 倍，其中每位多元化的董事会成员贡献 5% 的增长。"

　　第二，ESG 的合规性和其他问题仍然存在。首先，2016—2018 年投资机构管理的资产中有 34% 与 ESG 相关，涉及资产超过 30 万亿美元。因此，企业领导者、投资经理和董事会将越来越多地参与 ESG 整合——将 ESG 系统且明确地纳入财务分析。强有力的 ESG 治理和透明度对投资过程至关重要，因为董事会需要确保投资者在社会使命和价值观上与自身一致。尤其是在科技企业的合法性受到全社会严格审查（即科技抵制潮）的情况下，这点更加突出。同时，投资者也更愿意支持那些具有令人信服的员工和社会责任倡议的企业，在这种倡议下，员工在实现企业目标的同时，为社会福祉做出了积极的贡献。安永 - 博智隆（EY-Parthenon）的副合伙人安娜·格罗伯格（Anna Grotberg）表示，对于 ESG，私募股权投资机构在公司治理方面具有真正的优势。她表示，"目标、责任和透明度多年来一直在被纳入私募股权投资机构的议程中，但在疫情期间，这一趋势更加明显。"[19]

　　随着越来越多的公司被要求应对气候风险，问题就变成了：这会迫使资产管理者、投资者和董事会默认要监督这些问题吗？答案是肯定的。例如，英国颁布了新规，自 2025 年开始，将强制公司披露气候风险报告，这就可能导致公司在人力资本 / 组织话题方面也被要求提交相关的报告，倒逼公司加强 ESG 披露。[20]这样做可能会增强投资者的信心，因为他们会审查公司对组织和 ESG 问题的管理，尤其是在评估潜在交易时，检查组织的健康状况和收购目标的 ESG 评级。

投资者不仅谈论组织健康，还组织监督

我的观察和研究证实了投资者对组织健康的信心越来越重要。事实上，投资者在不断提高对组织事务透明度的要求。例如，披露组织健康相关信息的代理人数量在持续增加。现在，在证券法备案文件和其他各种出版物中，许多公司开始越来越频繁地披露其与人才和组织相关的策略和举措。加强向股东和其他人披露他们的策略和举措的做法，也证明了这一点。这些披露作为员工公开披露的一部分，包含在公司代理委托书中（如赛富时等大型科技公司的做法[21]），或作为CEO薪酬部分的延伸内容（如零售商和西维斯健康公司的做法[22]），或在某些情况下作为公司网站上的补充披露（如波士顿科学的做法[23]）。

此外，随着可用的组织数据越来越多，通过数据产生的多样见解的创新性分析方法正在兴起。这可以帮助组织向投资者报告信息，而投资者和董事会也必须谨慎关注组织数据、分析结果，以及 AI 在识别和改造被投企业时所揭示的商业机会和潜在的道德风险。

近年来，贝莱德和道富环球投资管理等主要机构投资者在将组织健康放在首位的同时，还修改了投票准则，以此呼吁公司更加关注组织健康，并披露他们是如何将其纳入治理实践的。一些投资机构领导者已经在大力谈论组织健康的重要性，包括 ESG 问题，拉里·芬克就是其中之一。2019 年 1 月，贝莱德的 CEO 向 CEO 们发送了年度信函，题为"使命与利润"，他认为公司应该关注长期盈利能力而不是短期结果，并关注固化的薪酬结构、员工退休安排以及技术对工作的影响。[24] 芬克在 2020 年 1 月致 CEO 的年度信函和贝莱德在 2020 年 1 月的客户信函都关注了可持续性，尤其是气候风险，强调"我们认为可持续性应该成为我们投资的新标准"。

　　与此同时，道富环球投资管理总裁兼 CEO 赛勒斯·塔拉波雷瓦拉（Cyrus Taraporevala）在致独立主席和首席董事的一封信中写道，建议董事会成员将监督和阐明企业文化作为一项重要指令。塔拉波雷瓦拉特别强调，企业文化和企业战略应该保持一致，公司应该首先改进对外披露的报告，以便董事讨论他们在影响和监督企业文化方面的作用。

　　正如我将在第十一章中讨论的那样（该章涉及"CPO"的新角色），私募股权和风险投资的投资者对组织健康的承诺，反映在有多少人正创造新的方法，将组织健康纳入他们自己的运营和架构中。这种趋势在过去 10 年，从私募股权投资机构的"运营"团队中兴起。这是基于这样一种信念，即仅靠金融工程并不能使回报最大化，而基金投资组合公司的运营转型对成功至关重要。按照这种想法，交易团队可以专注于它们长期以来最擅长的事情：买卖，并听取运营团队的意见。此外，私募股权投资机构的组织健康任务通常属于"运营"部门（有时也被称为资产管理团队、投资组合支持团队、资源团队或战略投资组合服务部门）。同样，"运营合伙人"也可能有"全球投资组合转型负责人"等头衔。事实上，运营合伙人的角色相对较新。最近的数据显示私募股权投资机构的全职运营合伙人总数约为 500 人。毫不奇怪，专业运营人员的数量与基金的规模成正比。

公司治理的简单原则

尽管组织健康对所有公司的成功都举足轻重，但它对追求高风险投资策略的高速增长公司的成功尤为重要。组织健康已成为创始人和投资者圈子乃至董事会的关键理念之一。当投资者和董事会成员以确保组织健康的心态对待他们的价值创造工作时，卓越的结果就会随之而来。好的公司治理不仅适用于困难时期，也是私募股权所投企业董事会保持警觉的标志；它还可以在环境发生重大变化时，避免失败、发现机会。当投资者和董事会成员都在考虑让董事会的效率与时俱进地提高时，一些首要原则将指明正确的方向。让我们深入看看他们可以采用的原则。

- **专注于提供积极的监督。** 董事会成员和积极参与的投资者需要一起讨论，从实际经验中学习。如何做？他们可以利用 AI 来抓取管理团队的正式和非正式的见解，使董事会成员能够更简单、更敏捷地从实时情绪中学习。了解公司组织健康状况的董事会成员和投资者将对市场预判更有把握，并据此确定适合公司发展的方向。
- **创建并实施清晰的治理实践。** 与其被固定在一套标准的操作程序中，不如创建一个使命宣言、一个简单的角色定义和一套操作原则（简单规则），以此指导董事会确定其职责范围，并选择最核心的议题和指标，平衡投资者利益与被投企业的需求。

- **创建董事会、投资者和管理层共担的权责，并制定战略。**董事会应制定治理和权责的框架，让创始人或被投企业 CEO 及其管理团队参与、厘清和开发真正能改变游戏规则的投入资源。也就是说，通过让被投企业管理团队在决策中感受到利用平台优化决策的益处，使他们了解 AI 的力量。

- **参与董事会持续改进的过程。**董事会应建立自我检查的做法，根据其他董事会成员潜在或未充分开发的专业知识，将每位董事分配或匹配到关键委员会或项目上。这需要董事会根据真实、具体的董事会行动，建立事后检验的机制。设计少量且简单的规则来定义哪些主题属于董事会议程，或在董事会架构 / 决策流程中聘请治理专家，用最先进的实践和技术，领导董事会的能力建设研讨会。同样，积极参与的投资者应利用他们的网络，获取专业知识来指导被投企业，并不断进行自我反思和改进：如何更好地与董事会和管理团队合作。

- **找到合适类型的人。**董事会的组成应该与传统的组成不同——这意味着成员更加多元化，并且有不同的观点和经验。这种多元化对私募股权投资机构的人来说很重要，同样重要的是，获得正确的专业知识。私募股权投资机构的研究表明，当牵头合伙人的技能与他们被分配到的投资组合公司和相关董事会（一名或两名投资者董事或交易合伙人）的战略直接相关时，交易会产生最大的价值。[25] 风险投资家花费自己 25% 的时间担任董事和导师。[26] 在杠杆收购的情况下，董事会成员通常有亲自操盘的经历，基于他们之前的运营经验，他们精通运营细节。

- **展望未来，构建 AI 赋能的董事会。**现在，为了满足对数字技术和 AI 的投资要求，组织要有意识地创造一种变革的力量，使组织能够流畅地扩张和调整（即大规模地预测市场需求并做出调整）。因此，精通数字技术的董事会将利用数字技术的进步（从 AI 和分析技术到物联网）挖掘洞察，并基于此采取相关行动。这些洞察不仅有助于他们在各种商业话题和社会问题上与高管团队开展正确的讨论、决定优先事项，也将促进增长和投资逻辑的建立。

为了在高水平的公司治理、权责分配和透明度下应对快速变化的商业环境，公司需要董事会成员在两个层面上发挥作用：监督组织的短期和长期有效性，以及通过对数字技术的投资改进日常业务表现。为实现这一目标，董事会应主动向投资者展示组织的绩效和 ESG 表现，并通过展示对组织健康的有效监督来赢得他们对公司的信心和信任。无论是要领导伦理文化和负责任的 AI 采用计划；在立法者、监管者和商业监管机构间斡旋；批准公司的战略方向；签署并购交易；还是仅仅为了补充管理团队的知识和观点，一个有效的董事会可以为公司创造更多真正的价值，帮助公司扩大规模和实现增长。由于被专业并购公司收购的公司的董事会比上市公司的董事会更了解情况、更有发言权，也能承担更多的风险，因此他们更有可能在问题演变成危机之前就发现问题并进行干预。[27] 因此，对被投企业进行更好的治理有助于私募股权投资机构提高价值创造、降低风险，并与投资者建立信任。

董事会需要自我评估，然后根据三个因素制订行动计划：目标和架构的清晰度、董事会的承诺，以及引领公司前进的能力。换句话说，首先需要与管理层达成共识，确定董事会在哪些方面可以为公司带来最大的贡献。其次，个别董事必须清楚地阐明他们对彼此的承诺以及他们喜欢的工作方式（包括决策风格），使董事会作为一个整体有效思考和行动。最后，董事会需要集思广益，充当公司资产的管理者，为未来指明方向。

投资机构领导者意识到，帮助董事会明确重点、建立承诺、匹配人选，不仅仅是负责任的做法，通过对公司的指导、引领和监管更有助于公司形成真正的竞争优势。"价值"这个概念的重要性将让位于类似"时间价值"的概念，后者可能涉及在公司不断演化的各个阶段不时出现的挑战。这些将是关键的转折点，要求投资者在公司发展的关键时刻搭建、配置和重组董事会。对初创公司来说尤其如此，因为每一轮额外融资通常都会使公司治理结构发生变化（如董事会的规模和组成，以及投资者在公司中的所有权比例的潜在稀释），这促使风险投资人就指定的董事会席位和特定的退出权进行谈判（或重新谈判）。

组织制胜的**检查清单**

---

* 通过透明的治理实践和持续改进的理念，确保在董事会和投资者层面对组织健康状况进行积极和持续的治理和监督。

* 组织将组织健康纳入董事会治理。

* 扩大薪酬和继任委员会，或提名 / 治理委员会的职权范围，使之包括对劳动力和组织健康问题的监督（还包括负责任地使用劳动力数据和 AI）。

* 在私募股权投资机构的投后服务团队中设立 CPO，并与外部专家合作，就组织健康问题提供建议。

* 通过披露或报告 ESG 和人力资本指标，使组织健康指标对投资者群体透明。

* 让 CEO、CFO 和 CHRO（"G-3"）密切合作，以协调战略、财务资本和人力资本，并使组织健康成为董事会、投资者和管理层的共同责任。

* 建立一个具有适当专业知识、多元化、精通数字化的董事会。

第十一章

首席绩效官：

新设领导角色，监督组织健康

我们都知道，如今无论在投资机构，还是在被投企业，

组织健康对组织的成功都至关重要。

然而，在战略方向、人才、多元化、组织设计等领域

做出跨越式的改进，是一项艰巨的任务。

因此，拥有一位值得信赖并支持公司的顾问，

对被投企业 CEO 和管理团队来说是不可或缺的。

这正是 CPO 的作用。

就像许多经验丰富的高管（如桑迪·奥格）和学者（如戴维·尤里奇）指出的那样，如果当今的投资者和被投企业想优化其投资价值，就需要更加关注比过去更广泛的组织维度。[1]正如本书所述，研究表明，越来越多的被投企业正围绕一项更全面的商业议程展开竞争：组织健康。[2]

这就是为什么，今天的私募股权投资机构和其他机构投资者，越来越依赖投后服务中一个相对较新但重要的职位：CPO[3]。作为确保组织以最佳状态运行的高管，CPO还可以作为值得信赖的顾问为被投企业的CEO服务。此外，最理想的CPO是组织尽职调查的专家，一旦他们评估了公司的健康状况，就可以采取措施，弥补公司缺陷，促进价值增长。

事实上，在这个AI优先、变化不断的世界中，实现投资回报所需的技能范围不断扩大，几乎每个交易撮合者或CEO，都可以从CPO或担任类似角色的人（有时被称为"人才主管"或"投后服务人才负责人"）的帮助中受益。相较于没有这样角色的公司，若公司的高层管理团队中有这样的角色，公司就会在投资公司及其投资组合方面更具有优势。

面对诸多的挑战，价值创造者或运营合伙人实现组织增长和扩张变得越来越困难。他们必须面对复杂的高管薪酬结构，严格评估和协调管理团队中的顶尖人才，还要塑造一个引人注目且具有成本效益的员工价值主张，其中包括各种奖励。他们还必须设计全新的组织，改变员工的心智模式和行为方式，或为战略执行设立转型办公室。价值创造者或运营合伙人面临的挑战实在是太多、太复杂了，所以他们必须请专家来协助。

在本章中，我们将探究在协助投资者和被投企业的工作中，CPO 同时扮演的四个不同但相关的角色。我们还将讨论随着公司的成长和壮大，CPO 这一岗位会经历怎样的转变。为了让内容更扎实，我采访了在几家知名私募股权投资机构（包括收购并购基金、成长型基金和风险投资公司）中担任 CPO 或从事 CPO 相关职能的高管。通过与内部人士的对话及调研（如投资公司运营合伙人的领英资料和在公开媒体上发表的文章），我探讨了 CPO 这一岗位的内在复杂性和它所面临的重大挑战。

岗位定义：CPO 的四种角色

在私募股权和风险投资的所投企业中，寻找和聘用 CPO 是由普通合伙人搭建投后服务团队（请参阅下面的专栏"什么是投后服务团队"）开始的。无论谁被普通合伙人任命为"投后服务人才负责人"或"人力资本合伙人"，他们实际上都将成为 CPO。

什么是投后服务团队

投后服务、投资组合运营或增长团队，通常与投资机构和被投企业的管理团队合作，提升被投企业的战略、财务、组织和运营绩效。他们负责推动整个投资组合的价值创造和业绩提升。为此，他们与交易团队和被投企业管理团队密切协作，深度参与被投企业的尽职调查、后期规划、价值创造规划与执行等阶段。同时，他们还会开发相应的工具，管理内外部运营合伙人（如前首席体验官和业务运营人员）和职能专家（如财务、采购、销售和营销，以及组织健康负责人）网络，以满足被投企业的需求。

全球猎头公司 Lancor 在私募股权领域的实践为投后服务确定了三种通用的模式。第一种是"中心化的运营模式"，也是最深度的

模式，由老练、专注的运营团队推动被投企业转型。这些投资机构往往拥有公司多数或全部控制权，并相信它们可以找到新的方式来提高 EBITDA 和降低成本。运营人员具备广泛的专业知识，其中包括组织健康。他们可以将运营团队分为不同职能的子团队，例如定价、破产清算、流程改进团队，当然还包括组织健康或人力资本管理团队。

然而，即使没有 CPO 的专业支持，公司也找到了一种引入所需专业知识的方法，以提高企业的组织健康水平。这就是第二种模式，Lancor 称之为"虚拟个体贡献者——轻运营"模式，私募股权投资机构将雇用一些高级运营主管，并聘请战略咨询公司提供组织健康等领域所需的特定专业知识。

第三种模式，也是最常见的模式，是与外部顾问建立联盟，并签订服务协议。外部顾问通常是退休高管，他们常常也是私募股权投资机构所投企业的董事会成员。尽管这些顾问通常是前 CEO，但可以想象，前人才主管在扮演此类角色时会发挥越来越重要的作用。重要的不是投资者如何引入组织事务方面的专业知识，而是他们越来越快地这样做，并且已经将其作为实现投资理念的关键部分。

近期 CPO 角色在高管团队中的兴起，也引发了一些疑问，例如，CPO 该在多大程度上参与那些与被投企业员工和组织有关的战略实施？哪些绩效指标可以同时满足短期和长期业绩预期？

当然，CPO 的具体角色和工作重点，将根据其所属公司的投资理念或公司类型（即风险投资、成长型股权投资或杠杆收购）而有所不同。总体而言，CPO 通过同时扮演以下四个不同但相关的角色，为投资者和被投企业提供帮助。

- **尽职调查顾问：** 为投资者奠定更好的交易和决策基础。
- **人才塑造者：** 通过评估、选择和指导合适的领导者和高管团队，帮助企业迅速获得回报。
- **CEO 智囊：** 在交易完成后的 100 天内为被投企业高管提供战略性的、独立的第三方建议。
- **变革架构师：** 定义和协调人才和组织变革，以此提升公司价值。

CPO 的目标是评估和发展组织健康，他们通常扮演以上四个角色中的一个或多个。前两个角色专注于交易生命周期的两个关键阶段；后两个则侧重于被投企业的转型，为出售或退出时的估值溢价打好基础。本质上，CPO 是 CEO、董事会和交易团队的合作伙伴，他们确定、构建和解决问题，作为第三方顾问独立评估组织及其高层管理团队的健康状况。

为了理解这四个角色在整个投资周期里的价值，我们考虑以下场景。在阅读时，请注意它们的共性：CEO 面临着压力，要在紧迫的时间内，提升个人、团队和组织的绩效，释放增长的全部潜力。同样，在类似的情况下，投资机构负责人对交易的复杂性，以及交易无法充分发挥其潜力的高昂代价，有清晰的认知。他们经常求助于可信赖的顾问，快速引导公司通过变革实现规模化和增长。

情景 1：尽职调查

一家投资方向偏中后期的投资机构正在对一家位于亚洲的教育科技行业标的进行组织尽职调查。投资者计划以收购其少数股权的方式投资该企业，并通过该平台的变现和有针对性的兼并收购将其估值翻 5 倍。在尽职调查的过程中，投资者聘请了一名 CPO 来评估该企业的领导力和文化。根据 CPO 所了解的情况，投资者在交易过程中改变了与公司联合创始人互动的方式，目的是制定增长策略，实现投资理念及组织转型。尽管投资者不想对创始人和管理团队施加不必要的控制，但他们不确定这些领导者是否具有维持公司目前的绩效文化所需的领导力。更重要的是，投资者担心无法在退出时得到预期的投资回报。

正如本例所示，投资公司越来越多地借助 CPO 对它们拟投资或收购的组织进行深入的领导力审查。这项评估要在尽职调查和私募股权投资交易完成后的 100 天内实施，以此确定需要削减的成本，识别新的市场机会和利润洼地，以及推动被投企业的转型。CPO 的作用是协助并推动结果的实现：通过翔实的准备工作，制订一个可信的价值创造计划，以此满足所有相关方（包括管理层）的需求和期望。

在这个阶段，CPO 的特别之处在于，能够对关键人员和组织内部风险和机遇具有良好的感知。这包括评估组织在决策制定及其工作方式上的有效性，通常还要评估管理团队的效能。上市公司在其战略规划过程中也会开展类似的活动，但强度通常不及 CPO 的。投资公司和上市公司中的 CPO 需要具备与目标公司建立信任的高超技能。

在这一情景下，CPO 可以作为"尽职调查顾问"推动以下适时举措。

- **主导制定组织健康战略，并确保得到被投企业管理团队的全力支持。** 从交易选择和尽职调查的第一天起，CPO 就是关键人物，他们可以立即回答涉及交易风险和回报的重要问题，并在交易完成后的 100 天内或投资持有期间，确保价值创造计划的执行落地。交易完成后，CPO 必须与交易团队和高级管理层合作，共同制定并推动全面的组织健康战略，并与被投企业的战略重点和价值创造计划（VCP）保持一致。这需要 CPO 提供指导，厘清何时、何地，以及如何利用交易团队和第三方支持，实现战略和价值创造计划。

- **聚焦核心的价值创造角色，并综合分析组织健康的其他重要因素。** 在制订价值创造计划时，CPO 通常会首先确定价值创造的关键角色，然后尽可能地聘请最优秀的人才来担任这些角色。正如私募股权投资机构 Hellman & Friedman 的合伙人兼首席人才官安玛丽·尼尔（Annmarie Neal）与我分享的那样，"我的工作重点是确保招聘到三个合适的角色：CEO、CHRO 和 CFO，以及其他我们在尽职调查中识别出的需要关注的关键价值创造角色。例如，在科技行业，如果没有优秀的销售负责人，则可能需要聘请产品主管或首席营收官。"关键是从一开始就要建立起强大的领导团队。对一些 CPO 来说，他们在此阶段的主要工作是确保其公司在进行投资之前，就已经有一个强大的管理团队。"如果一开始没有强大的管理团队，很难让我的合伙人投资，"尼尔继续说道，"我们的观点是，我们不想成为一家随遇而安的公司。如果我必须拆散一个管理团队，那就意味着我在尽职调查期间没有做好我的工作。"

- **在从收购到退出的整个过程中，担任一名教练的角色。** 价值创造不只在交易完成后的 100 天内进行，从收购到退出，这是一个长期的过程。在私募股权投资机构持有期间，CPO 可以与 CEO，以及被投企业管理团队深化关系，并进行组织健康检查，以确定实现价值的机会。在某些情况下，CPO 可能会借助 CEO 和 HR 主管来开展工作，而不是自己亲自下场。这有助于组织的领导团队保持对公司的掌控感。在这种情况下，CPO 的角色是利用自己深厚的专业知识，来指引领导团队开展组织健康相关工作，确保质量达标。

情景 2：找到合适的领导者推动增长变革

截至 2013 年，唐恩品牌（Dunkin' Brands）已经从一个地区性品牌，转型为全球快餐连锁特许经营商。这一成功的转型始于 2006 年，唐恩品牌集团与凯雷集团、贝恩资本和托马斯·H. 李（Thomas H. Lee）建立了合作伙伴关系。因此，唐恩品牌优化了运营、实现了增长。这主要得益于一支杰出的领导团队，其中包括在零售食品服务和特许经营公司专业领域拥有丰富经验的高级经理。[4]

在这一情景下，CPO 可以作为"人才塑造者"推动以下适时举措。

- **对人才素质进行关键的评估和考察，并根据重要价值驱动因素，为高层领导者制定绩效评估表。对被投企业来说，它可以用于绩效评估、人才招聘或离职决策。**CPO 们通常会利用自己内外部的网络，通过严格但高效的流程招募顶级人才。这也是 CPO 有时来自猎头公司的原因之一。在这方面，CPO 们要为所有被投企业的管理团队招募 A 级人才。他们将与这些职能领域的其他领导者合作，为所有被投企业中的典型角色搭建人才通道，包括 CEO、COO 和 CFO（还有软件公司的首席产品官和首席营收官）等。

- **扩展 CPO 的角色，识别被投企业内部人才缺口和机会，并制定明确的人才管理战略，以此提高所需的技能水平，实现战略重点。CPO 最关键的角色是针对被投企业的关键领导者制订继任计划。**这个角色应该制度化，而不应是临时性的。CPO 们有时需要围绕着投资理念定义对高层管理级别职位的描述，并严格评估领导者人选。在某些情况下，CPO 还需要搜寻候选人，扩大人才范围、提高人才素质，并增加多元化。以 Beacon Talent 为代表的基于 AI 的人才识别和挖掘系统，可以帮助 CPO 利用新兴技术增强自身的人力资源管理能力，这直接解决了招聘中最大的痛点：研究调查。它通常占据了候选人搜寻总时间的一半。借助这项技术，CPO 可以充分利用几乎整个科技行业的人才生态系统情报，从工程师和数据科学家，到产品经理和设计师。此类系统可以基于数十种人才素质的维度对每个人进行排名，实时预测他们是否会跳槽，并在潜在候选人出现时主动筛选，帮助被投企业招募明日之星。

情景 3：在交易完成后的 100 天内提供值得信赖的建议

在私募股权投资机构接管一家软件公司 10 周后，投资负责人有可能会希望更换 CEO，以此建立一个高绩效的管理团队，推动增长并实施他们激进的增长战略。假设，投资者有三位潜在的候选人，他们从简历上看都不错。他们都有资格担任 CEO 职位，并且在兼并收购方面拥有丰富的经验，这是扩大业务规模和实现投资理念所必需的。一旦选定 CEO，CPO 就会参与进来，为新任 CEO 提供上任后 100 天内的建议。这意味着 CPO 必须深刻了解公司的组织健康状况。但更重要的是，CPO 需要与 CEO、管理团队和交易团队合作，优化工作方式，同时建立牢固的关系，并制订继任计划。

在这一情景下，CPO 可以作为"CEO 的智囊"推动以下适时举措。

- **成为交易团队和被投企业管理团队在组织问题上可信赖的顾问。**CPO 越来越多地被要求就被投企业紧急的和战略性的人力资本问题提供建议。作为值得信赖的顾问，CPO 与被投企业管理团队合作执行组织健康优化方案，并监测计划执行的进展。为实现这一目标，他们需要与被投企业 CEO、高级领导团队建立牢固的合作关系。有时，这意味着在适当的时候向他们提供组织事务上的辅导和咨询。简而言之，CPO 必须与管理团队建立协作关系，同时保持对潜在的组织风险或其他绩效相关情况的敏锐感知。

- **制订雄心勃勃的百日计划。**根据我的经验，私募股权投资机构接管一家企业后的最初 100 天是创造价值的关键时期。在最初的几个月里，CPO 可以采取几个步骤来启动增长、改进运营和提高盈利。盈利性增长是实现可观的资本回报的核心。自交易完成后的第一天开始，CPO 就可以与高层管理人员合作，实施组织设计、开始公司治理，减少组织层面的不确定性。百日计划涉及关键的价值创造杠杆（定价、产品或销售）、成本管理杠杆（如采购或日常行政管理）或人员和组织杠杆（如第一部分中提及的组织健康要素）。这样一来，公司就可以拥有一份行动清单，在交易完成后实现阶梯式跃进。正如凯雷集团的 CPO 明迪·麦肯齐（Mindy Mackenzie）告诉我的那样："在与被投企业合作时，我们确定了符合我们投资理念的价值创造驱动因素，然后将财务和人力资本对齐，以实现该计划。我们可能会重点关注某些优势领域，帮助我们提高绩效。然后，我们会聚焦组织中的一两个能力缺口或短板，通过外部采购、构建能力或采取干预措施来快速取得进步。这就需要了解那几个将产生最大财务回报的少数关键事项，以确保我们的投资者得到超过 2 倍的投资回报倍数（MOIC）。我们的本职工作就是要打造更好的企业。"

- **在被投企业规模化和不断增长的过程中，CPO 继续指导 CEO，建立世界一流的组织健康能力。** 随着被投企业的扩大和增长，CPO 必须应对各种必要的挑战，在建立世界一流的组织健康能力的同时，确保被投企业跟上最新的实践和思潮。为此，CPO 需要构建一个内部团队，或由专家、从业者等外部顾问组成的网络，旨在提高投资者评估、发展和退出组织的能力。

情景 4：缔造被投企业的规模化增长

有一家由大型私募股权投资机构投资、估值百亿美元的金融科技公司，其管理团队希望在 3 年内将业务规模扩大一倍。最初，基于积极兼并收购的价值创造计划由该公司与投资机构的经理共同制订，管理团队也对此感到满意。但 9 个月后，CEO 开始怀疑自己的公司是否能达成这一目标。该公司刚刚完成了一项大型收购，现在正在寻找第二项收购。但是，CEO 担心如果专注于第二项收购，可能会对之前收购的业务产生不利的影响。

此外，该公司的人力资源职能也出了问题。尽管公司已经制定了正确的收购和有机增长策略来实现目标，但首席人力资源官仍在努力构建自己的部门并招募人员，想借此满足公司的增长需求。简而言之，为了在管理团队中建立信誉，HR 主管需要展示除了管理事务性活动，他的部门还在为公司增加价值。

尽早将解决这些问题纳入 CPO 的职能会很有帮助，现在 CPO 将成为公司向前发展的关键。如果投资机构的经理和被投企业的管理团队想要继续推进他们积极的价值创造计划，他们需要了解，需要对组织的哪些方面进行投资，同时也要兼顾当前的架构、流程和人员能力。

在这一情景下，CPO 可以作为"变革架构师"推动以下适时举措。

- **在需要时提供有关架构和执行变革的指导**。CPO 必须证明，其有能力基于数据和分析提供合理的战略指导，同时能够推动业绩改进和变革计划。换句话说，他们不仅必须使用严格且经过验证的方法来管理转型，还必须展示他们有勇气和经验来领导变革管理工作，做出艰难的决定并制订行动计划和方法。正如一位 CPO 与我分享的那样，"我们会评估被投企业是否在转型后得到了改善。然后我们会展望 3~5 年，看组织能力是否能在这段紧迫的时间内得到提升。他们做到了吗？能做到吗？需要什么？"CPO 必须帮助被投企业创建具有明确定义和目标的措施路线图，以便被投企业的 CEO 和其他人拥有明确的成功目标。

- **培养执行力**。只有当被投企业具备转型的能量和基因时，价值创造计划才能得到正确执行。换句话说，一个能够适应快速变化的内外部环境，并且愿意转型的组织，其成功的可能性会更大。CPO 必须能够识别并优先考虑提高运营绩效的抓手。通过专注于供应链、研发流程或销售和营销改革中与组织健康相关的方面，CPO 可以确定短期营收计划，获得即时回报，为长期转型做好准备。

- **通过借鉴投资公司的其他所投企业中的最佳实践和资源网络，创建组织**

运营手册。 在某些情况下，CPO 会根据他们在多个被投企业的工作经验，为组织带来最佳运营实践手册，然后帮助组织实施和管理这些做法。这使公司的管理团队，尤其是首席人力资源官，能够确保采用最佳实践。这就是 CPO 维护潜在首席人力资源官社交网络的原因之一，即应对当前和未来被投企业的需求。该运营手册还可以加速部分关键组织能力的布署，例如人才规划、资源分配和优先级排序。这样，CPO 可以让管理团队和交易团队对被投企业组织建设的业绩负责，包括薪酬管理、绩效管理、继任计划和组织结构等方面，并酌情针对缺陷和机会采取行动，在必要时做出艰难的决定。

上述场景中的每一个都是真实存在的，并且每一个都代表了 CPO 所面临的问题，这些 CPO 为各种规模和各个行业的私募股权投资机构及上市公司提供咨询服务。除了确定正确的价值创造计划这一基本步骤，上述情景还表明，增长还涉及其他维度：检查组织的健康状况；塑造执行团队，在某些情况下，还包括对董事会的优化；还要有能不受野心影响，提供独立建议的能力；以及设计和实施正确的组织和运营计划组合，借此推动变革和实现增长。此外，为了降低增长时的风险，CPO 需要将其所追求的组织健康战略与组织所处阶段和私募股权各个阶段（即风险投资、成长型股权、兼并收购或 IPO）保持匹配。

在不断成长和壮大的组织中，CPO 的角色转变

在不同的组织成熟阶段，CPO 的角色也有所不同：初创期（风险投资公司的重点）、成长期（成长型股权投资公司的重点）、扩张期（退出前阶段，公司超越成长阶段进入独角兽阶段）和成熟期 / 稳定期（杠杆收购基金的重点）。例如，如果投资者隶属于某家风险投资公司，通常他们是在投资创始人。正如一家成长型股权投资公司的运营合伙人的 CPO 指出，"在风险投资领域，你可能不会经常更换创始人或 CEO。你希望在你的 100 项投资中，有一项能大获成功，这与我们在成长型股权投资或收购时所做的非常不同。"

在不同的组织成熟阶段，最重要的分别是什么，以及 CPO 在加速企业变革方面产生的作用有哪些？

第 1 阶段：初创期——启动和早期阶段

这些公司很可能已经拥有产品或服务的构想或原型，正处于概念验证阶段，积极尝试赢得第一批客户。他们可能获得了从孵化器、加速器、天使投资人或早期风险投资公司的资金支持。创始人掌控着公司的发展方向，大部分员工可能自公司成立以来就在一起奋斗。

CPO 需要关注组织健康的七个要素，以及第八个关键要素：支持企业健康和整体成功的数字技术（请参阅表 11-1 "CPO 的关注点：初创阶段的组织条件"）。尽管组织健康的所有要素都很重要，但在这个阶段，CPO 将聚焦以下两个方面。

- **领导力。**投资者将资金投在创始人身上，无法从其他任何地方获得足够做出判断的信息。他们希望这些创始人有朝一日能成为一家规模庞大、盈利能力强大的组织的领导者，投资者需要确保他们得到支持和权力来建立企业。

- **人才。**在这个阶段，至关重要的是，每个新员工都必须是正确的人才，与对应的工作角色相匹配。CPO 需要确保这些人具备所需技能、得到支持和恰当的职级，来完成自己的工作，帮助业务成形。

表 11-1　CPO 的关注点：初创阶段的组织条件

使命	• 明确阐述公司的宗旨（与当前阶段所推行的整体战略 / 产品管理工作相关）
公司文化	• 确定能够使该公司与众不同的价值观
领导力	• 为创始人提供指导 • 培养创始人成为企业发展所需的领导者
人才	• 与合适的招聘伙伴合作，开始为公司寻找所需的人才 • 建立可随着公司成长动态调整的招聘流程 • 创建目标设定的机制，贯穿组织各个部门，进行 360 度全方位的评估
组织设计	• 开始思考未来需要什么样的组织设计，并考虑早期员工如何适应领导角色
EID	• 确保创始团队和早期员工的多元化
员工福祉	• 鼓励早期员工保持工作与生活的平衡 • 识别任何不良习惯，并避免它们成为公司文化的一部分 • 时刻警惕员工出现职业倦怠，并采取措施缓解
技术	• 协助选择不同的技术平台，借此在早期阶段实现人力资源管理（如获得薪资、年假、福利管理等方面的现成解决方案）

第 2 阶段：成长期——从起步到扩张

在这个阶段，公司已经有了明确的产品 / 服务和清晰的价值主张。现在需要拓展业务：测试新市场、新功能，甚至可能是新产品线。组织正在成型，很可能已经有基本的运营模式 / 组织架构，以及一些初级的结构和流程。随着公司从能独立生存的企业转变为蓬勃发展的企业，所有这些都在不断地发展和演变。

同样，CPO 需要关注组织健康的七个要素，以及支持组织健康和企业整体成功的数字技术（请参阅表 11-2 "CPO 的关注点：成长阶段的组织条件"）。尽管组织健康的所有要素都很重要，但在这个阶段，CPO 将聚焦以下两个方面。

- **公司文化和使命**。组织已不再仅仅由老员工构成。因此，让新员工熟悉组织的使命和文化至关重要。随着公司的发展，这将变得尤为重要：任何新领域都需要与公司目标相匹配，并需要完善文化以帮助组织实现新一阶段的雄心壮志。
- **EID**。随着公司的发展，领导者需要确保 EID 深深融入公司文化。最好在一开始就以这种方式为公司定下基调。

表 11-2　CPO 的关注点：成长阶段的组织条件

使命	• 重新定义公司的使命，使其与公司一直以来的发展计划保持一致 • 考虑开展内外部的沟通活动，确保所有员工（和客户）明确目标，并促使全体员工都参与其中
公司文化	• 正式阐明最重要的价值观，并明确定义公司特有的相关行为准则 • 与领导者和早期员工合作，将文化融入公司

续表

领导力	• 开始考虑公司内的继任计划和领导层晋升通道 • 鼓励和授权公司内各级人员制定决策，使创始团队 / 高管团队能够专注于最重要的领域 • 向创始团队以外的领导者提供支持，确保他们有能力领导未来的各个部门 • 规范董事会日常的做法，并建立清晰的治理结构
人才	• 创建一个可以随着公司发展不断适应变化的初始岗位架构；定义不同人才群体 / 层级的职能，并确定哪些对未来至关重要 • 明确员工初始的价值主张，鼓励员工在公司成长阶段坚持下去 • 鼓励针对特定岗位的学习和发展，并为其职业发展提供时间和机会 • 在整个公司内制定正式的绩效管理机制
组织设计	• 规范汇报机制，包括经理和直接汇报人 • 根据需要开始创建业务或市场部门
EID	• 将 EID 融入公司的使命、文化和人才管理（例如，检查招聘中是否存在偏见，培训领导者了解无意识偏见，创建基于盟友关系的学习计划等）
员工福祉	• 确定在薪酬和员工福祉计划中提高幸福感的方法（例如，带薪休假、心理健康福利、健身福利等） • 培养鼓励工作与生活平衡的文化，将员工福祉放在首位，并将员工健康纳入工作设计
技术	• 根据公司的发展阶段，使用适当的技术平台 [例如，在此阶段可能还不需要像企业人力资本软件公司沃特科（Workday）那样的系统，但招聘流程可以在某种形式上实现自动化] • 开始收集工作人员指标，以便随着公司的发展进行分析和理解

第 3 阶段: 扩张期——退出前阶段

此时, 公司已经进入一个成熟阶段, 为早期投资者提供了明确的退出路径 (如 IPO、被收购等)。公司已经有明确的产品和服务线, 以及明确的组织流程。现在公司面临的问题在于, 是在这个阶段保持增长, 还是投资扩大业务规模。

在这个阶段, 领导者和投资者的首要任务, 是确保公司处于最佳状态, 为未来成功退出和增长奠定基础。因此, CPO 需要集中精力关注组织健康的七个要素, 以及支持业务所需的技术 (请参阅表 11-3 "CPO 的关注点: 扩张阶段的组织条件")。

表 11-3　CPO 的关注点: 扩张阶段的组织条件

使命	• 检查公司的使命, 并使之与业务协调, 为这个新阶段做出调整 • 将使命放在首位, 确保所有业务决策都与之相符
公司文化	• 帮助新员工理解公司文化以及他们可以如何践行公司的价值观 • 领导层要对文化建设起表率作用 • 将业绩与公司文化相联系, 确保公司文化不仅仅停留在公司公告栏上
领导力	• 认真制订继任计划, 并确保有潜在的领导者候选人 (无论是在组织内部还是外部) • 梳理现有的领导者, 并做出必要的优化, 确保只有拥有匹配的能力和素养的人才才能够担任相应的职位

人才	• 将组织架构和能力要求融入所有人才实践中（如人力资源规划、学习与发展、绩效管理等） • 细化员工价值主张，打造强大的人才品牌 • 检查薪酬和其他奖励，确保它们符合行业标准并具有竞争力 • 制订明确的学习和发展计划，为全组织员工定义清晰的学习路径 • 确保绩效管理结果与职业晋升机会明确相关
组织设计	• 检查组织设计，并确保公司架构能以最佳的方式满足其当前目标和增长计划 • 使人才实践与新的组织设计保持一致（如团队特定的学习计划、由业务部门定义的能力要求、区域统一的薪酬标准等）
EID	• 设定有抱负的 EID 目标，并将其作为公司的优先事项 • 使用数据了解组织的构成，并确定与 EID 目标之间的差距 • 对员工体验进行审查，在关键时刻寻找潜在偏见，并加以解决 • 成立员工共享资源小组 • 考虑吸引客户参与对 EID 话题的讨论 • 坚决捍卫 EID 作为公司使命和文化的核心要素
员工福祉	• 提供有益于员工健康的福利措施 • 鼓励领导层在优先考虑员工和团队福祉方面树立正确的榜样 • 提前发现并及时缓解员工的职业倦怠
技术	• 了解员工对公司的满意度，并采用数据驱动的方法改善员工体验 • 投资合适的人力资源平台（如沃特科），以实现基于技术的人力资源交付方式

第 4 阶段：成熟期 / 稳定期——成熟、完善的业务

　　公司的产品和服务已经广为人知，客户明确且忠诚，公司有坚实而有效的流程和运营机制来将产品和服务提供给客户。早期投资者很可能已经退出，组织现在可能拥有各种各样的股东。增长已经放缓，公司（在理想情况下）已经进入稳定阶段。

　　CPO 将继续专注于组织健康的七个要素，以及公司的技术能力状况。（请参阅表 11-4"CPO 关注点：稳定阶段的组织条件"）特别是，CPO 需要确保公司发展不会停滞不前。成熟的组织必须找到不断创新的方法，而它通常是专注于人才。

表 11-4　CPO 的关注点：稳定阶段的组织条件

使命	• 将公司使命放在核心位置，确保所有业务决策都与使命相关联
公司文化	• 继续探索方法，将公司文化作为组织的显著区别点，并将其突出展示 • 鼓励领导者和员工将公司文化变成现实，而不是虚幻的人力资源留存物
领导力	• 规范整个公司的领导力发展计划 • 定义不同级别的领导者标准，以便为员工制订具体的实践计划 • 正式制订继任计划，并确保各级领导职位都有足够的后备人选
人才	• 规范职业架构和能力管理 • 审查并改进招聘实践 • 描绘员工体验图谱并探寻改进方法 • 建立以学习和发展为核心的组织，并将其列为优先事项 • 标准化绩效管理方法 • 审查薪酬、福利和奖励措施，并确保它们具有竞争力 • 参与员工规划

续表

组织设计	• 定期审查组织设计和运营模式，并根据需要进行改造
EID	• 设定雄心勃勃的 EID 目标，并将其作为公司的优先事项
	• 使用数据了解公司的构成，并识别 EID 就业目标（如晋升、薪酬等）中存在的差距
	• 描绘员工体验图谱，检视其中一些关键时刻是否存在偏见，解决这些问题
	• 设立员工资源库
	• 考虑将客户纳入 EID 就业的讨论中
	• 把 EID 就业视为组织使命和文化的核心要素，并坚定地捍卫它的价值
员工福祉	• 提供有益于员工福祉的福利待遇
	• 鼓励领导层，以身作则，优先关注员工和团队的福祉
	• 培训领导层，引导他们关注团队员工职业倦怠的迹象，并向他们提供有关福祉方面的支持和工具
	• 在公司文化中强调员工福祉的重要性，并鼓励员工采取积极的行动，如休息、调整状态和专注于自己的心理健康
技术	• 测量员工满意度，采用数据驱动的方法来改善员工体验
	• 投资合适的人力资源平台（如沃特科），实现 HR 技术优先的服务模式
	• 自动化人力资源流程
	• 审查 HR 收集的数据，并根据需要对其进行更新

CPO 的基本素养

正如一家大型私募股权投资机构的 CPO 与我分享的那样，"我的职责是让合适的领导者担任合适的角色，然后让团队支持该领导者"。正如我所了解到的，帮助领导者和高管团队发挥最佳水平是 CPO 工作的核心。

尽管潜在的益处是明显的，引入 CPO 却不是没有挑战的。找到一位在驱动组织健康转型方面有丰富经验，同时具备商业和财务敏锐度，可以成为对跨领域组合投资的 C 级领导者和投资专业人士而言值得信赖的顾问，可能是一个巨大的困难。高管招聘人员寻找确认合适的候选人非常重要：理想情况下，此人应具有职能经验，以便对公司的人才、组织和文化提供建议并负责。

这意味着候选人应该对公司的组织设计和效能有深入的了解，会使用有利于了解组织健康状况的评估工具，具备与 CEO 合作提高组织绩效的成功经验及必要的财务、商业和行业洞察力，以便成为一个具有分析能力的数据驱动问题解决者，拥有足够的知识水平来为专业交易人员提供咨询建议。此外，潜在的 CPO 仅有学术或理论知识是不够的，必须拥有推动变革的亲身实践经验。

因此，寻找这种专业人才所花的时间有时会比预期的更长，对那些希望快速推动公司增长或扭亏为盈的投资领导者来说，这一事实尤其令人沮丧。尽管如此，投资专业人士或行业猎头通常可以从以下三种背景中，找到合适的候选人来担任 CPO 职位。首先，合格的候选人往往是从事评估和辅导工作的组织心理学家；其次，他们可能是前人力资源专家（即首席人力资源官）或从事过猎头工作的人；最后，他们有时来自真正投资此能力的顶级战略咨询公司或私募股权投资机构。

但是，无论候选人以何种身份出现，招聘人员都应该确定候选人具备以下五个必要的特质，以确保他们能够成为称职的 CPO。

- 第一，这可能是最重要的，CPO 的商业本质意味着，在开展与组织健康相关工作时，他们必须具备投资者的心智模式。换句话说，这需要高超的商业金融敏锐度，和对公司业绩、投资回报的关键驱动因素的持续关注。正如一位 CPO 与我分享的那样，要有效地发挥她的作用，就"需要一种投资者的心智模式。换句话说，想象你是否会把自己的钱投入这家公司并支持它"。

- 第二，他们应该能够充当有影响力且务实的顾问，为交易团队和高级管理团队提供支持。简而言之，他们需要理解参与到各种复杂又敏感的关系网络中所带来的影响，因为他们是多个 CEO、管理团队及投资团队的战略顾问、领导力教练、关键业务决策的影响者和思想伙伴。

- 第三，他们必须有效地应对这个职位所需的高度紧迫感和速度感。为了更有效地改善运营，需要采取亲力亲为的咨询方法，注重指导，快速发挥影响力，并具备果断决策的能力。换句话说，他们必须能够与投资领导者密切合作，评估潜在的投资机会，将投资理念转化为价值创造计划，并在尽职调查中提供帮助，帮助确定投资前的薄弱环节、风险和机会。

- 第四，他们需要充当良好的知己，这通常涉及不辜负许多领导者的信任。因此，他们必须成为一个高度战略性的领导者，通过不偏不倚的商业判断，谦虚、卓越的沟通技巧来建立自己的信誉。面对关键战略、运营和组织领域高度复杂的转型问题，他们必须确定和推荐最佳的应对方法，这一点尤为重要。在确定正确的资源、流程和数据，以及依靠经验保持灵活的判断时，他们需要拥有企业家的心智模式，以实现系统化的严谨部署。

- 第五，潜在的 CPO 需要同时具备高情商和伦理智慧（high emotional and ethical intelligence）——这被我称为"E2Q"。CPO 要能够提供有力的建议，他们必须足够谦虚，能够读懂复杂的人际和组织动态，并具备识别和克服障碍的洞察力。正如一位 CPO 告诉我的："要成为一名优秀的 CPO，需要让 CEO 满意，让交易伙伴了解情况，并成为专家，同时发挥外交能力，而不只是提出批评。"CPO 需要知道何时应该发出警告，何时应该强硬地传递信息，例如说出投资者或被投企业 CEO 需要听到的话，而不是他们想听的话。但是，这一切都取决于传递方式，"交际策略"是关键。

尽管寻找具备这些能力和必要专业知识的 CPO 具有挑战性，但越来越多的私募股权投资机构正在研究任命 CPO 的可能。对那些追求更高回报的人来说，增加一位经验丰富、精力充沛的 CPO 通常就像一位职业体育教练通过增加"A"级队员来培养冠军团队一样。这样做能将获胜的概率翻倍，并获得丰厚的回报，特别是当投资金额很高时。

毫无疑问，正如一位 CPO 所说，CPO 需要"投入时间培养关系，建立情感共鸣，借此培养并发展更高水平的信任"。这有助于与 CEO 和管理团队建立深厚的关系，无论情况如何，即便在应对持有期内运营所面对的压力时，这些关系都能够维持下去。

通常，CPO 必须参与的关系很复杂，需要对这些关系进行谨慎的维护和管理（请参阅下面的专栏"复杂的角色，复杂的关系"）。但正是这些基于信任构建的关系，使 CPO 有能力做出必要的决策，例如，在被投企业中，任命高层领导者或引入更专业的专家来解决困难问题。这使他们能够以改善被投企业组织健康的方式更好地发挥影响力，从而提高盈利水平。凯雷集团的明迪·麦肯齐这样总结 CPO 的价值："在凯雷，我们在人才和组织领域所做的一切，都是为了产生快速有效的影响。这涉及快速获得洞察、实施严谨的流程和收集数据，以便我们能够更快地开始投资，并得到更大的回报。"

复杂的角色，复杂的关系

在观察 CPO 成为投资团队、被投企业管理团队和董事会信赖的顾问角色时，我接触过的大多数 CPO 都指出，他们经常需要解决的紧张关系具有清晰的模式。其中，一个关键的问题集中在复杂的关系网络上，这些网络包括忠诚度和结构动态。另一个关键问题则是与被投企业的人力资源负责人之间关系的动态。

围绕忠诚度的紧张关系

我要对谁忠诚？这个问题有时会使关系的性质变得复杂。例如，当人力资源负责人需要就 CEO 的薪酬进行调解时，他们可能需要向领投私募股权公司的合伙人提出问题。又或者，在需要进行 CEO 交接的情况下，人力资源负责人需要与董事会对话并建立信任关系，借此确切了解公司将要发生什么以及未来所需的领导力。

随着越来越多的公司将 CPO 添加到专家和运营合伙人的组合中，CPO 与被投企业或投资机构中的其他关键领导者之间的紧张关系，可能会变得更加复杂。投资领导者需要确保引入 CPO 来帮助指导 CEO、人力资源主管或被投企业管理团队，以此实施公司的价值创造计划和支持整体组织健康。这意味着，人们首先要认识到 CPO 这个角色在本质上是一种矛盾的存在：CPO 既是"CEO 的智囊"，又不是"CEO 的智囊"。在某种意义上，CPO 确实扮演了这样的角色，因为他们就组织相关事务提供独立的建议。但从另一个意义上说，CPO 的忠诚度（不同于 HR 主管的忠诚度）最终必须取决于投资合伙人，而不是 CEO。这是一个棘手的问题。CPO 必须在多种情况下管理机密性，这是 CPO 的工作中最困难的部分之一。要成为 CEO 的盟友，同时又忠于合作伙伴群体，这可不是胆小者能做的。正如一位 CPO 所说，"我感到很紧张，我要确保自己守住立场而不越线，保持对投资合伙人的诚信和忠诚。这就是让纯粹的工作变得非常困难的原因，也是为什么我停止在传统意义上指导 CEO 的原因，因为存在太多的利益冲突。"

最佳盟友关系

一些人力资源主管指出，在讨论人员和组织话题时，CPO 可能成为一个提供帮助的盟友和合作伙伴。可以肯定的是，有效的 CPO 可以在创建网络和社区方面发挥巨大的价值，让投资机构的所有被投企业中的人力资源主管共享最佳实践。当涉及招兵买马，为被投企业提供支持时，CPO 也可以支持人力资源主管。

例如，如果 CPO 的所有被投企业客户，都决定购买沃特科软件，那么这可能会使被投企业在软件采购中获得更多优势。如同一位私募股权投资的软件公司的人力资源负责人向我解释的那样，CPO 可以成为这项工作的真正盟友和拥护者。在其他情况下，CPO 和人力资源负责人之间的合作有助于加快实现价值交付。当私募股权投资机构审视潜在的投资标的时，他们希望有人帮助他们独立评估人才。然后，如果存在差距，他们希望有人帮助他们聘请最资深的领导者。具有强大猎头背景和高素质人才数据库的 CPO，可以带来巨大的附加价值。同样，曾在公司内部担任人才领导者和运营者的人，在回避潜在障碍和实施最佳方案上，可以提供宝贵的建议。

私募股权投资机构正逐渐认识到，让一位值得信赖的组织专家成为运营团队的一员，具有越来越重要的价值。CPO 作为高管，可以从组织驱动因素的视角来审视业绩不佳的企业。他们可以识别企业缺失的文化和能力，分析高层管理者的动态，并使组织健康的七个要素（如本书第一部分所述）与投资理念相互协调，创造价值。

在本书的第十二章也是最后一章中，我们将探讨当今公司在组织健康方面所需的另一个关键角色——CEO，尤其是上市公司和私募股权投资机构所投企业的 CEO，因为这些公司面临着比同行公司更大的运营压力。在如今这个越来越以 AI 为先的世界中，运营企业需要 CEO 能够快速掌握新技能。因此，专注于引领变革是组织制胜的关键部分。毫无疑问，这与 CEO 实现企业快速增长和具备敏捷性所需的关键要求紧密有关：精通变革的语言。

组织制胜的**检查清单**

---

* 在私募股权投资机构的投后服务团队中增加一名 CPO，负责评估组织健康状况，并领导组织和运营计划，以此改善被投企业的价值增长路径，为退出做好准备。

* 聘请具有推动变革实践经验的 CPO，他们有与 CEO 合作改善组织绩效的成功经验、分析性的"投资者的心智模式"、强大的情感和伦理智慧、强大的人际关系网和沟通技巧，以及可以快速落地和执行（或扩张）的能力。

* 根据交易生命周期的不同阶段，调整 CPO 的角色——在决定是否投资或购买资产时进行尽职调查；在组织的早期阶段聚焦于领导力和人才的培养，给 CEO 提供战略指导，并关注组织文化和使命；在成长阶段推动组织变革来为出售或退出做好准备；以及在成熟阶段持续推动组织创新。

* 为 CPO 提供智能数字系统，帮助其识别整个人才生态系统中的顶尖人才，并评估和确定组织健康所需的关键改进措施。

* 作为 CPO，通过借鉴最佳实践和利用被投企业中的资源网络，制定组织健康手册。同时，与被投企业的人力资源主管建立紧密的联盟关系，谨慎处理忠诚度的问题。

第十二章

灵活应变的首席执行官：

熟练掌握变革的语言

当由投资驱动的前沿技术引发组织设计和领导方式的巨大变革时，

CEO 应该如何应对环境的变化呢？

CEO 要履行自己的使命，

以确保机器人、计算机及算法所带来的价值不会与公司战略及员工利益相冲突。

　　尽管每个 CEO 的工作都是独特的，但现在一些与 CEO 职位相关的常规挑战已经不同于以往。如今，各种持续性的颠覆和变革使企业的生存环境充满了不确定性。就像在任何一项竞技运动中，选手都想要预测对手的下一步行动一样，CEO 也必须把适应性战略、数据分析和产品设计等思维，与直觉和逻辑判断相结合，决定应该从何入手，同时随时准备好应对市场变化。如果他们希望能够带领企业迅速转型、创新，或彻底重新思考他们的业务和运营模式，更不用说希望能够跟上社会舆论快速变化的节奏（特别是性别和族裔议题），他们必须准备好应对未来的各种可能。

　　简而言之，今天的 CEO 必须在变化中从善如流。在经济动荡、地缘政治格局演变和技术不断进步的背景下，人们对领导力有着全新的期待。更重要的是，就在领导者被要求适应越来越多元化的员工背景和身份的同时，公众对领导者的不信任度也日渐提高。[1] 换句话说，CEO 不能再把他们的组织划归为相互隔绝的单一架构。数字化的生活方式和技术进步改变了高管们的领导方式，CEO 和他们的团队必须摆脱过去机械的、工业化的模式。

　　事实上，20 世纪的大部分时间，市场由少数工业企业主导，但如今在数字时代下的企业则截然不同（请参阅表 12-1 "从工业企业到数字企业的转变"）。例如，如今在某个领域面临挑战的 CEO，很可能正在解决其他完全不同领域 CEO 遇到的问题。通过这种方式，企业不仅能够超越竞争对手，还能够在某个具体的商业领域中占据主导地位。例如，苹果的数字媒体软件 iTunes 解决了奈普斯特遭遇的问题（盗版）。最初，iTunes 似乎会对音乐产业造成致命打击，但最终它成为流媒体音乐发展的催化剂，因为它的模式不但合法、合乎道德，而且最重要的是，对艺术家更公平。因此，在 2001 年推出 iTunes 是苹果的一个重大里程碑。类似地，亚马逊云突破了规模化的瓶颈（IT 基础设施的限制），它使亚马逊的客户能够外包其计算（如存储、服务器或网络）需求。

表 12-1   从工业企业到数字企业的转变

工业时代	数字时代
公司结构是静态的	公司结构是动态的
技术使工作不人性化	技术使工作人性化
领导者和管理者直接指挥和授权	领导者和管理者指导、召集和协调
领导者和管理者在追求一致性的同时，会进行一对一的管理（有时也会进行团队管理）	领导者和管理者会从系统的角度出发，鼓励小团队成员发挥个人才华及做出独特贡献
公司的服务对象是股东	公司的服务对象是利益相关方
公司是某个特定行业的一部分	公司成为跨越多个行业的生态系统

面对这样一组事实，今天处在快速变革压力下的 CEO 们不妨思考以下问题：当今全球最有价值、最重要的公司面临的最大问题是什么，谁将解决这个问题？

总而言之，面向未来的领导者要更具活力、敏捷性和自适应能力。在 AI 优先的世界中，颠覆性的竞争对手将从多个角落涌现，CEO 需要具备从中吸取教训并抢占先机的能力。他们需要提出创新性的问题，以发现机会，并从整个生态系统的合作伙伴、客户、竞争对手、员工和所在社区中汲取经验。为了确保团队和整个组织的可持续发展，CEO 必须学会如何改变、如何应对失败、如何从失败中恢复，并发现新的事物（同时放弃过时的理论和假设）。为此，他们必须分秒必争。

在本章中，我们将探讨这种转变对 CEO 及其组织意味着什么，他们面临的三个具体挑战，CEO 需要做什么来应对这些挑战，数字时代对领导团队的具体要求是什么，以及 CEO 如何才能掌握企业增长和保持敏捷的关键要素。

当今 CEO 面临的三大挑战

作为一名战略分析师和高管顾问，我发现有三种行为正在影响 CEO 应对当下挑战的能力。当前商业环境动荡，不仅是因为受到了疫情的直接影响，还因为疫情前后的工作条件也发生了变化。例如，在过去，我们更加注重不动产和有形资产，习惯面对面地工作和交流，但现在我们必须更加注重对技术和数字基建的投资，赋能持续的远程办公和其他新的工作方式。面对这些挑战，许多领导者发现自己毫无准备。以下是我的一些观察。

第一，当面对新的组织矛盾时，有些 CEO 习惯性地采用非此即彼的狭隘思维，导致自己难以进行有价值的、多角度的思考。尽管这样的心智模式在过去曾经奏效，但如今的环境要求 CEO 展示出不同的能力。有意识地学习（相对于无意识地学习）是其中一项重要的能力。换言之，在做任何决策的过程中，领导者需要进行持续反思，审视自己的所思所想，并在探索中不断成长。一名富有成效的 CEO，必须持续进行反省，定期停下来回顾和反思公司的使命、企业经营、员工和公司所在社区的一系列问题（请参阅表 12-2 "CEO 的关键反思问题"）。持续反思的成本远低于附带学习的成本，因为后者有时确实代价高昂。如果 CEO 无法放弃过时的假设和策略，或者无法采用新趋势下的心智模式（如跨代际偏好的混合工作模式可以为人才招聘提供机会）和策略，这不仅会在短期和长期内对自己造成伤害，也会危害整个组织。

表 12-2　CEO 的关键反思问题

关键问题	关注点
我的使命是什么？	使命：铸就 CEO 的个人使命，重塑公司使命和战略方向
现阶段需要何种组织结构？	组织：在必要时打破常规，持续重塑组织结构
应该采取何种行动？	团队：尊重员工间的差异，打造一个平等、包容、多元化的团队
为了建立新的生态系统，我需要付出怎样的时间、精力和资源？	信任：在整合组织内外部和释放能力时，构建基于信任的关系比单纯的交易关系更加重要。换句话说，建立长期、紧密、真诚的关系，而非短暂、单纯的交易关系，将是未来的趋势

　　我在表 12-2 中列出的反思问题，是在这个"永无常态"的新时代中，每位 CEO、投资者和董事会成员都需要高度重视的。为了应对这些问题，各级领导者都必须理解并拥抱科技、社会和经济变革，必须精准把握客户需求，并创新性地进行产品开发，为客户带来更好的生活体验。同时，还需要全面理解如何实现企业的规模化和增长，发展 AI 优先的企业：明确企业战略方向、工作组织方式、公司领导者（及员工）职责、行为准则和道德标准，以及如何赢得多个利益相关方的信任。这些都是企业成功的关键。

　　以爱彼迎为例，它在疫情冲击的初期损失了 80% 的业务。尽管遭受了巨大的挫折，联合创始人兼 CEO 布赖恩·切斯科（Brian Chesky）成功转危为"机"，同时他也从中汲取了宝贵的经验教训，这对其他 CEO 也具有借鉴意义。你或许不禁想问：他是如何引导公司朝着正确的方向前进，让公司能够在疫情冲击下比大多数旅游公司表现得更好，并成功上市的呢？以下三个经验教训能够为你提供启发。首先，他专注于按照自己的想法做正确的事情。他为用户提供退款服务，并接受投资者提供的贷款，以缓解疫情为许多房东带来的压力。通过为用户做正确的事情，倾听房东的意见，他成功地迈出了正确的第一步。其次，基于对本地住宿的认识来发现规律，利用数据驱动决策。用他自己的话说，"疫情重置了我们与城市的关系，在某种程度上这是一件好事。"爱彼迎专注于加强与城市和社区的合作关系，制订了重回正轨的计划，同时将对手转化为值得信赖的合作伙伴。最后，他回归本质——暂时放下扩张计划，专注于核心业务。最终，爱彼迎的估值跨过了 1000 亿美元的门槛，并为其第二阶段的增长做好了准备，变得比以前更加强大了。[2]

第二，有些人或许认为 AI 与机器人技术的兴起会威胁人类的存在，但事实却截然相反，这颇具讽刺意味。具体而言，从 AI 到自动化和机器人技术，技术不仅不会取代人类，反而会让人类在组织和商业运作中处于核心位置。随着组织对这些技术的依赖和人与技术的相互依存度越来越高，我们需要构建一个以人为本的新型组织模式。这种变革将需要一种先进的动态领导能力，整合人类智慧和量子计算。CEO 们越来越需要学会感知并理解快速输入的大量数据、识别其中的规律，以便及时抓住规律并最终将其转变为能力。

在当下这个充满变化的时期，要想获得成功，CEO 们必须学会通过人机协作获得洞察力和敏捷性。波士顿咨询公司前 CEO、现任全球主席李瑞麒（Rich Lesser）非常认可这一方法。他表示，特别是在这次疫情之后，那些表现优异的 CEO 都有以下四个特质："快速学习的能力，能够将消费者知识转化为实验和行动；目标明确、真实可靠的领导风格；同理心；高度的适应性和敏捷性"。[3]

第三，如今，由于领导者需要关注各种议题，许多 CEO 可能出现注意力分散的问题。这会影响他们的学习效率，而且无疑会拖慢决策速度，这可能会为组织和 CEO 的职业生涯带来致命的影响。因此，CEO 们必须学会从组织内外寻找所需的信息，以便能够及时做出决策。

立刻采取行动而不是等待，能让 CEO 少犯错误。为什么？因为这样做可以从实践中学习。迅速决策能积累更多的数据，让 CEO 更明智地进行决策。

特别是在那些想要优化组织健康的公司中，CEO 不能有害怕失败的心智模式。无论是高管还是基层员工，都不会因失败而受到惩罚。相反，他们被鼓励学习、创新和成长。通用汽车的 CEO 玛丽·芭拉就展示了自己的韧性。无论是投资新技术与合伙关系，还是出售旧业务，她都不会让对失败的恐惧阻碍自己。她还在拼车、自动驾驶和电动汽车等领域不断追求新的发展。这些领域都不是没有风险的，但芭拉的专注和果断使她能够更快地产生影响，从错误中吸取教训，并及时纠正错误的路线。

又如纽约长老会医院（New York-Presbyterian Hospital）的 CEO 史蒂文·科温（Steven Corwin）博士，在疫情迅速蔓延之际，他不得不直面最初的失误，并继续前行。"我们对疫情的假设是错误的。"他在一次采访中说道。接着他描述了一些需要尽早纠正的错误，包括他本来相信在疫情第一波高峰期间，医院有足够的个人防护装备。"然而，事实完全不是这样的，"科温说，"在疫情第一波高峰期间，我们的口罩使用量从每天 4000 个飙升到每天 90 000 个，而我们没有足够的储备来应对这种情况。"当然，美国其他医院也是如此。最后，他说："我们从中国成功采购了一些物资……同时，我们也非常谨慎地使用口罩，避免浪费。"[4]

AI 时代，选择做正确事情的 CEO

正如沃伦·本尼斯（Warren Bennis）生前所说，组织需要领导者不仅能够"把事情做好"，还要能"做正确的事情"。事实上，本尼斯所言恰如其分地概括了本书的核心：在数字化环境下，组织制胜意味着关注组织健康的各个方面。

但是，什么样的 CEO 可以被指望做正确的事情——带着使命感、信任和同理心领导团队，同时熟稔组织要素，有效执行公司的业务战略呢？当然，这些事情必须在最具挑战性的环境中实现，而那些我们熟悉的关于业务和运营模型的假设正肉眼可见地发生变化。随着后疫情时代的到来，能赢得竞争的 CEO 将是那些重新致力于全面学习和掌握颠覆性变革技能的人。

以李维斯主席兼 CEO 奇普·伯格（Chip Bergh）为例，他认为随着消费者对质量的关注和可持续性意识的日益增强，"李维斯将能够很好地满足他们的需求，并延续其已有 167 年历史的成功故事。"为什么？伯格说，因为这段悠久历史的一部分就是"做正确的事情"。

伯格的计划包括改善组织健康七个要素中的几个，首先是明确李维斯的文化，然后通过使命和更广泛的战略方向来评估什么对业务、公司和利益相关方是正确的。他专注于赢得公众的信任。作为一名 CEO 活动家，他直面了 ESG问题，并将其与该品牌倡导强化枪支管制立法的立场联系在一起。"在李维斯发表对枪支暴力所采取的立场之后，"伯格指出，"业务开始增长。"他总结道："疫情和经济衰退正在进一步区分赢家和输家，我们决心成为赢家。"[5]

如今，无论公司的类型和规模如何，驾驭变化的浪潮就像掌握一门新的语言；变化不是静态的，语言也不是。在当今的数字化环境中，变革往往比战略更重要。要想保持竞争力，大大小小的公司就需要了解何时以及如何，像创业公司一样进行变革和适应。他们需要全新的视角来彻底打破过去传统的、自上而下的旧范式，迎接变革和组织学习的新范式。

后疫情时代的经验和挑战

疫情暴露了各行各业存在的重大局限，这表明 CEO 在深层的极度不确定的条件下更应关注学习和转向。

具体而言，CEO 们发现自己在越来越不稳定的环境下领导团队，例如他们要协调远程劳动力、重新快速部署人才和技能、适应各公司迥然不同的组织能力以及独特的本地市场力量，等等。这些挑战只会随着市场发生重大变化而加剧，例如陷入困境的，影响着食品生产、医疗保健、旅游或资本市场的全球供应链。所有这些都对 CEO 造成了巨大压力，使其需要具备一种将日益虚拟、数字化和分散的业务碎片连接起来的能力。

要回答 CEO 们希望如何应对这些挑战及其他更多问题，我们必须首先考虑疫情揭示的几件事情，许多 CEO 可能不愿意审视这些事情，更不用说谈论它们了。

首先，许多 CEO 对不确定性感到非常不安，并且倾向于在面对不稳定的环境时表现出坚定、坚强和自信的形象。[6] 通过应对疫情，那些领导自己的组织渡过难关的 CEO 已经（在实践中）学会了如何更好地处理不可预测的情况。没有多少 CEO 会公开承认自己的错误，更不用说勇敢地审视和谈论如何打破现代组织的模式，根据全新的原则和实践对其进行重塑。

　　然而，这并不是领导者第一次面对未知的未来，这种未知的未来带来了不同的现代商业模式，尤其是在美国。约翰·怀特克莱·钱伯斯二世（John Whiteclay Chambers II）的书《变革的暴政：进步时代的美国》（*The Tyranny of Change: America in the Progressive Era*）恰如其分地捕捉到了这种趋势。正如钱伯斯所描述的那样，19 世纪的工业化不仅改变了经济，还从根本上改变了组织的设计和领导方式。换句话说，变革性的工作形式在很久之前就已经存在，并可以追溯到第一次和第二次工业革命——从生产资料出口（或被"侵占"）到前工业化国家；再到铁路的兴起，改变了速度的概念，并引入了复杂且相互交织的企业的概念。这是钱伯斯的经验之谈：尽早犯错并从中学习，并且不要害怕为新时代开创新的商业模式。[7]

　　其次，大多数 CEO 过去并不想检查或谈论结构性和系统性不平等的问题，至少直到最近都是这样的，而疫情严重地暴露了结构性不平等。例如，对许多美国女性来说，由于孩子突然要在家进行远程学习，她们不得不离开职场照顾孩子，几十年来她们在经济平等上取得的进步化为泡影。另外，那些能够负担互联网接入、家教或私立学校的家庭的孩子与那些无法负担的家庭的孩子之间存在着巨大的教育鸿沟，在学校长期关闭的情况下，二者的差距越发显著。

　　最后，我们可以以史为鉴，看看历史上的灾难性事件是如何暴露结构性不平等的。例如，路易斯安那州在卡特里娜飓风袭来后提供的灾后重建资源严重不足，导致穷人没有资源可以依靠：成千上万的美国人离开了新奥尔良，再也没有回来。事实上，几乎每一次自然灾害都暴露了结构性不平等，尤其是在美国。

　　同样，疫情揭示了我们对 ESG 问题的忽视程度。而在这些问题中，每一个都在根本上存在着 EID 方面的危机。虽然，正如我们在这本书中看到的那样，一些政府和公司确实承认了，我们的系统和制度中存在着根深蒂固的不平等现象，但对疫情的应对在很大程度上是根据我们之前所熟悉的危机做出的。问题在于，这场全球疫情是一个全新的问题，需要更具创新性的解决方案，而我们看到的远远不够。

　　为什么会失败？组织及其领导者仍旧害怕或避免将变革作为典型的管理实践。总体来说，高层管理者仍然过于短视，他们既不能在建立 ESG 标准上取得进展，又不能在 EID 问题的基础上进行优化。当今的 CEO 必须面对一个不幸的事实：像疫情这样的全球性破坏事件，暴露了他们的组织和领导层的目光短浅，以及领导者面对不确定性时的不安。因此，对当今 CEO 的行动呼吁是在短期和长期之间取得适当的平衡，并将 ESG 问题纳入最高管理层议程。CEO 们应该接受一个不幸的事实，即像疫情这样的全球性破坏事件，不会是揭露组织缺陷的最后一次不可预见和无法控制的事件。相反，他们应该借助自己对不确定性的不适应，为应对变革做好准备，以建立更好的组织。

AI 时代的 CEO 需要重新审视自己的能力

面对当今的挑战，CEO 需要迅速做出决策。他们的目标是建立敏捷而稳健的组织架构、流程和系统，并聘用和培养优秀的人才，实现组织制胜。也就是说，CEO 和他们的团队需要尽可能地利用所有可用的数字工具，从组织的各个角落搜集所需的数据，做出迅速而明智的决策。虽然没有简单的解决方案，但企业若能在成长的各个阶段满足组织健康的七个要素，这将对组织的成功意义重大。这些要素为 CEO 及其团队在实施变革计划时提供了关键的支持。

为了准确理解必须实施的变革计划，让我们回顾我一直在本书中强调的一个重要观点：近年来，人们对组织健康与企业敏捷性和增长之间关系的认知已经得到进一步的发展。关注组织的健康已不再是一项与量化业务价值无关的"可有可无"的工作。组织健康已经发展成领导者和投资者都认为可以真正帮助企业扩大规模和增长的东西。

然而，这个事实本身存在矛盾，使得 CEO 前行的道路变得并不那么明朗。一方面，人们认为，考虑到未来的不确定性，CEO 和高层管理人员应该参与情景规划和建模，这不仅是为了确保业务连续性，也是为多个并发的颠覆性变化做好应对计划；但另一方面，当管理团队和投资者处于困境时，情景规划和建模往往无法取得预期的效果。也就是说，大多数领导者无法适应真正最坏的情况，他们的恐惧阻碍了他们拓展思维，阻碍他们提出可能的解决方案。

以疫情为例，许多 CEO 远远未能预见这场灾难的后果。相反，他们用非常局限的心智模式来看待自己的企业——正如未来学家鲍勃·约翰森（Bob

Johansen）所描述的那样，"僵化的分类思维，会将人和组织固定在不准确或过时的刻板框架中，阻碍创新和适应变化的能力的发展。"[8]这种思维主要源于过去工业化的、机械的模式。

疫情暴发后，我观察到一些 CEO 由于坚持过时的心智模式而遭遇了重大阻碍。具体来说，许多 CEO 无法同时考虑多种观点和现实的情况。虽然每个观点在单独考虑时似乎是合理的，但将它们放在一起考虑时，其中一个或多个观点会突然显得不合理。这种状况最终蒙蔽了这些 CEO 的双眼，让他们对未来多种潜在的可能性视而不见，因而无法做好充分的准备。

与此相反，有些 CEO 则能够迅速整合事实和观点，有针对性地解决问题。疫情期间，纽约一家由史蒂文·科温博士管理的医院，面临着前所未有的挑战，其中最大的挑战是确保有足够的重症监护病床。"我们不得不将手术室改造成重症监护室……把会议区域改造成重症监护室。"接着又出现了呼吸机短缺的问题。"幸亏有呼吸治疗师天才般的努力，我们成功地将麻醉机改装成呼吸机，将一个呼吸机一分为二，同时供两名患者使用。"[9]毫无疑问，在数字时代，CEO 面临的挑战将是面对并解决频繁出现的矛盾。这需要他们能够平衡看似相互矛盾的问题。当公司成功或失败时，CEO 通常会受到赞扬或指责。众所周知，CEO 及其直接下属的战略选择和决策可以决定公司的成败。但是今天，随着员工和多种利益相关方的活跃，一家公司的命运以及其组织健康，与公司的每一位员工都息息相关。

重视细节的 CEO 们深知识别组织运营节奏的重要性。他们必须考虑到部门或公司的工作节奏，否则转型很可能会失败——员工会觉得变革是强加给他们的，而不是与他们合作进行的。当变革过程融入组织自然的学习和运营节奏中时，变革会迅速推进。换句话说，快速发展或超高速增长的组织的 CEO

不会为了成功而刻意组建团队或实施转型，然后等待机会并再次执行。相反，他们会从组织能量和文化的角度思考，而不是与其对抗。

以赞比亚经济学家丹比莎·莫约（Dambisa Moyo）的观点为例。她是几家知名企业的董事会成员。她认为企业可以在保持公平性的同时，实现环境和社会的可持续发展。"我们过去推动经济增长的方式成了问题所在，"她在接受采访时指出，"实际上，公共政策制定者一直采用捷径来推动增长，如债务、重资本轻劳动的社会分配机制，以及缺乏对全球局势的认识。我们过于关注短期利益，这不仅仅是公共政策制定者的问题，也是企业的问题。"[10]

今天的时间表一经发布就已过时，科技进步的速度超过了我们记述的速度，而监管机构也会捕捉企业的每一次失误，无论有意还是无意。CEO 们不仅需要提高效率，还需要打造快速、有弹性的公司，构建具备韧性和敏捷性的组织。他们需要对自身状况有深刻的认知，评估公司推动集体行动的能力，不断前进并高度警惕变化，不断适应市场需求的发展，在此基础上执行当下的策略。

我们接下来该怎么做呢？目前的趋势是设计组织以在广泛的数字优先事项中进行扩张和增长，这是否会有回报？（请参阅下面的专栏"CEO 在培育组织竞争优势时需考虑的因素"）这些努力是否会放大 CEO 在这种数字化环境中需要采取果断行动的能力的价值？另一个需要考虑的因素是，曾经在企业中心会议室里做出的决策，如今常常是以异步、远程方式或通过虚拟会议空间做出的。当今商业格局中的各种元素和问题影响着企业启动深层变革的能力。所有这些都表明，即使是历史上用于实现变革最成功的方法和框架，目前也被证明是存在不足的。对速度与规模化的追求和数字型 AI 优先企业的复杂性改变了一切。我们需要掌握一项全新的能力：变革流利度。[11]

CEO 在培育组织竞争优势时需考虑的因素

为了扩大规模，加速增长，同时保持灵活性，CEO 需要采取以下关键行动。它们涵盖了组织健康七个要素中的每一个，还包括利用数字化转型和 CPO 的建议来推进公司发展的方法。

* **战略方向**。确保你的组织产生竞争优势的方式是基于企业整体的健康状况，并将组织健康纳入商业战略，而不仅是作为一种功能性的附属战略。

* **文化**。公开承诺塑造和重塑与创造价值相关的文化，并不断改进。没有这个承诺，变革不会持续。重要的是建立一种适应性思维。为此，必须为员工创造机会，实施全新的、更具协作性的工作方式。

* **领导力**。确保公司高管团队、董事会和投资者明白，组织健康是全公司的重中之重。

* **高管团队**。激励机制需要与特定的组织健康指标挂钩。理想情况下，应该制订一个为期多年的计划，迫使管理层有更长远的眼光。

* **董事会**。在董事会层面上，应明确树立组织健康责任，而不是仅将组织健康简单地视为管理任务的一部分。

* **投资者**。平衡组织的长期愿景和短期收益，实际展示正在推行的价值创造策略。

* **人才**。针对企业未来的发展趋势，找到适合的员工和工作方式，无

论是否为远程形式。为了在人才争夺战中脱颖而出，需要富有创造力，在工作模式和工作场所上有所创新。

* **组织设计**。假设在未来 10 多年中，敏捷性、ESG 和可持续性（以及广义的利益相关者资本主义）成为常规议题。针对各种环境和经济情景，进行相应的组织设计，以此应对不确定性。

* **EID**。将组织的 EID 目标转化为具体的、可量化的指标，以便各利益相关方（包括财务分析师、股东、社会活动团队和监管机构等）在经济模型、雇主排名和证券交易委员会申报中进行评估。

* **员工福祉**。评估个人健康对你和你的员工的重要性。利益相关方会认可致力于提升员工敬业度的实质性变革，而非模糊的陈词滥调。

* **用 AI 赋能组织健康**。通过设定目标、做出承诺以及让高层管理团队专注于实现这些目标，来确保组织健康指标的正确性。投资新兴技术，提高对组织健康进行度量、分析和改进的效率和精度。开发针对组织健康的算法和模型，预测可能的结果和变化，并快速适应和应对不断变化的商业环境。

* **CPO**。寻求可信赖的顾问的建议，他们可以为组织健康提供宝贵的洞察。CPO 可以协调 CEO 和公司的其他关键人物，使他们步调一致，规划战略执行。

变革流利度：
CEO 如何在当下和未来实现增长与提升敏捷性

"变革流利度"是一种管理哲学，强调使命导向的策略、健康的组织架构设计以及可持续的变革，以实现可持续的、高于平均水平的财务和 ESG 成果。变革流利度的理念源于克里斯·沃利（Chris Worley）和我在佩珀代因大学和南加州大学的"有效组织中心"（Center for Effective Organizations）的合作。随着我们发起并参与谷歌的"变革和设计论坛"（Change and Design Forum），该理念逐渐得到了传播。通过运用系统化的方法，我们特别研究了谷歌在疫情前后的敏捷性，审查了谷歌用于变革和增长的工具、案例、流程和其他业务策略。

"变革流利度"的概念，建立在对组织敏捷性研究的基础上，并借用了语言流利度的隐喻。我们将其定义为组织为了变得敏捷而必须整合的过程。要变得"流利"就意味着要掌握各种技能，这些技能并非与生俱来的。就像达到语言流利一样，达到"变革流利"也需要分步实践。要成为一名能够实现变革流利的 CEO，意味着要在工作过程中进行实践。要做到"流利"，就需要沉浸式的体验，需要与他人互动并从实际经验中学习。换句话说，CEO 可以通过有意识的思维训练来锻炼自己，聚焦思想和行动；而一旦开始实操，则要从行动中学习。目标是设计能流利变革的组织和高管团队，从"单环学习"转换到"双环学习"。

所有这些都表明，变革流利度的概念可以有效地应用于我们对组织健康的思考中。如今，越来越多的 CEO 认识到，传统的竞争模式已经不再适用。他们必须把一系列短期优势串联起来，创造长期的、可持续的商业价值。这意味着，他们必须精通领导和管理变革的基本要素，建立能够应用变革的能力，并注重培养学习心态。通过将非常清晰的目标与吸引并培养人才的能力相结合，具备"变革流利度"的 CEO 将更好地引领企业转型（对一些企业来说甚至是复苏）。他们可以调整业务和运营模式，使公司更注重价值而不是体量，更注重效果而不是效率。为了实现这一目标，善于变革的 CEO 制定了三项核心操作原则。

- **他们深知颠覆性变化的本质**。比起其他人，他们更深刻地明白，如今领导组织比过去要难得多，更不用说在可预见的未来了。颠覆性技术，用户需求的变化，竞争变幻莫测，疫情等不可预知事件的出现，以及地缘政治动荡，都在持续发生着。这些事情使得企业需要偶尔进行大规模的转型，或进行多次的、连续性的、精心策划的变革。在这样的背景下，任何企业的战略优势都是短暂的，任何现行的战略都有一个有限的实际生命周期。具备变革流利度的 CEO 深知这个教训，并因此保持着强烈的未来使命感，能够领导团队在持续和复杂的不确定性中做出决策，应对下一次颠覆性变化。

- **他们勇于直面不可言说的问题**。在当前的舆论倾向下，不可言说的问题往往始于不平等、社会正义以及根本变革所需的事实。人们要从过时的心智模式和结构中脱离出来，打造对所有人更具公平性和包容性的工作环境。具备变革流利度的 CEO 意识到，要经营业务，就不能再无视令人不适的事实。他们高度关注自我情感认知，常常挑战长期以来保持的稳妥假设，摆脱单一思维且短视的政策、管理实践和制度。他们设计的组织是动态的、适应性强的，能高效满足当前客户和社会需求的，并且他们注重实现长期成功所需完成的组织优先事项。

- **他们能够赢得利益相关方的信任。**在现代社会，所谓的真相可能是一个不断变化的目标。但今天的 CEO 正在艰难地从教训中学习：利益相关方的信任可以推动他们的战略，也可以扼杀它。以数字媒体 Ozy Media 的破产为例，该公司因其商业实践而受到抨击，投资者撤出，除一个董事会成员外其他人都退出了。解决问题的方法是要正视问题，以诚实和透明的方式处理问题。这意味着在涉及组织对环境、社会和政府的责任时，CEO 必须学会授权并建立信任。这意味着 CEO 需要放弃权力并依赖和信任一线员工。随着公司在数字化环境中的扩张和增长，建立以最高道德和责任标准为基础的企业文化将至关重要，这种企业文化超越了 ESG 问题的单纯合规性。只有这样，CEO 才有希望提高组织健康水平，平衡道德与商业价值的目标。如何实现这种平衡将成为未来 10 年的关键问题之一。

与语言流利度相似，CEO 的变革流利度也需要成为一种几乎融入本能的心智模式，这样它才能变得最有意义、效果最显著。CEO 们需要凭借更好的数据，对公司进行战略定位和预期目标的解构和协调，创造商业价值，提供有意义的工作。他们需要发挥独特的领导力，带领公司顺利度过艰难的变革时期，并建立数字化组织，凭借诚信的方式扩张和成长。诚信在公司的几乎所有决策中发挥着关键作用。

世楷办公家具（Steelcase）前总裁鲍勃·皮尤（Bob Pew）给他的继任者

吉姆·哈克特（Jim Hackett）的建议是："如果你想领导别人，就必须拥有他们的信任；而要赢得别人的信任，就必须具备诚信。"简而言之，具备变革流利度的 CEO 是负责任的管理者，他们真诚地与员工交流，特别是在变革时期。他们擅长应用感知，时刻保持警惕，关注市场的变化和发展趋势，这使得他们能够预测和应对变革，设计和调整业务以适应不断变化的环境，同时观察组织学习情况。在 AI 优先的业务环境中担任 CEO，需要感知并应对可能发生的未来，能够不断在短期需求和为多个战略未来做准备之间切换注意力。在实践中，具备变革流利度的 CEO 需要具备以下能力。

- 塑造企业使其拥抱共同的变革、战略和设计理念。
- 构建学习之旅，明确组织的学习方式。
- 采用零基思考，塑造高效、敏捷的架构、系统和流程。
- 将 ESG 目标融入业务和运营模式。

重要的是，具备变革流利度的 CEO 必须保持谦虚的学习态度。因此，与那些自以为已经学到很多的人相比，他们更有可能勇敢地直面障碍。变革流利度必须成为潜移默化的直觉，除了对 CEO，对分布在组织中的许多领导者、管理者和员工也都是如此。由于掌握变革流利度的 CEO 能够紧跟时代发展，并能意识到当前环境变化，所以他们更有可能应对环境冲击。这并不是因为他们可以快速反应，而是因为他们做好了快速行动的准备，具备韧性且有远见，还前瞻性地理解了组织健康是超越竞争对手的一种方法。

最终，最成功的 CEO 将是那些主动发起并参与学习全新变革理念的人。善于阐述变革的 CEO 知道何时协作、协调或合作，他们会作为富有成效的对话的召集者，了解不同利益相关方的需求和愿望，然后组织集体采取行动。

　　当今时代许多专家的普遍看法是，后疫情时代的商业环境已经成为"新常态"。但更令人担忧的现实是，再也不存在所谓的"正常"状态了。对今天的商业环境更好的描述应该是"永远不正常"。如今，有效的 CEO 需要更深入地理解塑造未来组织、劳动力和工作场所的因素。组织需要提高自我管理意识，对业务和运营模式进行频繁的校准。同时，这也需要员工们坚定信念，优先考虑道德和责任，并坚定不移地保持这些品格，以便在心灵、思想和精神中充分体现对 AI 优先企业转型的愿景和热情。只有深深地将组织健康的七个要素融入组织基本框架，并覆盖企业的方方面面，CEO 才能充分抓住和释放员工的能量和潜力，使 AI 优先成为企业现实。

组织制胜的**检查清单**

为了成功引领企业扩大规模、实现增长并充分挖掘潜力，未来的 CEO 将必须转变七种观念，确保业务持续健康地发展，并有效地领导 AI 优先的数字化企业。

* 优先考虑使命而非利润。

* 塑造适应性的共享组织身份。

* 采用敏捷和以人为本的领导方式。

* 充分发掘组织人才的潜力。

* 设计以敏捷性和可持续性为中心的运营模式。

* 有意识地推动组织的彻底透明化与创造归属感。

* 将员工的健康状况作为组织健康的关键指标之一。

+AI

总结

LOOKING BACK

回顾过去，

展望未来 +

LOOKING
AHEAD

世界各地的商业领袖都明白，创办一个组织是一回事，而扩大规模并发挥其真正的潜力完全是另一回事。随着组织规模的增长，各种复杂的问题和创新需要都会成倍增加，有时二者甚至是以同等程度增加的。本书讲述了从字母表公司和亚马逊等上市科技公司、联合利华和巴塔哥尼亚等非数字原生公司，到凯雷投资集团等公司的所投企业身上，可以学到的组织制胜的关键要素。这些公司的领导者发现，组织的健康往往决定其成败。通过应用数字化的视角，本书重新审视了经典的组织议题，这些议题无论单拿出来，还是组合在一起，都能证明它们在提升组织健康及其经济回报方面的价值。

建立制胜组织，不是高层管理人员议程中的次要项目或倡议，建立制胜组织就是议程本身。组织的健康和有效性条件、AI 和数字技术的整体进步，以及支持性的资本和投资者的心智模式，都在打造制胜组织的过程中发挥着基础性作用。本书没有蓝图，但三个部分的探讨内容提供了既简单又深刻的智慧：设计组织制胜；发展组织制胜；领导组织制胜。

那么，接下去我们该何去何从？本书的核心观点至少指出了三种可能性。

第一，设定一个远大的目标并坚持下去。公司要想充分发挥潜力，就需要将组织健康视为一项关键的组织资产，并使用 AI 来挖掘和利用企业内外的广泛洞察力。这一切都以最常见的投资者的心智模式为指导，这常见于风险投资或私募股权的所投企业。

第二，要注意发展组织制胜所需的精力和投入程度。这种雄心壮志迫使领导者进行组织设计，帮助组织有效运行并随着规模的扩大进行调整。没有领导者可以单独做到这一点。但是，当董事会、投资者和高层管理团队共同努力，采用更全面的视角时，他们会发现自己可以用投资者的心智模式提升对健康风险的承受能力，从而创造条件，使组织能够充分发挥潜力。

第三，认识到掌控变革需要实践。本书强调了快速和加速变革对于寻求规模化和增长的公司的重要性。它还强调了将一个重要的隐喻——"变革流利度"作为公司敏捷实践的指导者。这就像"语言流利度"一样，告诉人们学习如何掌握变革需要实践，要培养展望未来的能力也是如此。

我们正处于企业运营范式转变之际，如果组织希望推动未来的增长，它们的工作方式也必须做相应的转变。与此同时，尽管上市公司和私营企业的领导者历来以不关注企业"软"的方面（人员和组织事务）而闻名，但他们将需要接受以前没有尝试过的视角。他们更需要采取行动来提升组织的健康水平，以此推动增长、引领数字时代。这是绝对无法在一个相互隔离的环境中完成的，需要 CEO、CPO 和董事会成员（包括担任董事会席位的投资者）之间的密切合作，共同规划和绘制路线图。

理想情况下，本书将激发更多关于数字化、AI 优先组织中组织健康的研究。最重要的是，我真诚地希望本书中的研究和讨论将继续帮助领导者，在不断扩张以实现更大价值的过程中，识别公司中最关键的组织杠杆，并对它们进行评估。AI 时代已经到来，在新的商业时代，我希望更多的公司自始至终都能保持组织的效能与效力。

致谢

我要特别感谢我采访过的企业领导者们，他们慷慨地花时间与我分享观点，我从他们那里学到了很多东西。我还要特别感谢阅读本书各个版本手稿的人。其中包括我的朋友、前同事苏·坎特雷尔，她帮助我厘清了写作的对象和原因，还与我一起整理了本书所引用的研究和案例。我还要感谢洛林·达梅劳（Lorraine Damerau），她和我一起认真梳理了在组织不断成熟的生命周期中的大量研究数据。

我的朋友和同事马蒂·戈德堡（Marty Goldberg）、克里斯·沃利、加扎拉·奥瓦伊斯（Ghazala Ovaice）、卡门·马亚里（Carmen Mayali）、西玛·帕特尔（Seema Patel）、斯蒂芬·布朗（Stephen Brown）、大卫·雷默（David Reimer）、乔·博尼托（Joe Bonito）、埃伦·范·奥斯汀（Ellen Van Oosten）、戴伦·古德（Darren Good）和杰西卡·迪文托，以及盲人手稿审稿人，他们不懈地提出问题，让我更深入地反省并完善本书内容，使其在多种情况下对企业领导者和董事会具有实用性，而不仅仅是适用于技术或私人市场。莱斯利·伊拉（Lesley Iura）在工作中的每一步都保持敏锐的洞察力，镇定自若且优雅地管理着出版过程，露西·麦考利（Lucy McCauley）在她的编辑工作中孜孜不倦地将我补充的内容加进了接近定稿的手稿中，并将它们提高了一个层次，使其更具可读性和吸引力，敦促我注入更多示例并厘清章节脉络。

本书献给那些激励我去构建制胜组织的领导者。我很感谢已故的亚瑟·弗里德曼（Arthur Freedman）的教导和指引，感谢他在我就读美立坚大学（American University）研究生期间以及在我们的合作中，激发了我对组织发展的热情。我还要感谢鲍勃·托马斯的友谊和指导，最重要的是，他作为科学家和实践者为我提供了榜样。还要感谢安娜·杜特拉（Ana Dutra）、罗斯琳德·托雷斯（Roselinde Torres）、德布·布雷彻（Deb Brecher）、大卫·史密斯（David Smith）、亚里特·西尔弗斯通（Yaarit Silverstone）、贾尼丝·西蒙斯（Janice Simmons）、韦罗妮卡·霍珀·卡特（Veronica Hopper Carter）、约翰·卡特（John Carter）、约翰尼·史密斯（Johnnie Smith）、卡尔·詹宁斯（Carl Jennings）、赫布·史蒂文森（Herb Stevenson）……还有两位未来的领导者，他们激励着我继续为 AI 优先的世界构建制胜组织——索菲·朱尔斯（Sophie Jules）和伊恩·朱尔斯（Ian Jules）。

谢谢。